T0287478

ALTA DEFINICIÓN

GANAR

Los principios fundamentales
para elevar su negocio
de lo ordinario
a lo extraordinario

Frank I. Luntz

GANAR

LOS PRINCIPIOS FUNDAMENTALES
PARA ELEVAR SU NEGOCIO
DE LO ORDINARIO
A LO EXTRAORDINARIO

OCEANO

Fotografía Frank I. Luntz: cortesía del autor

GANAR
Los principios fundamentales para elevar su negocio de lo ordinario a lo extraordinario

Título original: WIN: THE KEY PRINCIPLES TO TAKE YOUR BUSINESS
    FROM ORDINARY TO EXTRAORDINARY

© 2011, The Word Doctors, LLC.

Publicado originalmente en Estados Unidos y Canadá por Hyperion
Esta edición es publicada según acuerdo con Hyperion

D.R. © Editorial Océano de México, S.A. de C.V.
Blvd. Manuel Ávila Camacho 76, piso 10
Col. Lomas de Chapultepec
Miguel Hidalgo, C.P. 11000, México, D.F.
Tel. (55) 9178 5100 • info@oceano.com.mx

Primera edición: 2012

ISBN 978-607-400-619-3
Depósito legal: B-11998-LV

*Quedan rigurosamente prohibidas, sin la autorización
escrita del editor, bajo las sanciones establecidas en las leyes,
la reproducción parcial o total de esta obra por cualquier medio
o procedimiento, comprendidos la reprografía y el tratamiento
informático, y la distribución de ejemplares de ella mediante
alquiler o préstamo público.*

Hecho en México / Impreso en España
Made in Mexico / Printed in Spain

9003312010412

A mi mamá, quien me dio la pasión, la persistencia y el deseo
de perfección que me han permitido llevar una vida muy interesante.
Si ahora tan sólo pudiera dormir un poco...

ÍNDICE

AGRADECIMIENTOS

Antes de someter a la consideración de mi editora todas las entrevistas con expertos que realicé para este libro, me llevé la grata sorpresa de haber contado con la colaboración de más de una docena de los estadunidenses más ricos de Forbes 400. Tengo con quienes aparecen en estas páginas una deuda que jamás podré pagarles, por las lecciones que me dieron. Sus comentarios, sugerencias y recuerdos −no sólo en esas entrevistas formales, sino también a lo largo de los años que tengo de conocer a muchos de ellos− explican lo mismo mis éxitos como individuo que mis deficiencias como administrador. No puedo retribuirles, pero sí extender los beneficios de su generosidad compartiendo sus lecciones con el lector.

La idea de este libro provino directamente de Gretchen Young, mi editora. Espero haberle hecho justicia. Ella ha vuelto una misión hacerme pasar de comentarista político a analista de negocios. Desde entonces he sido contratado por una docena de compañías de Fortune 500, gracias a su compromiso. Espero que no me pida comisión.

Mike Phifer tuvo que ver más que nadie con las palabras contenidas en este libro. Sin su ayuda no habría podido terminar el borrador inicial, y no me cabe duda de que pronto se le reconocerá como uno de los mejores nuevos autores de no ficción en Estados Unidos. Amy Kramer y Lowell Baker también obraron su magia en el texto −algunas de mis mejores líneas son suyas−, al igual que Liz Bieler y Shepherd Pittman.

Más de tres docenas de increíbles iconos de los negocios, la política y el deporte me concedieron las entrevistas dispersas a lo largo de esta obra, entre ellos Larry Bird, leyenda del basquetbol y miembro del Salón de la Fama; Michael Bloomberg, alcalde de Nueva York; Marc Cherry, creador de *Esposas desesperadas*; el general Wesley Clark; Jim Davidson, genio de las finanzas; Rich DeVos, cofundador de Amway; el actor Richard Dreyfuss; Mickey Drexler, director general de J.Crew; sir David Frost, leyenda de la televisión; Michael George, gurú de la administración de empresas; Lou Holtz, legendario entrenador del equipo de futbol americano de Notre Dame; Don Imus, personalidad de la radio; Henry Juszkiewicz, director general de Gibson; Sherry Lansing, expresidenta de Paramount Pictures; Bob Lutz, gurú automotriz; Mike Meldman, director general de Discovery Land; el animador Bob Newhart; Mike Richter, jugador de hockey y miembro del Salón de la Fama; Donald Rumsfeld, exsecretario de Defensa; Sheryl Sandberg, directora operativa de Facebook; Arnold Schwarzenegger, exgobernador de California; Brendan Shanahan, leyenda del hockey; Ed Snider, dueño de los Flyers y los 76ers de Filadelfia; John Sperling, fundador de la University of Phoenix; David Stern, presidente de la National Basketball Association (NBA), y el basquetbolista Jerry West, miembro del Salón de la Fama.

Hay varias personas a las que les debo un reconocimiento especial, no sólo por su tiempo y sabiduría, reflejada en estas páginas, sino también por su impacto en mi vida:

Roger Ailes, fundador y director general de Fox News, un apasionado de su país que no se da cuenta aún de lo correspondido que es. Ailes es el periodista más divertido de la televisión (lo siento, Brian Williams: tú eres el segundo).

Stephen Cloobeck, presidente y director general de Diamond Resorts, por enseñarme "el significado del sí" y permitirme enseñarle a su vez el idioma de los dueños de hoteles. Dentro de una década, la marca Cloobeck figurará al lado de las de Marriott y Hilton.

Jim Gray, extraordinario comentarista deportivo, quien en múltiples ocasiones me ha permitido combinar mi amor al deporte con mi pasión por la comunicación. Y vaya que este hombre tiene opiniones definidas. Espero que el mundo del deporte preste atención.

Tom Harrison, presidente y director general de Diversified Agency Services (DAS), el mayor componente del gigante de la mercadotecnia global Omnicom, quien me guió en mi primera adquisición de una compañía y sigue guiando hasta la fecha mi pensamiento. Su comprensión del instinto y la conducta humana es incomparable.

Mark Montgomery, el contralmirante más joven de la Marina de Estados Unidos, por sus especializados conocimientos sobre seguridad nacional y su disposición a explicármelos en términos que yo pudiera entender. Montgomery es la definición misma del estadunidense de excelencia.

Rupert Murdoch, quien me ha enseñado a pensar no más allá de las convenciones, sino como si las convenciones no existieran. No *siempre* entiendo lo que dice, pero siempre sigo lo que hace.

Jim Murren, presidente y director general de MGM Resorts International, por rescatar más de sesenta mil empleos de una compañía al borde de la quiebra, gracias a su visión, pasión y disposición a luchar por su gente.

Rob Rosania, codirector general de Stellar Mangement, quien cambió la vida de miles de residentes de departamentos al aplicar principios de satisfacción del cliente a una industria hasta entonces muy desobligada.

Jesse Sharf, el abogado inmobiliario más agudo y trabajador de Estados Unidos, y amigo desde hace más de treinta años.

Bill Shine, John Finley y Sean Hannity, todos de Fox News. Si no fuera por el apoyo de Hannity a mis grupos de sondeo televisados, yo seguiría realizándolos frente a un público de unas cuantas personas, no de millones, aunque a Shine y Finley les debo casi tanto. La gente no sabe todo lo que hacen tras bastidores.

Herb Simon, presidente emérito de Simon Property Group –que incluye a Forum Shops de Las Vegas–, quien hace que todo parezca fácil gracias a que trabaja tanto. Simon es el multimillonario más simpático que te puedas imaginar.

Fred Smith, fundador de FedEx, por ser el director general de los directores generales. Cuando me preguntan cuál es la mejor manera de estudiar el sueño americano, respondo que estudiar a Fred Smith.

Burt Sugarman y Mary Hart, por sus constantes y sabias palabras de apoyo en todos mis empeños relacionados con el lenguaje. Cada vez que tengo la suerte de estar en su presencia, me informo, educo y entretengo.

Steve Wynn, el mejor lingüista entre todos los directores generales que conozco. Él es al idioma lo que Picasso al arte.

Mort Zuckerman, presidente de Boston Properties y dueño de *U.S. News & World Report* y *The New York Daily News*, quien es a la palabra escrita lo que Steve Wynn a la hablada.

1

¿QUÉ ES SER UN GANADOR?
Los quince atributos de los triunfadores

Velo así: si ganar no fuera tan difícil, no sería tan satisfactorio.
—MIKE RICHTER
GANADOR DE LA STANLEY CUP Y MIEMBRO
DEL SALÓN DE LA FAMA DEL HOCKEY

¿A qué debo mi éxito? A tres cosas: vine a Estados Unidos.
Trabajé mucho. Y me casé con una Kennedy.
—ARNOLD SCHWARZENEGGER

Ganar quiere ser un análisis sin precedente de la comunicación eficaz en los Estados Unidos de hoy, explicada por los grandes comunicadores de ese país.

Docenas de libros de negocios ofrecen "darte ventajas" o te recomiendan "aprovechar el momento", pero en realidad no te dicen cómo. *Ganar* te enseña a hacerlo resaltando casos reales de compañías, personas y políticos que han alcanzado la grandeza, y examinando lo que podemos aprender de lo que ellos dicen, cómo lo dicen y por qué. La vida es, en última instancia, un certamen en el que jugamos a ganar. Este libro se ocupa de la filosofía, estrategia y lenguaje del triunfo desde la perspectiva de los principales ganadores de Estados Unidos dentro y fuera del mundo de los negocios.

Así que antes de seguir, hazte dos sencillas preguntas: primero, ¿qué tan fuerte es tu deseo de ganar? Y segundo, ¿estás dispuesto a hacer lo que hace falta para pasar de lo ordinario a lo extraordinario? Si tus respuestas son afirmativas en ambos casos, comencemos.

Este libro se basa en más de tres docenas de entrevistas personales con individuos que han llegado a la cima en su profesión, a lo más alto de la lista de los estadunidenses más ricos de Forbes 400 y de la lista de Fortune 500.

LA DEFINICIÓN DE GANAR
LOS QUINCE ATRIBUTOS UNIVERSALES
DE LOS TRIUNFADORES

Jim Davidson, codirector general de Silver Lake, una de las sociedades de inversión más experimentadas y exitosas de Estados Unidos, tiene una sencilla filosofía para decidir dónde invertir sus fondos, por catorce mil millones de dólares: empezar por el final del proceso y retroceder desde ahí. Esa estrategia se aplica también a este libro. Permíteme comenzar por el final. Si tuviera que resumir en una simple lista veinte años de investigación y análisis de la comunicación corporativa y política al lado de la elite empresarial, política, deportiva y artística de Estados Unidos, yo diría que lo que diferencia a los verdaderos ganadores de todas las demás personas es lo siguiente:

- la capacidad de *captar la dimensión humana* de toda situación;
- la capacidad de saber qué *preguntas* hacer y cuándo;
- la capacidad de *ver* lo que aún no existe y darle vida;
- la capacidad de ver los *retos* y las *soluciones* desde todos los ángulos;
- la capacidad de *distinguir* entre lo *esencial* y lo *importante*;
- la capacidad y motivación para *hacer más* y *mejor*;
- la capacidad de *comunicar* su visión de forma apasionada y persuasiva;
- la capacidad de *avanzar* cuando a su alrededor todos se atrincheran o retroceden;
- la capacidad de *sintonizar* con los demás de manera espontánea;
- *curiosidad* por lo *desconocido*;
- *pasión* por las *aventuras* de la vida;
- *química* con quienes trabajan con ellos y con las personas en las que desean influir;
- la disposición a *fracasar* y la *fortaleza* para recuperarse e intentarlo de nuevo;
- fe en la buena suerte, y
- *amor a la vida*.

Estos individuos han llevado a sus compañías a grandes alturas, y convertido a sus equipos en campeones mundiales. Son los más famosos y respetados en su campo. Tras repasar cientos de páginas de transcripción de entrevistas, surge un patrón persistente de actitudes y conductas que se aplica a la carrera de todos ellos. Este libro armoniza y sintetiza sus "secretos del éxito", para que tú puedas hacerlos tuyos.

Luego de haber trabajado para docenas de compañías de Fortune 500, me asombra la cantidad de gente que preferiría trabajar en otra parte —o al menos *para* otra persona– y que sin embargo no lo hace. No así quienes ganan en la vida. Estas personas disfrutan lo que hacen. Casi todas le llaman *diversión,* y ninguna "trabajo". Algunas admiten que *trabajan mucho* o que han tenido que hacer *sacrificios sobre la marcha,* pero todas se sienten agradecidas, bendecidas y/o afortunadas por hacer lo que hacen, y ninguna preferiría hacer otra cosa.

Esos quince atributos de los ganadores son fundamentales para los nueve principios de la victoria (también llamados las nueve Pes) y para el resto de este libro, así que cimentémoslos con ejemplos específicos.

Los ganadores se conocen a sí mismos. Advierten sus fortalezas y debilidades, y responden a sus circunstancias en consecuencia. No subestimes esto. Desde Lehman Brothers hasta General Motors y Circuit City, incontables compañías se han visto en problemas o han fracasado a causa de líderes que permanecieron en su zona de confort y no emprendieron la acción correcta en el momento justo porque temían dar un paso equivocado.

LECCIONES DE LUNTZ

1. **Ganar comunicándose**
   Los ganadores se centran en los resultados, no sólo en el proceso. *Demuestran de manera mensurable* que pueden conducirte a mejores *resultados*. Por ejemplo, enfatizan en el "bienestar", no en la "atención a la salud". ¿Por qué? La atención a la salud es el medio, el bienestar el fin. La atención a la salud es un sistema burocrático distante e impersonal; el bienestar, un estado del ser al que toda persona aspira.

2. **Ganar captando la dimensión humana**
   Los ganadores brindan un *valor* que resuelve una necesidad de calidad de vida, en vez de detenerse en el precio y la rentabilidad. Saben que sus utilidades se benefician *menos* de "controlar los números" que de *entender a las personas*. Ellos comprenden que *toda* relación sustentable surge de una necesidad humana personal. Así, hacen productos y servicios que satisfacen esas necesidades, y los comercializan entre seres humanos, no entre masas amorfas.

3. **Ganar centrándose en la experiencia, no en la tecnología**
   Los ganadores tienen la visión necesaria para llegar más allá del producto, hasta los deseos de sus consumidores. El asunto no se reduce a iPhone o BlackBerry; más bien tiene que ver con las aplicaciones, libres de complicaciones y preocupaciones, ofrecidas por esos teléfonos que revolucionan la manera en que una persona vive, trabaja y *experimenta su mundo individual*. Y esto se logra usando un lenguaje común para gente común.

"No llevo cincuenta años aquí porque la nuestra sea una gran compañía que no ha cometido errores en el camino", dice Rupert Murdoch en sus oficinas ejecutivas en la Sexta Avenida de Manhattan. "¿Cómo vas a preguntártelo? ¿Te mirarás al espejo? Cuando ves que las cosas marchan mal, ¿tratas de remediarlas? O quizá no puedas hacerlo. Entonces tienes que decirte: 'Estuvo mal que haya hecho eso en primer término', y cortar por lo sano. Yo sé cuándo cortar por lo sano."

Los ganadores sintonizan asimismo con las necesidades y deseos de los demás, y esta atención al exterior los lleva a brindar soluciones revolucionarias, no sólo mejores ratoneras.* Saben en qué punto sus fortalezas satisfacen las necesidades de otros, y redoblan sus esfuerzos para ofrecer más valor mientras ignoran distracciones menores. En pocas palabras, tienen éxito porque prevén y persiguen el premio mayor.

Los ganadores reconocen que aun cuando no vendan físicamente un producto, siempre deben convencer de su propia valía. Toda interacción humana es una oportunidad para relacionarse y vender. Así lo dice Tom Harrison, presidente y director general de Diversified Agency Services (DAS), la principal subsidiaria de Omnicom, la compañía de publicidad, mercadotecnia y comunicación más grande del mundo. En su calidad de una de las mentes más creativas de Madison Avenue, Harrison sabe por "instinto" (casualmente es el título de su libro fundamental sobre la conducta humana) qué decir y cuándo hacerlo. Los ganadores saben qué mueve a la gente gracias a que perciben nuestros temores y aspiraciones. Escuchando con atención y repitiendo después, casi palabra por palabra, lo que oyeron, saben cómo articular necesidades imperiosas –y productos para satisfacerlas– que ni siquiera la propia gente sabía que tenía. Dice Harrison: "Mientras mantenga bien abiertos mis ojos y oídos y entienda literalmente todo lo que la gente dice, se tratará de ella por completo. Pero tan pronto como traduzca eso, se tratará de mí –y por eso muchos fracasan."

Bono es un ganador desde donde se le vea. Podría decirse que es el artista más representativo de su generación, así como una de las personas más famosas del planeta. Un concierto de U2 resuena en tus oídos durante horas... y la venta de canciones resuena en los de esa banda durante años. Pero los mayores triunfos de Bono reverberarán por generaciones. Son triunfos de escala social y lo que lo convierte en un verdadero ganador, más que en una mera leyenda del rock. Escúchalo sentado frente a Larry King, o reuni-

---

* De las quince actitudes, conductas y características de las personas a las que todos definiríamos como ganadores, ninguna trasciende tan universalmente todas las profesiones como la capacidad de entender a los demás. Ya sea que te dediques a la política, los negocios, el deporte o los espectáculos, saber lo que la gente realmente quiere y cómo reaccionará es el equivalente de poder predecir el futuro. Y si conoces el futuro, puedes adueñarte de él.

do con líderes mundiales, o presentándose en una cumbre política, y al instante te darás cuenta de cómo su compromiso serio y tranquilo ha ganado miles de millones para los desvalidos del mundo. Sí, él tiene una megaplataforma, pero también muchas otras estrellas de rock la tienen. Bono gana donde ellas no, y no porque sea poderoso, sino porque es accesible y persuasivo y sabe tratar a la gente.

Los ganadores no predican, convencen. Articulan sus principios con claridad y te invitan amable y sutilmente a adoptarlos. Pero la decisión es tuya. Cierto, ellos guían y tú los sigues, pero al final asumes voluntariamente su punto de vista.

Para los ganadores, las cosas nunca se reducen a un solo juego, producto o función. Saben cómo tener éxito a largo plazo porque son persistentes. Coinciden con Mark Twain: "No poder olvidar es mucho más devastador que no poder recordar", y superan el fracaso para triunfar después. O, para los lectores que prefieren los deportes a la literatura, Wayne Gretzky dijo: "Pierdes cien por ciento de las oportunidades que no aprovechas."

Otro atributo común a todos los ganadores es que detestan perder. Esto no debería sorprender a nadie, pero lo relevante es cómo lo *visualizan*. Lo mismo que los ocupantes de la habitación uno-cero-uno en *1984* de George Orwell, cada cual tiene en su cabeza una imagen vívida de qué es perder. Siempre elocuentes, a la mayoría de los ganadores entrevistados en este libro se les dificultó articular cómo les afecta emocionalmente el fracaso, e incluso varios de ellos se negaron a contestar cualquier pregunta de esta índole, como si perder no estuviera incluido en su diccionario mental, pese a lo cual podían identificarlo claramente. Para algunos, es un desagradable *flashback* de la infancia.* Para otros, un momento sumamente penoso. Mi versión favorita es la de Jimmy Connors, leyenda del tenis. "Lo peor de perder un juego era el apretón de manos. La expresión en el rostro de mis rivales resultaba odiosa. La humillación."

Los ganadores nunca se rinden ni aceptan la derrota. Trabajan lo necesario para terminar bien su labor. No hay ganador que no ponga pasión en lo que hace o en el modo en que se comunica. La pasión es contagiosa. Es hacer que los demás vean lo que ves, imaginen lo que imaginas... y quieran hacer lo que haces. No es subirle al volumen para que te hagan caso; es intensidad concentrada. Los ganadores emplean "calor azul" porque dura más, quema mejor y es más preciso que la desbocada flama naranja.

---

* Muchas de las personas más exitosas de nuestra generación crecieron en hogares pobres o destruidos, se mudaron con frecuencia, tuvieron problemas graves en la escuela o sufrieron una infancia difícil por otros motivos.

Los ganadores rara vez hablan del saldo final, la rentabilidad e incluso el éxito. Hablan más bien de un propósito mayor, y te invitan a acompañarlos. Identifican y atacan una debilidad o deficiencia en la experiencia humana, para llenar un vacío que otros aún están por advertir. Identifican los impedimentos que malogran los esfuerzos de otros y los salvan.

Jim Davidson, codirector general de Silver Lake, sociedad global de inversión especializada en tecnología emergente con alrededor de catorce mil millones de dólares en activos bajo su cuidado, tiene una postura ligeramente distinta: "La diferencia entre las personas muy exitosas y las exitosas a secas no está en responder a la pregunta, sino en deducir qué preguntas vale la pena hacer. Quienes deducen en qué problemas vale la pena trabajar, qué preguntas vale la pena hacer, son los que triunfan en grande."

Un sorprendente número de los muy ricos presentados en este libro han tenido una experiencia en común: la pobreza. No lo sabrías por como viven ahora, pero la falta de dinero, y a veces hasta del sustento diario básico, marcó visiblemente su juventud y tuvo un efecto relevante en su tenaz búsqueda del éxito. Herb Simon, multimillonario promotor inmobiliario responsable del Mall of America y las Forum Shops, fue tan pobre de niño que el mayor temor de su juventud era "terminar solo en un hotel, en camiseta, sin servicio en el cuarto ni dinero". El departamento de tres habitaciones donde creció en el Bronx era tan pequeño, que durmió en un catre en la recámara de sus padres hasta su adolescencia. Dice: "Nunca teníamos dinero. Oía a mi madre preocuparse por el dinero, y a veces me iba a dormir inquieto por no tenerlo." En 2009, Simon ocupó el lugar trescientos dieciséis en la lista de Forbes de los estadunidenses más ricos, y jamás se hospeda en hoteles sin servicio en la habitación.

Lou Holtz, el legendario entrenador del equipo de futbol americano de Notre Dame, creció en un sótano, en un departamento de una sola recámara sin refrigerador ni congelador, pero los retos que enfrentó cuando joven desempeñaron un importante papel en su misión vitalicia de ser el mejor. Entre las tres docenas de entrevistas que realicé para este volumen, ninguna me dejó más motivado que la que le hice al entrenador Holtz. Quizá esto se debió a que él fue el único entrevistado en servirme una comida preparada en casa. Con un increíble historial de doscientos cuarenta y nueve victorias contra ciento treinta y dos derrotas, fue el único entrenador de futbol americano colegial en llevar a seis generaciones al Super Bowl. Sentado en su despacho, en medio de testimonios de una carrera asombrosa, es fácil comprender por qué no es sólo uno de los grandes iconos del deporte universitario, sino también uno de los oradores más imponentes del circuito de conferencias estadunidense. Cuando le pregunté cómo alguien con un pasado financiero tan difícil había podido alcanzar un éxito tan extraordinario,

Holtz estalló. "No creo que Dios nos haya puesto en la Tierra para ser ordinarios", subrayó, balanceando los brazos para mayor énfasis:

> *La vida es diez por ciento lo que te pasa y noventa por ciento cómo respondes a ello. Muéstrame a alguien que haya hecho algo digno de atención y te mostraré a alguien que ha vencido la adversidad. Y algo más: no la pasé tan mal cuando crecí. Nunca me pensé pobre. No me quejo. Jamás lo hago. Recuerda que a la mayoría no le importan tus problemas, y que el resto está feliz de que los tengas.*

Jerry West, leyenda del basquetbol estadunidense, tuvo inicios aún más modestos. Crecido en una comunidad minera de quinientas personas en las paupérrimas zonas rurales de Virginia del Oeste, su situación fue trágica. No quería hablar de su infancia, pero accedió cuando le expliqué que su triunfo sobre la adversidad podía servir de inspiración a otros. Incluyo aquí esto como una demostración de que cualquiera, sea cual sea su origen, tiene la oportunidad de acabar en la cima:

> *En mi familia era una lucha sobrevivir. Había veces en que ni siquiera teníamos un cuarto de dólar. No exagero. En los periodos en que mi padre no trabajaba, no teníamos absolutamente nada. Nunca tuvimos coche. Ni vacaciones familiares. Yo corría para todos lados. Cuando vi Forrest Gump, pensé que me parecía mucho a él. Mis padres poseían escasa o nula preparación, y yo no tenía con qué ir a la escuela. Pero tenía mi amor por el basquetbol. No me di cuenta de que tenía una habilidad, por ser tan delgado y pequeño. Lo único que tenía era una fuerte ética de trabajo e imaginación, y alguien que mostró interés en mí: y con eso bastó.*

Bastó para conseguirle a West un puesto en el equipo de estrellas de la National Basketball Association (NBA) catorce veces en sus catorce temporadas, y su inclusión en el Salón de la Fama. Por cierto, ¿conoces el logotipo oficial de la NBA, con la silueta de un jugador? Es Jerry West.

Steve Wynn, el multimillonario creador de Las Vegas modernas, no creció pobre, pero la prematura muerte de su padre cuando él tenía 21 años de edad y cursaba su último año en la universidad lo dejó con más de cien mil dólares en deudas y un salón de lotería que perdía dinero cada semana. Se ha escrito poco sobre esta parte de su vida, así que le pregunté a Wynn si alguna vez pensó declararse en quiebra o ignorar las deudas de su padre. Hizo una pausa, me miró incrédulo y respondió en voz baja pero resuelta:

> *Su última noche, mi padre me pidió anotar una información que quería que yo tuviera. Me dijo: "Todo va a estar bien, pero, por si acaso, le debo quince mil*

dólares a tu tío Frank. Y a fulano diez. Págalos. Y escríbelo." Ahí sentado junto a su cama, anoté lo que me dijo.

Al día siguiente, los médicos no pudieron reanimarlo. Yo acababa de cumplir 21 años, y tenía un hermano de 10. Estábamos quebrados, y eso fue lo peor que podría haberme sucedido. Pero como mi padre me había dicho: "Haz esto, paga estas deudas", sólo sentía que hacía lo que me pidió. Seguía sus instrucciones. Jamás pensé en no hacerlo. Mi papá era del tipo de quienes siempre cumplen su palabra.

Las personas fundamentalmente honestas no piensan mucho en esto. Les parece simplemente lo único por hacer. No sólo lo correcto; lo único. No hay que hacer alarde de ser honesto. No es algo para enorgullecerse. Sólo hay que ser honrado. Sería vergonzoso no serlo.

Para Año Nuevo ya le había pagado sus setenta y ocho mil dólares al socio de mi padre. Y a todos los demás les pagué en menos de doce meses.

Recuerda que se trataba de un chico de 21 años cuyo padre debía cien mil dólares de los de 1963. ¡Y pagó todo en un año! Esa intensidad e integridad fue lo que lo convenció a banqueros que le doblaban la edad de dar a Wynn el dinero que necesitaba para iniciar su empresa en Las Vegas, y es lo que lo ha llevado a ocupar hoy el sitio seiscientos dieciséis en la lista de Forbes de las personas más ricas del mundo.

Permíteme darte un ejemplo más, que su propio protagonista admite como particularmente expresivo. Andy Granatelli es, en muchos sentidos, el padre de las carreras modernas de *stock cars*. Promotor nato, en la década de 1950 sus carreras legendarias dieron origen a una industria multimillonaria, y sus equipos ganaron las codiciadas 500 millas de Indianápolis a fines de la década de 1960 y en la de 1970 gracias a motores que él mismo contribuyó a diseñar. Prolífico inventor y conductor de automóviles, sus coches establecieron y rompieron cientos de récords mundiales de velocidad y resistencia, muchos de los cuales él mismo impuso. Sin embargo, Granatelli es más famoso como director general y vocero de la corporación STP ("La ventaja del corredor"), en otro tiempo casi tan ubicua –gracias a sus persistentes promociones– como Disney y Coca-Cola. Él hizo de su amor por los autos una fortuna estimada en varios cientos de millones de dólares, pero su situación económica no siempre fue tan optimista:

Supe qué es morir de hambre, literalmente. Viví en carne propia The Grapes of Wrath *(Las viñas de la ira), la historia verídica que puede verse en película en la que la gente carga cochecitos destartalados para irse a California, donde no consigue empleo. Juré que eso no me volvería a pasar nunca. Creo que por eso ahora estoy gordo, porque no quiero volver a pasar hambre. Mantengo lleno mi estómago para no morir con él vacío.*

Cuando lo entrevisté, Granatelli pesaba más de ciento treinta y cinco kilos, aunque ya tenía tiempo haciendo una dieta que finalmente le recortaría cuarenta y cinco. La mayoría de los ganadores coincidirían en que el dinero compra libertad, pero Granatelli y otros también reconocerían que no siempre puede comprar libertad del temor.

Ganar muestra cómo y explica por qué ganar sin comunicarse es sencillamente imposible. Todos los triunfadores han priorizado y perfeccionado su propio vocabulario. Este libro relata y analiza sus éxitos, pero, sobre todo, te prepara para aplicar sus lecciones en tu vida, tu trabajo y tu búsqueda de lo extraordinario.

Mi libro de 2007, *Words That Work* (*La palabra es poder*), exploró el poder de palabras y frases específicas desde una perspectiva de negocios, política y personal. *What Americans Really Want... Really* (Lo que los estadunidenses realmente desean), de 2009, es una revelación de cómo son en verdad los estadunidenses y qué esperan de la vida. *Ganar* examina las características y fortalezas lingüísticas comunes a las personas más exitosas del mundo, y la manera en que cualquier individuo deseoso de ganar puede apropiarse de esos secretos de comunicación y darles uso. Éste no es el primer libro en tratar el modo en el que el lenguaje efectivo ha determinado el éxito de los mejores empresarios y directivos de Estados Unidos, la mercadotecnia de sus productos y servicios más venturosos y la culturas de sus más afortunadas corporaciones. Lo que lo vuelve único –y el motivo de que deba importarle a la gente interesada en saber qué separa a lo ordinario de lo extraordinario– es que cubre todo el espectro de la vida estadunidense, de los negocios a la política y del deporte a los espectáculos. Esta obra reúne en un solo conjunto características y lecciones lingüísticas clave de cada industria y cada líder, porque podemos aprender a ser grandes siguiendo el ejemplo de los extraordinarios.

En un principio, me propuse determinar los atributos específicos que más contribuyen al éxito en los negocios, la política, los espectáculos, el deporte y la vida diaria. Mi hipótesis era que una vez identificados esos atributos, sería relativamente fácil asociarlos con el lenguaje más eficaz, a fin de proporcionar a los lectores una guía práctica y simple para tomar situaciones típicas y mejorarlas con palabras atípicas.

Pero para mi sorpresa, pronto resultó evidente en esta tarea que, para el éxito final, el *estilo* de comunicación es tan importante como la *sustancia*. Lo que no ofrecí en *La palabra es poder*, y lo que leerás en las páginas siguientes, es más que un manual para elaborar mensajes. En efecto, se hace tanto énfasis en la *manera* de comunicar esos mensajes como en las palabras mismas que han de integrarlos.

En este libro hallarás muchas "Lecciones de Luntz" y recomendaciones específicas. Están pensadas para ayudarte a aplicar lo que lees en tu vida diaria. Todas ilustran directamente los nueve principios esenciales de la victoria orientados a la acción en todos los niveles, desde reuniones privadas con tu jefe hasta presentaciones públicas ante cientos de desconocidos y apariciones en los medios que pueden llegar a millones de personas.

Así que toma tu marcador y acompáñame en un examen sin precedente de los nueve principios de la victoria que animan al arte, la ciencia y al lenguaje de la vida.

2

LAS NUEVE PES DE LA VICTORIA
Lo que se necesita para llegar a la cima

*Después de escalar una gran montaña, se descubre que aún quedan
muchas otras por subir.*
—NELSON MANDELA

*Los buenos líderes de negocios crean una visión, la articulan,
se apropian apasionadamente de ella y la cumplen
de manera implacable.*
**—JACK WELCH,
EXPRESIDENTE Y DIRECTOR GENERAL DE GENERAL ELECTRIC**

*Existe una gran diferencia entre quienes quieren ser algo y quienes
quieren hacer algo. Alrededor de noventa y cinco por ciento
de los estadunidenses son personas que quieren ser algo,
y causan todos los problemas que el cinco por ciento que quiere hacer
algo tiene que resolver. Espero que tu libro se refiera al cinco por ciento,
no al noventa y cinco.*
**—ROGER AILES,
FUNDADOR Y DIRECTOR GENERAL DE FOX NEWS CHANNEL**

Este libro se escribió para el cinco por ciento que quiere hacer algo tan sabiamente identificado por Roger Ailes. De ese cinco por ciento, se centra en las lecciones y experiencias de un grupo de personas aún más reducido que ha hecho algo más que aspirar: alcanzar. Estas personas han ganado. Espero que la historia de cada una de ellas te ayude a sumarte a sus filas.

LA DEFINICIÓN DE GANAR

Los ganadores piensan diferente de los demás. "Están armados de otra manera", dice Tom Harrison. "Su ADN es distinto. Una persona moderadamente exitosa se concentra en los obstáculos, en cómo superarlos o evadirlos. El ganador únicamente se concentra en la meta."

En su best seller de 2001 *Empresas que sobresalen. Por qué unas si pueden superar la rentabilidad y otras no*, Jim Collins y su equipo de investigadores se propusieron responder una sola pregunta: ¿cómo logra una compañía buena convertirse en grandiosa? Partieron de una lista de mil cuatrocientas treinta y cinco compañías que finalmente redujeron a once, las mejores: Abbott Laboratories, Circuit City, Fannie Mae, Gillette, Kimberly-Clark, Kroger, Nucor Corporation, Philip Morris, Pitney Bowes, Walgreens y Wells Fargo.* Para integrar la lista de grandiosas, "una compañía tenía que mostrar un patrón de buen desempeño interrumpido por un punto de transición tras el cual pasó a un desempeño grandioso. 'Desempeño grandioso' se definió como un rendimiento accionario acumulado total de al menos tres veces el mercado general durante el periodo transcurrido entre el punto de transición y quince años después".[1]

Collins y compañía examinaron libros, artículos, estudios de caso e informes anuales y escudriñaron los análisis financieros de cada una de las corporaciones que estudiaron, lo que rindió un total combinado de datos equivalente a novecientos ochenta años de historia. Estos investigadores realizaron más de ochenta entrevistas con altos ejecutivos y miembros de consejos de administración y examinaron los expedientes personales y profesionales de más de cincuenta directores generales. Analizaron, asimismo, la estructura de pago e incentivos de las compañías bajo estudio; revisaron su historial de despidos, patrimonio corporativo y cobertura mediática, y tomaron en cuenta el papel desempeñado por la tecnología en cada una de las compañías que dieron el salto: todos los parámetros que importaban.

¿Qué descubrieron Collins y su equipo? Collins concluyó que no existía ningún "momento mágico" que hubiera hecho pasar a una compañía de buena a grandiosa. La clave había sido más bien el compromiso permanente de una compañía y sus líderes con la fijación de prioridades claramente definidas y la concentración en lo realmente importante. Sobre la base de más

---

* La grandeza, como la belleza, es esfímera. Cabe suponer que Collins no incluyó entre los factores inhabilitadores de la grandeza perdurable los rescates de Fannie Mae y Wells Fargo efectuados en 2008 por el gobierno estadunidense, ni la quiebra de Circuit City en 2009. Quizá algunos miembros de estas malogradas instituciones creyeron que el hecho de que se les considerara "grandiosas" era "más que suficiente", y se durmieron en sus laureles. Pero entonces la Gran Recesión exhibió su arrogancia.

de veinte años de trabajo al lado de directores generales de Fortune 100, gerentes ejecutivos, gigantes de los estudios de Hollywood y agentes de poder de Washington, juzgo en gran medida correctas las conclusiones de Collins. Las personas que hacen cosas grandiosas se concentran en lo que más importa y lo repiten sin cesar, cada vez mejor.

Pero eso no es ganar. Ganar es mucho más. Cuando hablo de ganar, no me refiero a rendimientos accionarios totales acumulados superiores a los del mercado, ni a individuos que llegan al puesto de vicepresidente ejecutivo de una compañía de Fortune 500. Esto es *éxito*. *Liderazgo*. Se trata de logros loables, pero no extraordinarios. En Estados Unidos hay muchas personas y compañías exitosas, y muchos líderes. Pero la calidad de extraordinario es escasa por *definición*, aun en Estados Unidos, donde se te juzga por lo que haces y no por lo que eres o por quiénes son tus padres.

Ganar es llegar a la cima y hacer cosas: grandiosas, sin precedentes. Es *transformar* y revolucionar por completo productos, procesos y hasta personas. Es tener un impacto que perdure mucho después de tu ausencia. Como señaló en una entrevista en 2003 el gurú de la administración Tom Peters:

> *Las compañías que Jim [Collins] llama grandiosas han tenido un buen desempeño. Yo jamás negaría eso, pero no han llevado a nadie a ninguna parte. A mí me importa un comino que Microsoft siga existiendo o no dentro de cincuenta años. Microsoft fijó la agenda de la industria más importante del mundo en un periodo crítico, y para mí eso es liderazgo, no el hecho de que sigas vivo hasta que tu barba mida sesenta metros.*[2]

Ganar significa trazar un nuevo curso, fijar la agenda y convencer a todos de seguirla. Jerry Jones, dueño de tantos años de los espectacularmente rentables Vaqueros de Dallas, haría cualquier cosa en bien de su equipo y su fama. Si cortésmente le dijeras: "Jerry, súbete por favor a ese poste a ondear una bandera de los Vaqueros", él lo pensaría, y lo haría si cree que tal cosa es en beneficio de su equipo. Haría absolutamente cualquier cosa, dentro de los límites del buen gusto, con tal de volver memorables todas las experiencias relacionadas con su equipo. Jones se asegura de que los fans sientan que reciben justo lo que desean, y por eso en 2010 se le nombró la personalidad deportiva del año. Ganadores como él saben que no se trata de renovar y mejorar algo, sino de inventar algo superior y distinto.

El primer paso es pensar diferente. Si estás a punto de salir de la universidad y aún no tienes trabajo, es probable que tu principal interés sea conseguir un empleo lucrativo. No temas; hay toda una industria dispuesta a ayudarte a encontrar ese puesto perfecto. Pero ¿y si conseguir el puesto perfecto no es en verdad la prioridad correcta para ti? Quizá tu verdadera prio-

LO QUE LOS ESTADUNIDENSES REALMENTE QUIEREN OÍR DE SUS LÍDERES DE NEGOCIOS

Yo creo en una simple fórmula del liderazgo: escucha, aprende, ayuda, guía. Los mejores líderes saben que escuchar inspira mucho más que decir, y entonces aprenden. Luego, al ayudar dan ejemplo de liderazgo responsable. Los empleados están mucho más dispuestos a hacer sacrificios y seguir cuando ven a sus líderes en las trincheras con ellos. Y cuando los líderes se han ganado la confianza de su equipo, están listos para guiar.

ridad debería ser "inventarlo". Realmente yo no había pensado en esto hasta que platiqué con Richard DeVos, fundador de Amway. Él me contó una anécdota de una vez que habló ante un grupo de estudiantes universitarios que quizá te hará pensar dos veces si acaso estás por egresar de la universidad:

> *Hace tiempo pronuncié unas palabras en la Michigan State University, donde me doctoré, pues me concedieron un par de minutos para dirigirme a los alumnos. Lo único que les dije fue: "Apuesto que muchos de ustedes se preguntan si tendrán trabajo cuando se gradúen. Dejen de preocuparse por eso y pongan un negocio propio." La sala entera estalló en aplausos. Me sorprendió la intensidad de éstos; la sala entera sencillamente hizo explosión. Vaya, poner un negocio propio: no habían pensado en eso. En la universidad nadie te lo enseña. Te enseñan a depender de otros, no a hacerte cargo de tu propia vida.*

Para Mary Hart, conductora de *Entertainment Tonight* (ET) durante treinta años, la actitud lo es todo. En 2011 igualó a Johnny Carson como veterana animadora de un programa aún al aire. "Doy gracias por despertar cada mañana sintiéndome feliz y optimista. Hay mucho de porrista en mí. Siempre me he sentido afortunada por tener este trabajo, y no doy nada por sentado. Me presento a trabajar imaginando que es mi primer día en el programa. Cada emisión renueva mi entusiasmo."

"El éxito comienza y termina con la gente. Para atraer a muchas personas, tienes que conocerlas muy bien", dice Henry Juszkiewicz, director general de Gibson Guitar. Gibson, la compañía que fabrica la muy popular guitarra Les Paul, pasaba por momentos difíciles cuando Juszkiewicz llegó a dirigirla en 1986, y la rescató. En una época en la que la tecnología digital y los drásticos avances en la electrónica de consumo han enfrentado a gran parte de la industria musical con sus clientes, Juszkiewicz goza de amplio respeto no sólo por su visión para los negocios, sino también por su enfoque a favor de la gente. Director general durante más de dos décadas, aún abraza a los consumidores como una cobija cálida un frío día de invierno:

> *Puedes perseguir un cambio de paradigma que no le guste a la gente, pero no funcionará, porque es absurdo. Debes ser holístico y adoptar una perspectiva amplia con una vasta comprensión. Todos los grandes que conozco que han tenido ese toque especial, en realidad desarrollaron sus productos para ellos mismos. Steve Jobs desarrollaba productos que quería para sí. Él era el cliente. Y los comprendía mejor porque era uno de ellos.*
>
> *En el campo de las guitarras, yo desarrollo las cosas que me gustaría tocar. En este sentido, soy como un niño en una dulcería. Lo que importa es lo que prefiero en el momento. Tienes que poseer esa relación intuitiva con tu cliente. Si intentas llevártela con encuestas y métodos estadísticos, tropezarás mucho. Es como asomarse por mirillas; sólo obtienes trozos de información objetiva. Tienes que tomar entre tus brazos lo que está sucediendo para entenderlo de verdad.*

En su camino al éxito, invariablemente la perspectiva de los ganadores cambia a causa de un suceso: un mal jefe, un ambiente de trabajo pobre, un revés profesional temporal. Pero no ponen esto de pretexto para fracasar. Por el contrario, se convierte en una lección de vida que ellos usan para seguir adelante. Mickey Drexler, el peligrosamente franco pero muy divertido director general de J.Crew, dice:

> *Siempre quise tener un jefe dinámico, exigente, honesto y directo, no un charlatán. Alguien que me dijera: "Nunca olvides quién eres. No eres un figurón." Me acuerdo de los figurones cuando comencé en Bloomingdale's; apenas si te saludaban, y no te oían. Muchos de ellos ni siquiera se sienten seguros de sí mismos. Son presumidos, narcisistas,ególatras.*

Los ganadores jamás ponen pretextos. La autenticidad de los ganadores que aparecen en este libro es refrescante y persuasiva. Don Imus, personalidad de la radio estadunidense, ha sobrevivido y prosperado a lo largo de cuatro décadas de controversias aparentemente incesantes por el solo hecho de ser él mismo. "No soy un charlatán, y la gente lo sabe. Lo mío no es fingido. Soy lo que soy. Nunca he hecho nada al aire que no hubiera dicho o hecho o sido en privado. Creo que a esto se debe mi sintonía con la gente."

Dado que los ganadores viven para el cambio épico y el replanteamiento radical del orden imperante, deben ser capaces de exponer enérgica y hábilmente sus argumentos. Comienzan por atraer e inspirar a quienes trabajan con ellos. Persisten contra las objeciones de los escépticos que temen

LAS NUEVE PES DE LA VICTORIA

1. Primero la gente
2. Pulverización de paradigmas
3. Priorización
4. Perfección
5. Participación en común
6. Pasión
7. Persuasión
8. Persistencia
9. Principios en acción

lo que el cambio podría significar. Prevalecen sobre los críticos que quieren sofocarlos. Atrae, inspira, persiste, prevalece: debes poder hacer todo esto.

No es tan difícil como parece. La mayoría de los ganadores nacieron con ciertos atributos, pero los nueve principios esenciales pueden incorporarse en la vida de una persona. Los ganadores nunca están satisfechos con el orden imperante y siempre quieren más. Mejor. Más alto. Más rápido. Más fácil. Por eso no están satisfechos con las habilidades con que nacieron; éste es justo el punto de partida del camino a la grandeza. Estos principios pueden no presentarse en forma natural, implicar años de práctica y no estar siempre a tu disposición, pero cuanto más los domines, más probabilidades tendrás de ganar en el trabajo y en el mercado.

¿Cuáles son entonces los nueve principios de la victoria?

Las nueve Pes no son un mero ardid. Piensa de nuevo en las personas más exitosas que conoces: lo que para ti podrían ser sólo palabras son los principios conforme a los que ellas viven.

PRIMERO LA GENTE

Sé más de ti de lo que crees. Esto se debe a que, seas quien seas, hagas lo que hagas o vendas lo que vendas, sé a qué se dedica en verdad tu empresa: a la gente.

He hecho una carrera enseñando inequívocamente a candidatos y compañías que sus objetivos fracasarán si se niegan a escuchar y entender lo que la gente quiere de ellos. He pasado asimismo décadas enteras viendo a ganadores aprender, asimilar y perfeccionar este principio central. Toda decisión sobre comunicación, productos y objetivos debe someterse a esta central pregunta organizacional: *¿en qué afecta esto a la gente común?*

Consideremos lo que esto significa para el lenguaje. A menudo todo es cuestión de énfasis. En cuanto a la mayoría de los grandes innovadores de las generaciones recientes, las lecciones lingüísticas esenciales no suelen ser resultado de lo que dijeron, sino de lo que no dijeron. Lo que decides dejar fuera de tu comunicación es tan importante como lo que decides incluir. En los negocios, las personas más afortunadas rara vez hablan de saldo final, rentabilidad e incluso éxito. Éstos son sólo indicadores a lo largo del camino. Su mensaje –y su don– consiste en ver una deficiencia en la existencia humana y atacarla buscando un producto o servicio que vuelva la vida mejor.

El mejor ejemplo viviente de esto: Steve Jobs. Se le citará con frecuencia en este libro porque se cuenta entre las personalidades más influyentes del siglo XXI. Sólo lo vi en persona una vez, y se mostró decididamente hostil, pero tuvo un impacto en mi calidad de vida más personal y más agradable que nadie. Un muy respetado alto ejecutivo estadunidense que lo conoció bien describió de esta forma a esa paradoja de la preferencia por la gente que era Steve Jobs:

> Es mi ídolo. No conozco a nadie que haya logrado lo que él, y en la misma escala, en términos de cambiar el mundo. Estados Unidos necesita más gente como Steve Jobs. Sin embargo, no era una persona afable. Ni siquiera saludaba. Vivía en su propio mundo. Pero lo admiro como a ningún otro empresario en la historia por su impacto en tanta gente.

Los comunicadores más exitosos son encantadores y carismáticos. Esto facilita enormemente su tarea de ganar, pero no es esencial. Excepciones notables –como Bill Gates, que es socialmente torpe, y Jobs, a quien a menudo se le describe en privado como ensimismado– vencieron sus deficiencias interpersonales desarrollando productos que hablaran por ellos. Ganadores así proceden de una larga estirpe de innovadores competitivos como Thomas Edison y Henry Ford, individuos notablemente quisquillosos e irritables, aunque también dedicados y empeñados en mejorar la condición humana... Y así lo han hecho.

En el mundo del espectáculo, entre los ejemplos notables de este tipo están Oprah Winfrey y Martha Stewart, idolatradas ambas por sus capacidades de comunicación y su influencia en la cultura popular, pese a que, según se sabe, sus relaciones personales son complejas y problemáticas. Ellas brindan consuelo a una creciente población ansiosa en busca de seguridad en un mundo difícil. Saben cómo llenar los espacios vacíos en la vida de mujeres maduras de ingresos medios en una forma que va más allá de la geografía, la economía y el origen étnico. El Club de Lectura de Oprah no vende libros (un producto), sino tranquilidad (una solución centrada en la gente).

Martha Stewart tampoco vende recetas (mercancía que puede conseguirse dondequiera), sino soluciones de calidad de vida en las que se puede confiar, porque Martha confía en ellas y las mujeres confían en Martha.

Responde rápido: ¿qué vendes? ¿Cuál es tu gran idea? Piensa antes de seguir leyendo.

Si tu respuesta fue una cosa (como un "artefacto", o "servicios de salud", o tu "candidatura política", por ejemplo), no has definido el "¿Y eso qué?" esencial para reducir tu idea a algo que importe –y beneficie– a alguien. Pero si tu respuesta fue un atributo ("menos complicaciones", o "tiempo de calidad con la familia", o "mejor calidad de vida", o "un gobierno más responsable"), estás un paso adelante en el camino a la victoria.

Los ganadores saben lo que mueve a la gente, y sintonizan con nuestros temores, aspiraciones o ambos. La labor de todos los comunicadores ganadores consiste en darse cuenta de qué falta en la vida de los demás e intentan resolverlo. Los triunfadores nos ayudan a imaginar las posibilidades que habrán de cambiar nuestras realidades.

Ésa es una de las razones por las que yo siempre abogue por un enfoque más positivo, alentador y optimista de la publicidad y la mercadotecnia. El enfoque de la preferencia por la gente tiene que ver con abordar, resolver y aliviar las contrariedades personales: concentrarse en "soluciones" antes que en la gestión de los problemas. Es lo mismo en política. Los votantes estadunidenses han terminado por rechazar la negatividad constante. En la contienda senatorial de 2009 en Massachusetts, el mejor mensaje del republicano Scott Brown fue cuando dijo a su contrincante: "Deje de atacar el pasado. Yo no soy Bush/Cheney. Concentrémonos en el futuro." Aun en Massachusetts –no exactamente un lugar ideal para la biblioteca heredada de George W. Bush–, la gente quería saber cómo la afectaba esa contienda *hoy* y *mañana*, no ayer. Todos podemos detenernos en nuestro pasado, pero nadie quiere que los demás lo hagan, mucho menos sus representantes. A los electores les interesa más el potencial de un candidato que su pasado. Preferirían políticos atentos a un futuro mejor, para todos.

PULVERIZACIÓN DE PARADIGMAS

El capítulo 4 trata de las personas y productos que cambian drásticamente nuestra manera de vivir. Los ganadores no mejoran las cosas; cambian el juego. Tres atributos definen la pulverización de paradigmas:

1) la *actitud* de no conformarse nunca con lo convencional;
2) la *práctica* de la reinvención decidida, y

3) la *necesidad* de usar una comunicación hábil para conducir a la gente en una nueva dirección. Esto consiste en convencer a las personas de que un cambio radical del orden imperante hacia un valiente mundo nuevo es no sólo lo que se debe hacer, sino también lo único por hacer. Por ejemplo:

- Existe una gran diferencia entre *innovación* (el lenguaje de lo bueno) y *avance* (el lenguaje de lo grandioso). A los estadunidenses les gusta la innovación porque supone tomar algo conocido y mejorarlo. Pero les encantan los avances —en especial en medicina, ciencia, tecnología y áreas afines—, porque rebasan los límites que restringen la calidad de vida y los remplazan por algo que cambia sus expectativas de la existencia. Innovar no basta.
- Un *enfoque audaz* es mejor que un *enfoque incremental*, aunque no alcanza el tono alarmante de uno *revolucionario*, lo cual es importante. Pese a que los estadunidenses rechazan a líderes o ideas *revolucionarios* y *radicales*, buscan un cambio más rapido y fundamental que el que actualmente se les ofrece desde Washington o Wall Street. Un *enfoque audaz* indica que las cosas cambiarán, pero en una forma segura y confiable. Las personas *audaces* marchan a la cabeza con determinación, pero también con paso firme.

Pulverizar paradigmas es algo que pocos pueden hacer, pero menos aún explicar. Su lenguaje tiene que vencer a menudo un extendido escepticismo, dudas y a veces franca hostilidad. Recuerda: por más que digamos que nos gusta el cambio, es lógico que nos resistamos a él. Como seres humanos, tememos por naturaleza a lo desconocido, aun si al mismo tiempo lo aceptamos. Los mejores comunicadores saben colocar un nuevo producto o idea como una mejora que la gente debería esperar, no como un fardo por llevar a cuestas.

PRIORIZACIÓN

Los ganadores en los negocios y la política tienen una rara capacidad para priorizar, ya sea que formen parte de una organización o equipo o actúen de manera individual. Saben distinguir entre lo que tiene que hacerse y lo que debería hacerse, y esto tiene una correlación directa para lo que ellos dicen y cuándo lo dicen. De hecho, identificar prioridades y articularlas de modo eficaz quizá sea el componente más importante de la comunicación exitosa.

LECCIONES DE LUNTZ

TUS PRIMERAS PALABRAS SON MÁS IMPORTANTES
QUE LAS ÚLTIMAS

Escucha esto: sólo tienes una oportunidad para causar una buena primera impresión, y lo primero que dices colorea todo lo demás. No sólo lo colorea, sino que también, dependiendo de cómo enmarques el contexto, la impresión inicial que causes arrojará una sombra sobre tu propósito o le dará sustento.

Ya sea que pidas un aumento o intentes recaudar un millón de dólares, que busques un ascenso o promuevas tu candidatura, tu primera frase, idea o impresión es con mucho la más importante. Muchas personas destinan su tiempo a pulir sus últimas ideas. Malo. En la mayoría de los casos, si arruinas el comienzo, nadie estará escuchando para cuando termines.

El primer paso es priorizar tus acciones para que tu empresa se concentre por completo en aquello donde puedes ganar. Bill Gates no anima clubes de lectura; Oprah no programa códigos. No se puede ganar en todo. Pero es más crucial el hecho de que Bill Gates haya sido lo bastante listo para no morder el anzuelo de la *ligera modificación del curso* y dedicarse, por ejemplo, a hacer microchips. Que Intel produzca procesadores Pentium. Microsoft se aferró a lo *esencial*, en vez de centrarse en lo meramente *importante*.

El segundo paso de la priorización tiene que ver con el lenguaje. Las palabras salen sobrando en un mundo en el que la gente cada vez se distrae más y ve reducirse su capacidad de concentración. Si aceptas el adagio de que lo que las personas oyen es más importante que lo que tú dices, saber qué omitir es tan importante como saber qué incluir. Los ganadores priorizan sus mensajes. Por ejemplo, los comunicadores de éxito necesitan evidencias para probar un argumento, pero en realidad demasiadas evidencias son peores que muy pocas, porque entonces los oyentes sospecharán que exageras o, peor todavía, que perdiste el hilo. La brevedad sigue siendo el alma del ingenio. De hecho, en la era de los mensajes de texto y Twitter, entre más hablas, menos te oyen.

PERFECCIÓN

Si no persigues la perfección, nunca alcanzarás la excelencia. Ésta es la versión activa, y por ende mejor, del grato pero insuficiente proverbio "Tira a lo grande, porque aun si no le das, llegarás alto." Los ganadores comprenden esto, pero aunque admitan que la perfección es imposible (lo es), hacen de ella su misión constante. Nunca es suficiente.

Como explicaré en el capítulo dedicado a este tema, existen muchos puntos de contacto entre pasión y perfección, porque se alimentan entre sí. Sin un deseo ardiente de hacer lo que haces, es casi imposible hallar la fortaleza interna para procurar la perfección. No es lo mismo trabajar dieciséis horas diarias porque tienes que porque *quieres* hacerlo.

A los ganadores apasionados por su trabajo no les importa laborar dieciséis horas diarias si eso es lo que deben hacer para ser los mejores. Oprah no se volvió la Reina del Talk Show por hacer preguntas mediocres a invitados mediocres. Así habría terminado como Chevy Chase o Ricki Lake. Ella persigue implacablemente la perfección en todo lo que hace, de su programa de televisión a su revista, pasando por todo lo demás.

Como estrategia de negocios, la búsqueda de la perfección puede ayudarte a distinguir una marca de otra, en especial en un mercado abarrotado. Considera, por ejemplo, la ventaja lingüística de Lexus sobre BMW y Mercedes Benz en sus anuncios, donde su lema es "La incesante búsqueda de la perfección". La perfección implica valor para el consumidor, así como algo digno de ser oído, visto, experimentado o conocido. Basta con que vayas al hotel emblemático de Steve Wynn en Las Vegas para que entiendas lo que quiero decir. Tan pronto como entras a Wynn Las Vegas, te ves rodeado de opulencia y elegancia. Cada detalle, cada centímetro, desde las losas de los pisos hasta la decoración de las habitaciones, busca comunicar perfección absoluta a clientes de todos los gustos. Y lo consigue. Hay una razón de que la marca Wynn signifique inequívocamente calidad, valor y lujo.

Aun si lo que vendes no es lujo supremo a clientes adinerados, tienes la responsabilidad de buscar la perfección. ¿Por qué? Porque si no lo haces, tu competidor podría hacerte pedazos, y lo hará.

PARTICIPACIÓN EN COMÚN

Nadie es perfecto. Si mañana despertaras con una sabiduría infinita, recursos ilimitados y una bola de cristal, podrías no necesitar a nadie para lograr lo que quieres. Pero hasta que eso suceda, necesitas socios.

Interrogada acerca de su nueva red de televisión a principios de 2010, Oprah dejó en claro que uno de sus mayores retos fue crear un equipo que le ayudara a cuajar todo. "El mayor desafío es lograr que la gente adecuada cree el tipo indicado de energía y sinergia creativa", dijo. "Subir al autobús a las personas correctas en los asientos precisos. Y bajar a las que no deben estar ahí."[3] Hasta para alguien como Oprah, de quien se rumora que tiene más dinero que Dios, hay limitaciones que sólo otras personas inteligentes y trabajadoras pueden ayudarle a superar. Ella expresa apropiadamente una idea que tiene su origen en Aristóteles: la de que el todo es mayor que la suma de las partes.

La comunicación honesta y abierta es primordial para la sobrevivencia de un grupo. Sin ella, la confianza y el respeto sencillamente no fructificarán. Tus sociedades también deben poseer equilibrio. Si a uno de ustedes le gusta correr riesgos, es probable que el otro deba ser más prudente. Si uno es muy desorganizado, el otro haría bien en ser metódico. Las asociaciones prosperan cuando alcanzan el equilibrio correcto que maximiza lo "bueno" y minimiza lo "malo" que cada lado aporta a la relación. Al preferir la colaboración a la confrontación y el consenso al conflicto, las mujeres tienen una clara ventaja en este aspecto. Anne Mulcahy, exdirectora general de Xerox, Irene Rosenfeld, directora general de Kraft Foods, y Angela Brady, directora de los servicios de salud WellPoint, llegaron a la cumbre gracias a sus habilidades de participación en común.

PASIÓN

No hay ganador que no ponga pasión en lo que hace o en la forma en que se comunica. Si observas las expresiones de pasión de quienes se mueven en las altas esferas, verás en juego tres claros atributos del lenguaje:

- primero, esas personas comunican seguridad en ellas mismas y en sus productos;
- segundo, sus mensajes siempre se basan en resultados y soluciones, y
- tercero, al final hay un claro llamado a la acción.

Sin embargo, la pasión tiene que ver no sólo con las palabras y el lenguaje. Comunicar pasión de modo efectivo implica atención al estilo y a la forma de expresarse. En este caso, no sólo importa qué oye la gente, sino también *cómo* lo oye. Tres ejemplos:

- **No confundas volumen con entusiasmo.** Gritar es uno de los peores errores que cometen los comunicadores para mostrar pasión. A nadie le gusta que le griten, aun si está de acuerdo con lo que oye. En realidad, los individuos más apasionados –y persuasivos– son los que hablan más bajo cuando dicen las cosas más importantes.

- **Los absolutos destruyen acuerdos.** Jamás uses palabras que sugieran una coincidencia universal o unánime. Al público no le agrada oír términos como *siempre*, *todos* o *todo el tiempo*, porque indican una certidumbre y uniformidad que nadie cree que existe. De hecho, evita la palabra *nunca*, porque la gente pensará entonces en excepciones. Tan pronto como encuentre una, tú pierdes.
- **Pasión y claridad deben ir de la mano.** Los médicos son muy malos comunicadores pese a que les apasione su trabajo. Llenan sus mensajes de jerga técnica que confunde en vez de aclarar lo que quieren decir. La comunicación clara y concisa infunde más pasión que términos técnicos exactos pero confusos.

La pasión también tiene que ver con la intensidad. Las dos compañías que, en mi opinión, exhiben más intensidad en la atención a sus clientes son FedEx y Anheuser-Busch (AB). Para la primera, la pasión tiene un nombre: la Promesa Púrpura. Se trata de algo que todos los empleados aprenden al entrar a la compañía, con un significado muy sencillo: "Volver excepcionales todas las experiencias de los clientes." Esto es lo que esperan que los diferencie de UPS. De un chofer de FedEx se espera que encuentre la forma de hacer llegar un paquete a su destino sea como sea. Fracasar no es opción. El U.S. Postal Service (Servicio Postal de Estados Unidos) tiene quizá un lema apasionado –"Llueva, truene o relampaguee..."–, pero FedEx cumple. Jamás oirás a alguien quejarse de que su envío "se perdió en FedEx".

Durante décadas, el lema de Anheuser-Busch (AB) no aludió a la venta de cervezas, sino al hecho de hacer amigos. Ningún extraño sabía que los altos ejecutivos de la compañía recibían "asignaciones para muestras" a fin de poder comprar cervezas para personas desconocidas en restaurantes y bares. Pero el asunto no se reducía a la cerveza. Tenía que ver más bien con la conversación y camaradería que se desprendían de esas cervezas gratis. Los directivos de dicha compañía se dieron cuenta de que la cerveza es algo más que sus ingredientes o su proceso de elaboración. Es también la experiencia de tomarla con amigos y familiares. Ninguna palabra ni imagen puede vender mejor una cerveza que las experiencias que se comparten gracias a ella. Los ejecutivos de AB llegaron a contarse entre los mejores comunicadores corporativos gracias a haber mostrado su pasión por su producto regalándolo. Esa cultura empezó a extinguirse cuando esta compañía estadunidense pasó a propiedad extranjera en 2009, aunque algunos ejecutivos siguen practicando la forja de amistades hoy en día.

PERSUASIÓN

Los ganadores no predican; persuaden. Te dicen exactamente por qué deberías aceptar su punto de vista, aunque tú crees haber llegado solo a las mismas conclusiones. El capítulo 9 se basa en la teoría organizadora detrás de
La palabra es poder: lo que importa no es lo que dices, sino lo que la gente
oye. Uno de los componentes más relevantes de la persuasión es hacer referencia a aquello en lo que la gente ya cree y usarlo luego como trampolín
para el salto de fe que quieres que dé. En ese capítulo se explorarán los cinco
tipos de individuos que integran cualquier clase de público:

- **Los que rechazan.** Hay personas que se te opondrán digas lo que digas o hagas lo que hagas.
- **Los que no están de acuerdo.** Estos individuos se te oponen o dudan de ti, pero no lo hacen de modo frontal, y una persuasión efectiva
  puede volverlos *neutrales*.
- **Los neutrales.** Estas personas pueden inclinarse a uno u otro lado.
  En la cultura corporativa usual, éste es el segmento de empleados
  más grande, y la dirección pierde una gran oportunidad si no busca
  su apoyo.
- **Los que aceptan.** Éstos te respaldan, pero no están dispuestos a hablar por ti. Éste es el segmento más importante del público, y suele
  ser la rebanada decisiva del pastel para los aspirantes a ganadores.
- **Los que abrazan.** Estas personas ya no necesitan persuasión ni motivación. Sea por lealtad personal o disposición a ser guiadas, están
  preparadas y listas para partir. Sólo les hace falta saber qué decir y
  qué hacer.

PERSISTENCIA

Ganar no se reduce nunca a un único juego, producto o ejecución. Los ganadores saben cómo tener éxito a largo plazo. De hecho, saben que a la victoria la definen las ejecuciones repetidas y los logros crecientes. Los prodigios
que aciertan sólo una vez experimentan un éxito breve; únicamente quienes
ocupan de manera sistemática el primer sitio en la lista de éxitos conquis-
tan su industria. Los ganadores nunca se rinden, jamás aceptan la derrota
y trabajan tanto como sea necesario para terminar bien su labor. Casi todas
las personas exitosas han tenido que vencer múltiples reveses, entre los que
suelen estar quiebras, enfermedades y la imposibilidad de cumplir lo prome-

tido, por citar unos cuantos. Desde la incapacidad de Toyota para responder a sus deficiencias tecnológicas hasta la reiterada renuencia de Tiger Woods a contestar preguntas sobre su vida privada, no todos los iconos toman siempre las decisiones correctas. El reto es comunicar persistencia aun si todo a tu alrededor se está yendo al infierno. Los ganadores acostumbran afirmar: "No me digas por qué no puedo hacerlo. Dime cómo lograrlo."

PRINCIPIOS EN ACCIÓN

¿De qué sirve ganar en el trabajo si pierdes en la vida? En mis conversaciones con algunas de las personas más ricas y exitosas de Estados Unidos, su orgullo en sus logros financieros y profesionales resultó estar eclipsado por un desconcierto personal a causa de la condición de su familia. En su afán de ganarlo todo en el trabajo, lo perdieron todo en casa.

El capítulo conclusivo intentará poner en perspectiva la naturaleza esencial de una serie de principios orientadores que definen a los verdaderos ganadores. Se centrará en quienes renunciaron a su ética, humanidad y decencia en la caza del éxito, y en su caída en desgracia por el hecho de que para ellos ganar era lo único. De Ken Lay a Jack Abramoff y Bernie Madoff, estas personas terminarán por ser conocidas no por sus logros temporales, sino por la forma en la que los consiguieron y, en última instancia, por su lamentable fracaso.

¿Qué inspiró a Steve Jobs a crear algunos de los productos más innovadores y exitosos de nuestro tiempo: el iPod, el iPhone y, más recientemente, el iPad?

¿Por qué Rupert Murdoch sigue asombrando a sus aliados y confundiendo a sus críticos con su hábil toma de decisiones cuando está a punto de cumplir 80 años?

¿Qué decir de la competencia que impulsó a Larry Bird y su equipo –los Celtics de Boston– a ganar tres campeonatos de la National Basketball Association (NBA), y al propio Bird a llevarse a casa dos premios Finals MVP de esa misma asociación?

¿Qué pueden aprender los profesionales acerca de los negocios de la disciplina, concentración y determinación de que hacía gala el grande del tenis Jimmy Connors antes de sus partidos?

¿Qué habilidad de negocios es la que más respeta Mike Bloomberg?

¿Cómo es que Steve Wynn se reinventa a sí mismo, y reinventa Las Vegas, una y otra... y otra vez?

¿Cómo combinó Rich DeVos, fundador de Amway, pasión, persistencia y arraigados principios para erigir un imperio global de mercadotecnia de ocho mil millones de dólares?

¿Qué atributos esenciales permitieron a Arnold Schwarzenegger salir de la pobreza para conquistar los mundos del espectáculo, los negocios y la política?

¿Y por qué la increíble falta de principios de Ken Lay y Jeff Skilling hizo pasar a Enron de una de las compañías más admiradas y rentables de Estados Unidos a un cementerio corporativo, lo cual tuvo un costo de miles de empleos, diezmó ahorros de mucho tiempo y arruinó un número incontable de vidas?

Éstas son sólo algunas de las preguntas que exploraré y responderé a lo largo de las páginas de *Ganar*. Explicaré por qué cada una de las nueve Pes de la victoria es tan esencial y tan lógica, pese a que suela ser pasada por alto por muchos líderes de negocios, tanto en las grandes oficinas corporativas como en los modestos despachos de pequeñas empresas. Es importante entender que no todos los ganadores poseen todas esas características. De hecho, bien podría ser que sólo necesites una o dos de ellas en una situación dada para obtener el resultado que deseas. Pero hoy en día no encontrarás en ninguna parte un ganador que no exhiba la mayoría de esos rasgos humanos fundamentales, si no es que todos.

3

PRIMERO LA GENTE
Humaniza tu enfoque

*Lo he visto hacerlo millones de veces,
pero no podría decirte cómo lo hace, Henry.
Lo que hace con la mano derecha.
Puedo decirte qué hace con la izquierda.
Es un genio con ella.
Él podría poner esa mano en tu codo...
o en tu bíceps, como lo está haciendo ahora.
Movimiento básico. Se interesa por ti.
Le honra conocerte.
Pero si sube un poco, si llega a tu hombro...
no es algo tan íntimo.
Compartirá contigo una sonrisa, un secretito.
Y si no te conoce pero quiere compartir emociones contigo...
tomará tu mano entre las suyas.
Lo verás cuando te estreche la mano, Henry.*
—ESCENA INICIAL DE *PRIMARY COLORS*, 1998

Digan lo que digan, Bill Clinton es un ganador.

En la primavera de 1992, mientras asistía en Nueva York a un acto de recaudación de fondos para su campaña presidencial, Clinton enfrentó a un individuo indignado con una misión específica. Era Bob Rafsky, miembro de la AIDS Coalition to Unleash Power (Coalición contra el SIDA para liberar el poder, ACT-UP), grupo de concientización y defensa de enfermos de sida. Tras abrirse paso entre la multitud para acercarse a él, Rafsky le dijo: "No estamos muriendo de sida, sino de once años de negligencia del Gobierno." Un tanto desconcertado, Clinton contestó sencillamente: "Siento tu dolor."[1]

En ese momento, y en una sola frase, Bill Clinton dijo algo que lo proyectaría para siempre en la imaginación de los estadunidenses como, eminentemente, un hombre del pueblo. En vez de discutir con Rafsky o rebatirlo, aceptó su frustración (su dolor), validando así los sentimientos de su interlocutor y haciéndole saber que al candidato le importaban personalmente. En ese instante, dejó de ser temporalmente un político para convertirse en un ser humano.

Bill Clinton ganó ese año la presidencia porque entendió mejor que ninguna otra figura política lo que pasaba entonces en Estados Unidos, y porque tenía una capacidad innata para comunicar ese mensaje. Era, en efecto, un hombre del pueblo: sentía el dolor de los estadunidenses y supo ponerse en sintonía con él. En un debate realizado ese mismo año, dijo que cuando alguien se quedaba sin trabajo en su estado natal, Arkansas, era muy probable que él lo conociera por su nombre. Exageraba, por supuesto, pero no importaba. Él era un personaje nuevo en el drama de la política estadunidense. Comprendía a la gente tan bien y podía vincularse con ella en un nivel tan personal que era capaz de alcanzarla como pocos políticos habían podido hacerlo hasta entonces. Era desenvuelto y parecía seguro, y no por casualidad. Aunque sus argumentos, palabras, tono y expresiones faciales parecían materializarse sin esfuerzo, cada uno de sus gestos, miradas y comentarios había sido cuidadosamente estudiado y tenía el propósito específico de demostrar que escuchaba. Era un maestro de la empatía.

Más allá de lo que se opine acerca del temperamento o la política de Bill Clinton, él es en la actualidad la figura pública viva más centrada en la gente. Sea cual sea tu ideología, cuando él habla, escuchas. Parece haber sopesado los hechos, estudiado las políticas públicas, oído los diferentes argumentos y sometido después todas esas consideraciones a una simple pregunta: "¿Cómo afecta esta idea a la gente común?". No es casualidad que la Casa Blanca de Clinton se haya vuelto famosa por los largos enfrentamientos políticos sostenidos a altas horas de la noche, que el propio presidente arbitraba. Él quería que se supiera que no sólo sentía el dolor de los estadunidenses; también trabajaba intensamente para remediarlo. Estudiaba como un experto, pero se comunicaba como un amigo. Pasar de una a otra es el más raro de los talentos políticos.

Clinton es la personificación del líder centrado en la gente. Maneja su voz y palabras –e incluso su rostro– de tal forma que induce a los oyentes, trátese de un público numeroso o de individuos en conversaciones personales, a detenerse y mirar, escuchar y aprender. Y así esté en una sala contigo o en la pantalla de tu televisión, casi siempre sentirás que te habla a ti y sólo a ti. Él crea una sintonía auténtica que puede convertir en partidarios momentáneos aun a sus críticos más feroces. Congresistas y senadores republicanos suelen congelarse como ciervos ante los faros cuando habla con ellos. Clinton conoce a la gente.

Detengámonos ahora en la frase "primero la gente". Esta expresión *no* equivale a ser una persona sociable. Cuando hablo de que primero es la gente, no necesariamente me refiero al tipo de personas con las que nos gusta pasar nuestro tiempo libre. No aludo a gente que sabe cómo "conectarse" con nosotros y que nos "atrapa". Sí, esto forma parte del concepto, pero en él hay mucho más. Si eres una persona sociable, entrarás a una sala repleta de desconocidos y en un instante habrás hecho tres amigos. Tal vez para ese momento ya estés invitado a al menos una velada próxima, y si en verdad eres bueno, te habrás agenciado ya algunas tarjetas de presentación, repartido unas tuyas y obtenido jugosos dividendos antes de que el último asistente, un tanto pasado de copas, cruce la puerta a trompicones. Eres un punto de unión. El tipo de persona que congrega a otras. Eres invaluable.

Clinton es, en cambio, un ejemplo perfecto de lo que significa primero la gente, y todos quienes aspiran a formar redes de contactos pueden aprender de él. Para el político de Arkansas, formar redes no era una mera cuestión de repartir y recolectar tarjetas y aprovechar al máximo el tiempo en un acto público antes de poder considerarlo una gran noche. Tampoco confiaba únicamente en su carisma. Por el contrario, cada noche, al llegar a casa, registraba en detalle cada una de las conversaciones que había sostenido durante el día, en una creciente biblioteca de fichas. De esta forma, no sólo memorizaba dónde trabajaba una persona o lo que ésta había dicho, sino también *quién era*. Así que la siguiente vez que la veía, preguntar "¿Cómo ha estado usted?" no era una formalidad vacía; era una expresión colmada de conocimiento que le permitía satisfacer la necesidad de esa persona de ser reconocida y valorada. Quienquiera que seamos, todos tenemos esa misma necesidad básica de empatía.

Si lo habías tratado alguna vez, se acordaba de ti. Más aún, te trataba como un viejo amigo. Así me sucedió a mí, pese a que operaba en su contra. La lección: no subestimes el sencillo poder que el recuerdo ejerce en un individuo. Todos queremos no sólo que se repare en nosotros, sino también ser memorables. En un mundo que se mueve con creciente rapidez y donde se trata a las personas cada vez más como mercancía, el líder que reduce su marcha —que trata a los demás como individuos, no como piezas intercambiables— es el que gana.

El solo hecho de ser una persona sociable no te convierte en ganador. Bromas ingeniosas y referencias improvisadas a la cultura popular podrían ayudarte a enriquecer tu lista de contactos en una fiesta, pero no te ayudarán a descubrir los deseos y necesidades más apremiantes de una nación. Las personas centradas en la gente, por el contrario, disfrutan de una ventaja que, si se envasara y vendiera, costaría más que un asiento en el Gobierno.

En la actualidad, ninguna compañía se concentra más en el establecimiento de relaciones personales ni es mejor para eso que Facebook. Con más de quinientos cincuenta millones de usuarios en todo el mundo, los cuales aumentan a diario, esta empresa ha redefinido la interacción humana en el siglo XXI. Junto con Google, ha transformado la manera de relacionarse de la gente, y de compartir información en su vida personal y profesional, de modo que es totalmente lógico que el proceso de vincular a los individuos esté en el centro de lo que busca hacer. Y en el corazón de este empeño se encuentra Sheryl Sandberg, la muy talentosa directora operativa de Facebook. Jefa de personal del Departamento del Tesoro cuando tenía veintitantos años, vicepresidenta de Google (hasta que se la robó Facebook) e integrante del consejo de Disney y de Starbucks, es obvio que Sandberg se ha ganado a pulso un lugar en la lista de Fortune de Most Powerful Women in Business (Las mujeres más poderosas en los negocios). Cuando le pregunté el secreto de su éxito, respondió en el acto: "Cúlpate cuando las cosas vayan mal y reconoce a los otros cuando vayan bien. Reconocer a los demás es indispensable para formar un equipo." Sandberg, una de las grandes formadoras de equipos en Estados Unidos, sabe qué se necesita para ganar.

Sandberg se concentra en y prioriza tanto a la gente como la compañía de cuya dirección forma parte. En su sala de juntas tiene un cartel inmenso que dice: "El futuro es de quienes están dispuestos a ensuciarse las manos." "La verdad, lo tomé de la sala de juntas de Howard Schultz", admite. Para ella, formar equipos es interactuar cara a cara en todos los niveles. "Visito a mis clientes. Todos deberían hacerlo. Las cosas marchan mal cuando tu equipo pierde contacto con la realidad, cuando cree que ha llegado demasiado alto para hablar con la gente. En mis reuniones con los empleados de ventas, les pregunto para comenzar si han hablado con un cliente en las últimas veinticuatro horas. Si no lo han hecho, están en problemas."

¿Por qué creo entonces que los individuos y las compañías para quienes primero es la gente tienen muchas más probabilidades de ganar que el resto de nosotros? Lo más importante por percibir es que ganar no se reduce a obtener utilidades. No, nuestros colegas centrados en la gente tienen muchas más probabilidades de llegar al pináculo del éxito porque saben qué mueve a las personas. Saben qué buscar y qué preguntas hacer para desatar una demanda desconocida, y por tanto, contenida y sin explotar. Esto fue lo que empujó a madres y coleccionistas por igual a hacer cola horas enteras en Toys "R" Us en la década de 1980, y a pelear literalmente por la única caja disponible de Cabbage Patch Kids cada vez que ésta llegaba a la tienda. En el verano de 2007, el mismo fenómeno fue responsable de las filas que, a

¿CUÁLES DE LAS SIGUIENTES CUALIDADES CONSIDERAS MÁS IMPORTANTES EN UN BUEN DIRECTOR GENERAL?

	TOTAL
Conocer a la gente: cómo conducirla y llegar a ella	58%
Pasión intensa y compromiso personal con el éxito de la compañía	36%
Habilidades de comunicación sobresalientes y autenticidad	29%
Sentido común genuino	29%
Excelentes habilidades de negocios	16%
Conocer los productos y servicios por dentro y por fuera	16%
Gran inteligencia	10%
Décadas de experiencia en la realidad	6%

Fuente: The Word Doctors, 2010.

lo largo de meses, todos los días se formaban a las siete de la mañana en las tiendas de Apple en Estados Unidos, mientras los compradores esperaban con paciencia (o sin ella) el suministro de iPhones de la fecha. Y en 2010 el iPad de Apple volvió a atraerlos un día tras otro.

Pedí a Henry Juszkiewicz su opinión sobre por qué Steve Jobs era tan eficaz para desarrollar artefactos tecnológicos que la gente sencillamente adora:

Jobs era un ejemplo magnífico de una mente increíblemente intuitiva.

El iPod es una muestra de brillantez, porque mucho antes de él ya se conseguían reproductores de música del mismo tipo. Creative tuvo un MP3 antes del iPod. Igual otras compañías. Estos aparatos no tardaron en aparecer, pero nunca despegaron. Se hablaba de ellos, pero eran marginales. Hubo muchos problemas en la forma en la que esas compañías enfocaron dicha tecnología. Lo que Jobs hizo fue tomarla y volverla utilizable. Tuvo la capacidad necesaria para meterse en la mente del consumidor. Ése era su don intuitivo. Sabía en verdad qué quería la gente, aun antes que ella misma, y podía ponerse en sus zapatos.

Ganar es encontrar un producto o servicio que satisfaga una necesidad o cumpla un deseo, el cual la gente misma aún está por reconocer a veces. En ocasiones se trata de una gran victoria de mercadotecnia sobre la que la gente escribe en libros como éste. Pero también de mejorar la vida en un grado tan asombroso que verdaderamente cambie lo que significa la "experiencia humana". Una vez que los ganadores han hecho lo suyo, los simples mortales no podemos imaginar la vida de otra manera.

Antes de explorar las técnicas de comunicación de los sabuesos de la sociología y los antropólogos de los negocios, es preciso disipar una idea falsa de la preferencia por la gente. Entender a las personas y ser capaz de sintonizar con ellas –conocerlas mejor de lo que se conocen a sí mismas– no es igual que ser encantador, carismático o amable. Se sabe que algunos de los individuos que han tenido más éxito en el mundo –y de hecho en la historia de la humanidad– en priorizar a la gente son de trato difícil, si no es que imposible.

Quienes han trabajado con Anna Wintour, directora editorial de *Vogue* en Estados Unidos, dicen que *The Devil Wears Prada* (*El diablo viste a la moda*), el libro de 2003 y la película de 2006, no distan mucho de la verdad. Basada en Wintour, Miranda Priestly es una madura y venenosa directora de revista que casualmente resulta ser también una de las personas más importantes en la industria mundial del vestido, con ventas de casi 1.3 billones de dólares al año. Convertida en su asistente, una desventurada periodista en ciernes se percata pronto de que, en el mundo de su jefa, el éxito ilimitado significa ignorar los sentimientos de los demás. Desde luego que retratos de ejecutivos abusivos como éste suelen ser interesados e indulgentes, pero en este caso la anécdota es una descripción perfecta de la disparidad entre decencia humana y victoria empresarial. No te hace falta la primera para obtener la segunda. Tal vez los ganadores sepan mejor que nadie qué impulsa a la gente. Pero esto de ninguna manera significa que se preocupen por tu cumpleaños o aniversario cuando hay fechas límite por cumplir. Al tiempo que les toma el pulso con una mano, Anna Wintour ahorca a sus empleadas con la otra.

Sería un error suponer, sin embargo, que el encanto, el ingenio y la cortesía no tienen nada que ver con la capacidad para sintonizar con la gente y entender lo que realmente quiere. Esas características pueden no ser necesarias para centrarte en la gente, pero por lo general ayudan. Sin duda contribuyen mucho a mantener los equipos de trabajo leales, dedicados y motivados de los que en última instancia depende tu éxito.

La razón de que las personas capaces de empatizar sean tan hábiles para ganarse a los demás estriba en una palabra: *respeto*. Cuando alguien nos concede todo su tiempo y atención, nos sentimos respetados, apreciados e importantes. La mayoría de los ganadores que aparecen en este libro no sólo creen en la naturaleza esencial del respeto; también la practican. "No podrás ganarte el respeto de los demás si antes no lo muestras por ellos", afirma Richard DeVos, visionario fundador de Amway y uno de los grandes empresarios del siglo XX. Mientras su esposa y socia durante cincuenta años asiente con la cabeza, él enfatiza: "Tu primer acto de comunicación es mostrar respeto por tu interlocutor. Cualquiera que sea su filosofía, color o gusto,

¿ERES UNA PERSONA PARA LA QUE PRIMERO ES LA GENTE?

Hazte las cinco preguntas que aparecen en seguida. Si la respuesta a cuatro de ellas es sí, quiere decir que exhibes los atributos esenciales de una persona para la que primero es la gente.

1. *¿Miras a los demás a los ojos?* Las personas centradas en la gente ponen mucha atención no sólo en lo que ésta dice, sino también en cómo lo dice, e indagan las emociones que bullen tras el lenguaje.

2. *¿Preguntas repetidamente "por qué"?* Inquisitivos por naturaleza, los individuos para los que primero es la gente quieren saber cómo piensan los demás, y descomponen las conversaciones casuales igual que como los científicos descomponen una molécula.

3. *¿Analizas lo que puedes obtener de cada interacción?* Aunque los dos primeros atributos apuntan a una persona atenta a los demás, lo cierto suele ser lo contrario. Los individuos para los que primero es la gente no cesan de buscar significados y beneficios personales en sus interacciones con otros. Y no es que sean egoístas, sino que se concentran permanentemente en cumplir sus metas aprendiendo de los demás. Al escuchar e interesarte en las necesidades de otro, puedes identificar la oportunidad de alinear tu servicio con esas necesidades.

4. *¿Buscas decididamente mejorar productos, resultados o situaciones?* La mayoría de las personas para los que primero es la gente también son expertas en resolver problemas. Siempre andan en pos de cosas por remediar, y las arreglan. Buscan la oportunidad... o la crean.

5. *¿Aplicas lo que aprendes?* Trátese de personas, productos, servicios o experiencias, los individuos para los que primero es la gente tienen la capacidad de tomar lo que aprenden en una situación y aplicarlo a otras áreas de su vida. Todo lo que has hecho, experimentado y aprendido hasta este momento es tu capital de trabajo para ganar. Ponlo en práctica en cualquier situación, en la forma que puedas.

debes hacerle ver que lo respetas como persona. Cuando la gente no te respeta, no se abre. No te cuenta sus secretos. Y no te da la información que necesitas para darle lo que quiere."

Hoy es difícil identificar a una compañía que dependa más de mensajes eficaces que Amway. Cuando DeVos habla de la teoría de la comunicación, los trece mil empleados de su firma y los varios millones más de dueños de empresas independientes (*Independent Business Owners*, IBO) asociados con ella escuchan con atención. Tras cinco décadas de éxito, Amway aparece sistemáticamente entre las cincuenta principales compañías privadas clasificadas por *Forbes*, mientras que Deloitte la considera una de las tiendas más grandes y exitosas del mundo. Con base tan sólo en esas cifras, DeVos bien podría ser el mejor vendedor de su generación. Ciertamente creó uno de los mayores imperios de mercadotecnia directa, con ventas globales por ocho mil cuatrocientos millones de dólares en 2009.

Steve Wynn es otro ejemplo de alguien que sencillamente "atrapa" a la gente, algo que en su caso comenzó a temprana edad. "Mi papá me decía, y lo creía en serio: 'Steve, la gente hace posible que vivamos como vivimos. Cuando la veas, piensa en eso, y siéntete agradecido. Debes quererla.' Una vez oyó a alguien hacer un comentario desdeñoso de un corpulento cliente de lotería, y lo despidió. Me dijo: 'Si alguna vez miras a un cliente por encima del hombro, este lugar no es para ti'."

Wynn sabe mucho sobre el diseño de hoteles, pero más todavía sobre la gente y cómo hacer sentir a los huéspedes tan a gusto en un resort que hasta los más tiesos se abran y disfruten. El tono de su voz melódica es tan cautivador (según me han dicho las participantes en mis grupos de sondeo, cuyo juicio me limito a reportar aquí –y como las mujeres toman dos tercios de las decisiones vacacionales, es de creer que su opinión cuenta) que a la gente no le importa tener que esperar a que Wynn la guíe en un paseo privado por un resort.*

La lección de Steve Wynn es saber cómo debes ser –y aceptarlo– para encajar en el ramo que has elegido. Si hoy en día vendes coches de General Motors (GM), tienes que adoptar una actitud auténticamente humilde de "Pongámonos a trabajar". Si vendes Toyotas, tu actitud será más bien "Lo siento" y "Esto es lo que planeo hacer para recuperar tu confianza". El consumidor estadunidense no espera menos. Pero si lo que vendes es la experiencia de disfrutar del casino más opulento de Las Vegas, la gente esperará de ti el dominio teatral del señor Wynn. Y si no lo tienes, no serás un ganador.

Como Bill Clinton, también el expresidente George W. Bush tenía una notoria capacidad para empatizar con el "estadunidense promedio", ya fuera en reuniones personales o grupos pequeños. Si esto era así gracias o pese a las libertades creativas que se tomaba con el idioma inglés, es una pregunta para otro libro. Como sea, quienes se entrevistaban con él salían diciendo que era uno de los hombres más afables y simpáticos que cabía imaginar, en absoluto parecido al irremediablemente limitado por los podios, los apuntadores y la televisión. De hecho, hasta el equipo de Al Gore debió admitir en la campaña presidencial que Bush tenía don de gentes. Luego de uno de los debates entre los candidatos presidenciales, el vocero de Gore, Todd

---

* Hay quienes admiten que piden esperarlo. En mi larga trayectoria en el sector hotelero, nunca había visto nada parecido.

Webster, concedió: "[Bush] es agradable, simpático e ingenioso, [...] pero esto no quiere decir que deba ser presidente de Estados Unidos."[2] A diferencia de Gore, cuyos rígidos movimientos y discurso estático eran aburridos en el mejor de los casos, Bush sabía cómo sintonizar con la gente. Justo gracias a esa afabilidad y empatía humana le fue posible reelegirse, hazaña que ni su padre ni Jimmy Carter pudieron lograr.

Te simpatice o no George W. Bush, ser elegido dos veces presidente de Estados Unidos te convierte por definición en ganador. En lo personal, siempre he creído que la causa principal de que John Kerry haya perdido las elecciones de 2004 no fue necesariamente que Bush haya sido un candidato más fuerte, sino que Kerry se mantuvo tan distante de la gente promedio que la mayoría de los estadunidenses sencillamente no se identificó con él.* Para casi todos, era (y sigue siendo) un político demasiado liberal del noreste, de sangre azul.† De hecho, en un artículo para Salon.com (no precisamente un bastión del conservadurismo) en 2003, el columnista Ben Fritz observó:

> *Lo mismo que a [Al] Gore, al demócrata de Massachusetts se le ha caraterizado, con relativa justicia, como frío y distante. Cuando el sábado pasado le pregunté sobre su imagen altiva durante el primer debate entre los candidatos demócratas, lo tomó a risa (como, para su desgracia, también hizo Gore en 2000 sobre su fama de estirado) y sugirió: "Creo que es mejor que desaparezca para pensarlo solo."*[3]

Qué buen chiste, pero justo por eso Kerry no era una persona para quien primero era la gente, ni fue un ganador. Cuando, en la Convención Nacional Demócrata de 1988, Clinton pronunció un desastroso discurso inaugural que duró una hora y que sólo fue interrumpido con aplausos cuando él pronunció las palabras: "En conclusión...", entendió de inmediato que había hecho mal, y a la semana siguiente tomó asiento junto a Johnny Carson para disculparse públicamente y burlarse de sí mismo. Carson lo ridiculizó en una introducción de tres minutos, pero el buen humor de Clinton le granjeó a éste la simpatía de millones de espectadores, lo que contribuyó a la reparación de su credibilidad y de su imagen a favor de la gente.

Barack Obama puede haber sido tan *liberal* como John Kerry (si no es que más), pero en 2008 supo trastocar esa imagen para parecer más con-

---

* Hay que admitir, sin embargo, que Bush logró hacer parecer a Kerry débil ante el terrorismo en un momento en el que el recuerdo del 11 de septiembre aún estaba demasiado fresco y en el que Estados Unidos acababa de iniciar una segunda guerra, esta vez en Irak.
† Según la clasificación de 2010 del *National Journal*, Kerry es el sexto senador más liberal de Estados Unidos.

vencional.* Fue capaz de hablarle al pueblo estadunidense con palabras que éste entendía y quería oír. Obama, como Bush, tuvo la habilidad necesaria para empatizar. Kerry no.

Yo atestigüé de primera mano la actitud de Obama de primero la gente cuando se me invitó a reunirme con él en su oficina del Senado en 2006. Descrita la ocasión en su agenda como "encuentro informal", de inmediato comprendí que era algo más que eso. Obama me recibió afuera de su oficina, algo muy raro entre los senadores, quienes por lo general prefieren que sus invitados los vean trabajando en su escritorio. Estaba en mangas de camisa y con ánimo asombrosamente informal, otra rareza considerando que era la segunda vez que nos veíamos. (Quizá en vista de un verdadero estilo centrado en la gente, quiso hacerme sentir a gusto desde el principio.) Pero lo que más me llamó la atención fue que no me hizo sentar en el sofá, sino en su silla, mientras que él ocupaba el sillón. Habiendo asistido a cientos de reuniones como ésa, y sorprendido por su gesto, le pregunté por qué había decidido proceder así. ¿Su respuesta? "Si yo lo conociera un poco mejor, no estaría sentado en este sofá, sino acostado en él." Y a continuación se puso a interrogarme sobre mis juicios, convicciones y teorías electorales, y tras cada respuesta ofrecía una breve anécdota para asociar su experiencia con mis comentarios. No sólo quería saber de mí. Quería empatizar conmigo. Esto define al enfoque de primero en la gente, y a un ganador.

Tras haber ofendido a muchas personas luego de haber dicho, en menos de tres páginas, cosas agradables sobre tres controvertidos presidentes estadunidenses, permíteme proponerte esta noción, al parecer indiscutible: en todas las elecciones presidenciales efectuadas en Estados Unidos en la era de la televisión, el ganador ha sido el candidato con el que la mayoría podría compartir una cerveza y una hamburguesa en una parrillada. Hay algo específicamente americano en la autenticidad relajada. Los estadunidenses admiran esta cualidad, con la que se identifican y complacen.

Así que te debes preguntar si tu manera de comunicarte incorpora esa afinidad natural.

Muchos ejemplos a este respecto son obvios, como el de Bush hijo al derrotar al surfista a vela John Kerry y el de un muy sereno Clinton al apalear a un torpe Dole. Pero otros no son tan claros (George H. W. Bush imponiéndose a Michael Dukakis en la elección más aburrida de la que se tenga memoria) o reflejan un cambio en la percepción prevaleciente a través del tiempo (Jimmy Carter, el cacahuatero del sur, tenía más credibilidad que el endeble presidente posterior). Piensa en esto: ¿con quién preferirías *jun-*

---

* Según la clasificación de 2007 del *National Journal*, Obama era entonces el senador más liberal de Estados Unidos.

53

tarte: con el relajado y casi jovial Barack Obama o con el tío malhumorado John McCain? Tal vez ya no seas fan de Obama, pero en la campaña de 2008 millones de personas hicieron hasta lo imposible por verlo y oírlo.

A causa de sus televisores y computadoras, los estadunidenses tienen que *convivir* con sus presidentes en su propia sala y recámara de cuatro a ocho años. No es de sorprender entonces que tiendan a elegir al candidato con el que más se identifican... o al que más toleran.

UN ESTUDIO DE CASO CORPORATIVO

¿Por qué a muchas compañías les cuesta tanto trabajo brindar a sus clientes un servicio de excelencia? Porque no piensan como ellos ni se ponen en sus zapatos. Como siempre, piensan más en su organización, procesos y reglamento. La mayoría de ellas quiere facilitarse la existencia, no facilitársela a sus clientes.[4]
—ROBERT SPECTOR,
AUTOR DE *THE NORDSTROM WAY TO CUSTOMER SERVICE EXCELLENCE*

Casi todas las compañías enseñan y predican la importancia del servicio al cliente, pero con demasiada frecuencia sus normas y procedimientos socavan esos esfuerzos aun antes de que el primer cliente atraviese su puerta. Si alguna vez has pedido ayuda a una tienda, línea aérea o compañía de cable, sabes a qué me refiero. Claro que menos empleados significan menos gastos generales y más rentabilidad –a corto plazo–, pero el problema de la automatización, y ahora del correo electrónico, es que están desprovistos de contacto humano. Por lo que respecta a la fuerza de trabajo, en particular en el comercio, muy a menudo parece más preocupada por checar su salida que por atender a los clientes.

Para citar a Don Corleone y Aga Khan, "el pescado se pudre por la cabeza". Quienes no motivan con eficacia a su empleados suelen ser los mismos individuos que no se comunican eficientemente con sus clientes. Así que si quieres ser un ganador, investiga qué quieren los clientes de ti y qué debes comunicar a tu personal, en ese orden.

He aquí la respuesta. En un sondeo entre consumidores estadunidenses efectuado en 2010, *respetado* y *valorado* ocuparon lugares más altos que *bien atendido*. Ésta es una señal, tan válida como cualquier otra, de que el proceso del servicio al cliente es menos importante que el resultado. O como dijo Warren Beatty, ganador de un Óscar: "La gente olvidará pronto lo que dijiste, pero nunca cómo la hiciste sentir".

¿CÓMO TE GUSTARÍA QUE TE HICIERAN SENTIR LAS COMPAÑÍAS QUE TRATAS?

Respetado	40%
Valorado	29%
Bien atendido	27%
Seguro	24%
Confiado	15%
Apreciado	13%
Profesional	13%
Cómodo	11%
En control	11%
Feliz	4%
Socialmente responsable	4%
Relajado	3%
Tomado en cuenta	3%
Esperanzado	2%

Fuente: The Word Doctors, enero de 2010.

En un mundo repleto de vendedores ambivalentes, una compañía ha prevalecido a lo largo de tres décadas gracias a haber aplicado en todo lo que hace un enfoque centrado en la gente: Nordstrom. La palabra *no* jamás ha estado en su vocabulario. Aunque algunos de los aspectos siguientes han dejado de ser comunes, el Nordstrom de la décadas de 1980 y 1990 se distinguió por:

- Pagar el boleto de estacionamiento de sus clientes
- Aceptar devoluciones sin nota ni preguntas
- Apresurar la entrega a oficinas
- Prestar efectivo a los clientes cortos de dinero
- Enviar sastres al domicilio de los clientes[5]

Entra hoy a un Nordstrom y es muy probable que halles vendedores que han trabajado ahí más de una década, o más tiempo aún. En una industria que rota a su personal cada dos o tres años, Nordstrom tiene empleados fieles, lo que contribuye a una base de clientes inusualmente leal. Esos empleados cumplen, en efecto, los ocho principios administrativos que se enseñan a todos los gerentes de tiendas y que se refuerzan sin cesar:

PRIMERO LA GENTE   55

1. Da opciones a tu cliente.
2. Crea un lugar atractivo para tu cliente.
3. Contrata a personas agradables y motivadas.
4. Dota de valor la relación con el cliente.
5. Autoriza a tus empleados a tomar decisiones.
6. Ignora las reglas.
7. Fomenta la competencia interna.
8. Comprométete al cien por ciento con el servicio al cliente.[6]

Los vendedores de Nordstrom reciben una comisión sustancial y son juzgados por su desempeño, no por su capacidad para pasar el tiempo. Este método asegura que el servicio al cliente sea la expectativa, no la excepción. Otro factor distintivo son los criterios de contratación de empleados. Nordstrom busca trabajadores que se ajusten a una descripción específica: aspirantes que ya son afables, para que la compañía no tenga que invertir en volverlos así. Cuando se preguntó a Bruce Nordstrom, presidente de la empresa, quién educaba a su personal, la respuesta fue: "Sus padres".[7] Y el actual director general, Blake Nordstrom, hijo de aquél, atribuye el renovado éxito de la corporación a su política de escuchar y apoyar a la fuerza de venta en vez de ordenarle trabajar: "Creemos en una pirámide invertida, en la que la dirección está abajo y los vendedores y los clientes arriba."[8] No debería sorprender, entonces, que *The Nordstrom Way to Customer Service Excellence* (La vía Nordstrom a la excelencia en el servicio al cliente), la obra que divulgó los secretos del legendario servicio al cliente de esa cadena de tiendas, haya sido un éxito de ventas. Este libro es de lectura obligada para cada empleado de Nordstrom antes de su primer día de trabajo.

NARRACIÓN DE HISTORIAS

Los ganadores para quienes primero es la gente son expertos en el uso de imágenes, metáforas e historias. Te hacen salir de tus percepciones, así sea sólo un momento, para que explores *su* visión, bajo *sus* condiciones. Nos piden "cerrar los ojos" para "imaginar" y "pensar cómo sería". En esencia, son guías lingüísticos que te conducen a *su* destino, aunque te convencen de que se trata de un sitio al que quieres ir.

Estos guías iniciarán sin falta toda presentación o discurso de ventas con una narración que interese y atrape a su público, porque saben que la mejor inspiración se deriva no sólo de enseñar, sino también de *interactuar*. Esa historia puede ser confusa, sobre un viaje de negocios o una conversación en un elevador o un restaurante. Como sea, su impacto será inconmensurable, porque dará tono y marco al resto del intercambio. Y el relato, si se contó bien, volverá memorable la lección, pues habrá establecido un vínculo humano con el público y servirá como referencia para entender el gran reto que se pide vencer. Gracias a imágenes y una historia bien contada, un ganador puede convertir a un grupo de escépticos en soldados, dispuestos a alistarse y luchar por la victoria.

Los relatos son la forma en que entendemos e interpretamos el mundo. Nos conceden lugar, significado y un punto de referencia para comprender cómo se supone que opera la vida.

Hollywood abunda en hombres y mujeres que han dedicado su existencia a contarnos y presentarnos grandes historias. No hace mucho tuve la oportunidad de platicar con uno de esos juglares. "Soy actor. Mi trabajo consiste en escudriñar la conducta humana, y creo que lo hago mejor que la mayoría", se jactó Richard Dreyfuss, con una sonrisa maliciosa, junto a la alberca del Beverly Hilton Hotel, sede de muchos eventos deslumbrantes de Hollywood. Incluyo a Dreyfuss en estas páginas porque es un actor centrado en la gente, y por su sin igual compromiso y pasión con la perfección en su oficio:

> Siempre supe que sería una estrella de cine. Lo que no sabía es que quería ser una estrella de los años treinta y cuarenta. Y eso no puedes hacerlo hoy. La censura de entonces obligaba a que las películas fueran mejores. En ese tiempo, primero estaba la historia, después el personaje y luego el diálogo. Así que aun en el peor de los westerns de la MGM con Clark Gable y Lana Turner oirás un diálogo más brillante que los que se escriben ahora.
>
> Mientras crecía, vi cada filme de cada estudio estadunidense. De niño me despertaba a las tres de la mañana y estudiaba a Spencer Tracy, Charles Laughton e Irene Dunne. Puedo entrar a un lugar igual que como lo hacía Tracy. [Se para de un salto, retrocede unos metros y camina hacia mí con intencionado andar.] Tracy entraba a un lugar como nadie en el cine. Siempre seguía su marca. [Se detiene a unos pasos, señalando una marca imaginaria en el suelo, mientras nota e ignora al mismo tiempo que docenas de personas lo ven imitar a Tracy. Para Dreyfuss, la historia es primero.]

La historia siempre era primero. Luego de ver *Avatar*, no estoy seguro de que ahora pueda decirse lo mismo. Y tal vez esto explique por qué, al paso de los años, Hollywood ha perdido parte de su distinción. Los actores que Dreyfuss mencionó, y aun él mismo, fueron leyendas del cine porque todos los días llegaban a trabajar con el deseo de contar la mejor historia posible. Por desgracia, los estadunidenses se han acostumbrado a que los grandes estudios presenten películas que se ven bien, pero cuya historia suele ser mediocre o pésima. La experiencia de ir al cine a sumergirse en una gran historia ha empezado a desaparecer.

Y si no crees que el atractivo visual sea importante, considera lo que dijo Bob Lutz −leyenda viviente de la industria automotriz, alguna vez vicepresidente de BMW, vicepresidente de Ford, presidente de Chrysler y vicepresidente de General Motors (con más puestos en su haber que un versátil jugador de cuadro de los Yankees de Nueva York)− cuando le pregunté qué efecto tiene en un mensaje la apariencia de su emisor. "Creo que la barrera inicial para asimilar información puede crecer o decrecer en virtud de la apariencia de una persona. El mensaje perderá gran parte de su fuerza y significado si la fuente parece poco atractiva y confiable." Habiendo diseñado el aspecto de un mayor número de vehículos que nadie vivo en la actualidad, Lutz debe saber de qué habla. Tu apariencia importa tanto como lo que dices, así que recuérdalo la próxima vez que sostengas una conversación con alguien a quien quieras impresionar y lleves puesta una camisa arrugada y manchada con salsa de tomate.

ESCUCHAR Y APRENDER

Ya dije que los ganadores con preferencia en la gente comprenden la dinámica fundamental de la naturaleza humana. Éste es un factor crítico de su éxito. Los ganadores para quienes primero es la gente respetan nuestras opiniones (aun si no están de acuerdo con ellas), perciben nuestros supuestos (aun si saben que estamos equivocados) y entienden que nuestras experiencias influyen en nuestros actos (aun si en realidad no se identifican con las primeras). Pero también saben cómo meterse en nuestra cabeza para entender lo que queremos en la vida. Parte de esta aptitud proviene de su curiosidad insaciable. Ganadores como Rupert Murdoch comprenden que el éxito depende de la precisión con la que saben qué piensa y desea el público, y siempre están al acecho del nuevo chisme de la inteligencia de negocios. "Debo ser sensible a lo que el público hace y quiere", me dijo Murdoch en nuestra entrevista. "Tengo interés en muchas cosas. Me da curiosidad saber qué piensan los demás, y me da curiosidad el mundo. Creo que lo que me mantiene en marcha es mi constante curiosidad."

Los ganadores quieren saber qué hacen, dicen y piensan los demás. Leen sin cesar. Consumen fuera de su zona de confort. Tal vez me meta en problemas con Murdoch, Roger Ailes y mis amigos de Fox News por escribir esto, pero quien ve un solo canal de noticias por cable y rechaza todas las demás perspectivas, limita su potencial para triunfar. Los ganadores están en el secreto, en el circuito y en línea, y ven el panorama completo. Pero más que simplemente devorar todo a su alrededor, siempre piensan en la vida en forma única, estratégica.

La próxima vez que vayas a una tienda o a un Walmart, pon mucha atención en lo que sucede a tu alrededor. Mira a quienes te rodean. Oye a escondidas algunas conversaciones. Entabla una charla breve con un desconocido sobre una pasta dental o una nueva medicina para el resfriado. Te parecerá absurdo, pero éste es el tipo de experiencias y conversaciones de los ganadores. Mientras que la mayoría consideramos fastidioso ir a un centro comercial, los ganadores disfrutan la oportunidad de observar a la gente –gente promedio, común, "real"– ocupada en su vida diaria. Como investigador, yo he aprendido sobre la gente mientras espero a subir a un avión en un aeropuerto abarrotado tanto como en grupos de sondeo.* De hecho, con frecuencia aprendo mucho más de lo que querría.

LECCIONES DE LUNTZ

EL COMPONENTE VISUAL DE CÓMO ENTENDER A LA GENTE

He estudiado el lenguaje por dos décadas, pero debo admitir que lo que más importa suele ser lo que la gente *no* dice. Pese a que en este libro se explican los atributos, características y palabras de las personas más exitosas de la sociedad estadunidense, permíteme arrojar algo de luz sobre un factor en el que la gente tiende a equivocarse.

1. Desviar la mirada

Hacer contacto visual es difícil para todos, menos para las personas seguras de sí mismas. Por lo general, es más fácil bajar la vista que mirar a los ojos, así que no pienses mal de alguien si lo hace a veces. (Las mujeres hacen más contacto visual que los hombres, quienes lo prefieren en todo caso con una mujer que con otro hombre.) Pero quienes esquivan tu mirada tienen algo que esconder, están pensando en otra cosa o buscan un pretexto para poner fin a la conversación.

2. Cruzar los brazos

Por cómodo que sea, éste es un mensaje visual negativo. Los ejecutivos suelen practicarlo, pero transmite una combinación de "No me importa" y "Cómo te atreves a decir eso", algo letal en cualquier situación. En su segunda conferencia

---

* El mejor día del año en Estados Unidos para saber algo sobre cualquiera es el 26 de diciembre. En esa fecha es posible descubrir cómo le va a la gente económica, emocional y espiritualmente. Como científico de la conducta, ése es uno de mis días favoritos.

de prensa en los Masters 2010, tras haberse revelado sus aventuras extramaritales, Tiger Woods habló media hora con los brazos defensivamente cruzados. Quizá sus palabras hayan comunicado arrepentimiento, pero su cuerpo contó una historia diferente.

3. **Mirar el reloj, teléfono o mensajes de texto/correo electrónico***

   Esto resulta ofensivo. Irrespetuoso. Y es la forma más rápida de romper todo vínculo que hayas creado con otra persona. Los individuos de más éxito han aprendido a evitarlo al hablar con otros. Si tienes que contestar el teléfono, explica por qué ("Estoy esperando una llamada urgente de mi hijo", por ejemplo). Si explicas *antes* de distraerte, se te disculpará.

4. **Asentir con la cabeza**

   Ésta es una espada de doble filo. Transmite acuerdo, aprobación y atención. Pero si lo repites demasiado, acaba por distraer y socavar el toma y daca de una conversación afortunada. Evita asentir con la cabeza a menos que tu consentimiento sea genuino y debas expresarlo antes de que llegue tu turno de hablar.

EL PODER DE LAS PREGUNTAS: PEDID Y RECIBIRÉIS

No hay mejor manera de saber qué mueve a la gente que preguntárselo. Yo pregunté a Mort Zuckerman, fundador y director general de Boston Properties y dueño del *New York Daily* y el *U.S. News & World Report,* cómo le había hecho para cerrar algunos de los tratos inmobiliarios y mediáticos más importantes de su tiempo. ¿Su respuesta? "Todo consiste en escuchar. En hacerse una idea de qué interesa a los demás al ver algo. Y hay que hacer preguntas." Cabe recordar que escuchar concierne a la gente, no a ti. Entras en los individuos para que te muestren lo que quieres ver, no lo que *ellos* quieren que veas.

Desde 1989 he hablado con más de un millón de personas en grupos de sondeo, entrevistas y encuestas. Las he explorado en relación con todos los temas imaginables. De ropa interior y hábitos alimenticios a decisiones financieras y preferencias cinematográficas, lo he visto y oído todo. Ciertamente no soy una persona sociable, pero sí para quien primero es la gente, y busco una y otra vez la oportunidad de quitar las capas de mecanismos de defensa tras las que ella suele esconderse. Titulé mi anterior libro *What Americans Really Want... Really* (Lo que los estadunidenses realmente desean) no

---

* Advertencia: pocas cosas molestan más a los ganadores que el abuso del correo electrónico. Concede a los correos y mensajes de texto la misma relevancia que concederías a una llamada telefónica. Interrumpir a alguien importante con un correo o texto sin importancia es la manera más segura de garantizar que tu correspondencia futura sea ignorada. En lo relativo a la comunicación electrónica, lo mejor suele ser NO tener la última palabra.

porque haya nacido con conocimientos ocultos de la naturaleza humana y la psique estadunidense, sino porque he pasado años haciendo intensamente dos cosas: preguntar y escuchar.

Si algo he aprendido en tantos años de examinar a la gente y lo que desea es que todo suele limitarse a hacer las preguntas correctas a las personas indicadas en el momento justo. Más allá de su género, geografía, edad, ingreso, raza, religión, educación o cualquier otro factor que se te ocurra, la mayoría de la gente quiere hablar. Le gusta hablar. Quiere decirte lo que piensa y desea. Y quiere que la escuches.

Para muchas compañías, sin embargo, preguntar y escuchar es más difícil de lo que debería. Muchos directores generales y ejecutivos corporativos menosprecian la idea de los grupos de sondeo, porque creen saber lo que la gente quiere mejor que ella misma.

Con frecuencia oigo decir a ejecutivos y empleados de compañías que conocen su producto mejor que el cliente. O a políticos que los votantes no entienden los complejos asuntos de política pública que los obligan a votar de determinada manera. Unos y otros llegan a la misma conclusión errónea por la misma razón: "Si conozco mi producto mejor que el cliente, ¿para qué molestarme en escucharlo?". Esta pregunta no sólo es simplista; también es arrogante. La respuesta es sencilla: nunca *sabrás* dónde ocurre la *intersección* de tu producto con la vida de una persona si no se lo preguntas.

Y preguntar no basta. También tienes que escuchar, entender y adoptar la perspectiva *de la gente*. Esto significa eludir todas tus ideas preconcebidas y ponerte claramente en la situación de tus clientes. Suena fácil, pero casi nadie puede hacerlo. Aun en mi profesión, demasiados expertos dicen al cliente lo que quiere oír, o lo que ellos creen pese a lo que dicen las investigaciones.

A tus empleados debes hacerles las mismas preguntas que a tus clientes. Aunque muchos suponen que una empresa centrada en la gente dirige su atención principalmente a los consumidores, el director general de FedEx, Fred Smith, ha pasado cuatro décadas alegando que su compañía pone igual o aún más atención en sus empleados. De hecho, cuando pedí a Smith que me hablara del lenguaje de la satisfacción del cliente, una de las especialidades de FedEx, se ocupó más bien de la de los empleados:

En FedEx estamos firmemente anclados en una serie de puntos de vista sobre la gente que nos han guiado como la estrella polar a los marineros. Ese fundamento se sostiene en un conjunto de preguntas básicas que la gente hace en cualquier situación y que nosotros intentamos responder. No son preguntas que hayamos inventado. Son cuestionamientos que todos los grandes sociólogos y psicólogos han desarrollado a lo largo del tiempo.

Cuando contratas a alguien, quiere saber: "¿Qué espera usted de mí?".

Cuando entra a la organización, quiere saber: "¿Qué debo hacer para progresar?".

Quiere saber: "¿Qué beneficios me ofrece este lugar?".

Quiere saber: "¿Cómo se me puede hacer justicia si tropiezo con una situación difícil en la organización?".

Y, por último, quiere saber: "¿Es importante lo que hago?".

Prestamos continua atención en estas preguntas y las contestamos para que nuestra gente pueda desempeñarse en un nivel muy alto. Hacemos esto porque es lo correcto. Pero también porque, en un ramo de servicios de alto rendimiento como el nuestro, es una obligación si se quiere cumplir en forma sistemática las expectativas del cliente. Esta práctica se ha convertido a tal punto en un ingrediente de nuestro ADN corporativo que la ejercemos casi con piloto automático.

En un entorno tan cínico y hostil con los directores generales, los empleados de FedEx siguen llamando "señor Smith" a Fred Smith por respeto y veneración, puesto que lo consideran su abogado. Él es el mayor de sus fans, y ellos de él.

Las preguntas simplistas sofocan el desarrollo, mientras que las perspicaces incitan más perspicacia aún. Tony Robbins es uno de los oradores, autores y consultores de negocios más sagaces y exitosos del mundo. Es presidente o vicepresidente de siete compañías, lo que en conjunto le rinde ingresos anuales por casi quinientos millones de dólares.[9] Es un ganador, así que deberías oír su consejo: "Las preguntas de calidad generan una vida de cali-

---

LECCIONES DE LUNTZ

LAS NUEVE PREGUNTAS ESENCIALES
QUE TE DEBES HACER

1. ¿Hago las preguntas correctas?
2. ¿Escucho las respuestas?
3. ¿Pongo en práctica lo que aprendo?
4. ¿Qué más puedo hacer para conocer a aquéllos en quienes deseo influir?
5. ¿Qué más puedo hacer para cerciorarme de que los demás me entienden?
6. ¿Cómo puedo lograr que mi equipo participe más en lo que hago?
7. ¿Cómo puedo lograr que mi equipo se sienta más involucrado en nuestro éxito mutuo?
8. ¿Esta jornada/misión/tarea en verdad vale la pena?
9. Cuando lo alcancemos (no "si lo alcanzamos"), ¿nuestro éxito será valioso?

dad", dice. "Las personas de éxito hacen mejores preguntas, y por tanto, obtienen mejores respuestas."[10]

LA *VERDAD*

Los ganadores hablan con la gente para llegar al fondo y encontrar la más relevante, trascendente y penetrante de las *verdades*. Ser honesto es indudablemente más inteligente que mentir, pero lo que en realidad importa es la verdad. Quienes creen en la verdad saben a qué me refiero. Aprendí esto de uno de mis colaboradores más talentosos, Lowell Baker, quien me prestó ayuda también en este libro. Él me enseñó que la verdad es el valor supremo en el sistema de creencias de una persona, y que si puedes sintonizar con la gente en ese nivel, triunfarás. En un mundo de reclamos, asertos, declaraciones y afirmaciones, sólo existe una verdad. Encuéntrala, articúlala y nunca la des por sentada.

Para descubrir la verdad, tendrás que esforzarte en hallar la dinámica fundamental implicada en un escenario dado. ¿Qué motiva a la gente a hacer o no ciertas cosas? ¿Qué le quita el sueño? ¿Cuáles son sus genuinas esperanzas, anhelos y temores? Si no haces las preguntas correctas, es poco probable que entiendas qué impulsa las decisiones de la gente. El cuestionamiento constante que conduce al descubrimiento de la verdad es la clave para conocer la condición humana, y para maximizar tu éxito personal y profesional.

Un lenguaje inadecuado puede distraerte fácilmente de la búsqueda de la verdad. Sir David Frost, de la televisión británica, lo explicó perfectamente cuando tuve la oportunidad de conversar con él en Londres sobre lo que implica hacer una buena entrevista:

> Una de las lecciones más importantes es evitar palabras que exalten innecesariamente a la gente. Si en realidad se está en desacuerdo con ella, el enfrentamiento es auténtico. Pero resulta absurdo tener enfrentamientos inútiles. No tiene el menor sentido hostigar a la gente si no se dispone de la pistola humeante para lidiar con eso.

Es inevitable que un enfrentamiento innecesario produzca consternación innecesaria. La táctica más inteligente suele ser no pretender parecer el más listo de la sala, lo que significa guardar silencio cuando así proceda e intervenir de vez en cuando para preservar un ambiente sereno y cordial. Los ganadores no tienen que vencer en todos los encuentros, sólo en los importantes.

Me gustaría terminar esta sección sobre el cuestionamiento con otra fabulosa anécdota de David Frost. Mientras hablábamos de Bill Clinton, le pregunté sobre la entrevista que él le había hecho años atrás. Quería saber

TAREA: PREGUNTAS, POR FAVOR

Entabla todos los días de esta semana una conversación en la que casi no hagas otra cosa que preguntar. De hecho, formula como pregunta tu reacción a cada comentario. No te compliques: evita preguntas de más de diez segundos. Tu interrogatorio no debe ser de fuego graneado; planea la primera pregunta y *oye* la respuesta. Cada cuestionamiento tuyo debe desprenderse de la *respuesta* a tu pregunta anterior, hasta que descubras la verdad de tu entrevistado. Nota: si eres psiquiatra o psicólogo, estás exento de la realización de esta tarea.

cómo confecciona él las preguntas que fuerzan a sus entrevistados a hacer una pausa, reflexionar y decir algo que no habían dicho nunca. Dejaré que Frost cuente el resto:

> *Las mejores preguntas suelen ser palabras o frases que, por así decirlo, se acercan de modo furtivo a la gente. Yo entrevisté a Clinton en ocasión de la aparición de su libro, y cuando él llegó a Londres a promoverlo ya lo habían entrevistado unas cincuenta veces. Le habían hecho sin cesar las preguntas obvias sobre Monica Lewinsky, y yo no quería preguntarle lo que él ya había oído tanto.*
>
> *Así que le hice una pregunta muy directa sobre Lewinsky. Una vez que contestó, añadí: "¿La quiso mucho?". Era una pregunta crucial. En cincuenta entrevistas, nadie le había preguntado a Clinton algo tan simple. Pero es común que las preguntas sencillas, casuales, francas y directas produzcan respuestas maravillosas. "Antes que nada", contestó, "no creo que nuestra relación haya sido de esa clase." A continuación, hizo una larga pausa. Fue una pausa muy reveladora, porque nuestro intercambio era sincero.*

Las buenas preguntas, como las buenas obras de arte, no tienen que ser complejas. Son eficaces justo por ser simples y directas, y traspasan la confusión y ofuscación innecesarias como un cuchillo caliente la mantequilla. Sin embargo, no son polémicas. ¿Perturbadoras? Sí. Pero su intención no es causar fricción, sino obtener una respuesta verdadera. Recuerda esto la próxima vez que quieras preguntar algo que tome por sorpresa a tu interlocutor. Por lo general es mejor mantener un intercambio tranquilo, amigable y casual.

SIEMPRE FALTA ALGO

Uno de los mayores beneficios de que primero sea la gente es poder saber qué *falta* en su vida —su vacío— y dar después con una forma de llenar ese hueco. Uno de los componentes esenciales de esa búsqueda del vacío es determinar si la solución es un "producto" o "plataforma". En tecnología, por ejemplo, los productos son algo que se usa con un propósito específico, como un televisor Samsung de pantalla grande, alta definición e imagen tridimensional, mientras que las plataformas se usan con diversos propósitos, como Windows de Microsoft. La Internet ha vuelto más confusa la diferencia entre productos y plataformas, pero estas últimas son mucho más valiosas e interesantes para quienes están en la cima, porque suelen implicar a una comunidad más amplia.

Hoy la plataforma líder es la App Store. Claro que Apple vende un teléfono, pero en estricto sentido no se trata de un teléfono *per se*; de hecho, para muchos usuarios hacer y recibir llamadas en el iPhone es una consecuencia ulterior. El iPhone es una plataforma de tecnología de comunicaciones y de tecnología de aplicaciones de contenido que todos los días rebasa los límites de la imaginación y la creatividad. Y aunque la App Store vende "productos" particulares, la decisión de Apple de abrir al mundo su plataforma a partir de 2007 ha vinculado a la perfección a creadores y usuarios y vuelto mucho más poderoso al iPhone (y en fecha reciente al iPad). Por ejemplo, nada menos que noventa y ocho por ciento de los dueños de iPhones usan varios servicios de datos, y ochenta y ocho por ciento usa la Internet. No cabe duda de que el iPhone no es un simple teléfono.

Es común que veamos a los ganadores que idean nuevos aparatos y plataformas —los Bill Gates, Steve Jobs y Michael Dell del mundo— y pensemos: "¿Por qué no se me ocurrió a mí?". El complejo "Por qué no se me ocurrió a mí" se agudiza en razón de la increíble cantidad de aplicaciones (apps) ridículamente simples pero innovadoras que a diario aparecen en el mercado. Así se trate de una aplicación que resuelve un problema complejo, como pagar todas tus cuentas de un solo golpe, o que simplemente entretiene a tus hijos (y les impide gritar) en el asiento trasero, esos recursos vuelven fáciles las cosas difíciles. Piensa en el pato de hule que chilla cuando lo aprietas. Un pato digitalizado es igual a incontables bebés entretenidos durante horas. Brillante. Los padres que lean esto comprenderán que con una aplicación simple se resolvió una gran necesidad.*

En 1982, bajo el mando de Fred Smith, FedEx decidió cambiar su estrategia por la de la entrega inmediata de paquetería. A fin de comunicar su

* En lo personal, reconozco a Itzhak Fisher, vicepresidente ejecutivo de liderazgo mundial de productos de Nielsen Company, por haber sido el primero en percibir las ilimitadas oportunidades de negocios ofrecidas por la creación de aplicaciones para el iPhone. Mucho antes de que la palabra "app" pasara a formar parte de nuestro vocabulario, él alentó a sus colegas de investigación a usar su conocimiento de la conducta humana para resolver necesidades de consumo aún insatisfechas. Quienes le hicieron caso ganaron mucho dinero.

nuevo servicio y valor, lanzó una campaña publicitaria con el lema "Para que llegue ya". Este eslogan tuvo tan rápida resonancia entre la gente que FedEx se volvió la principal compañía de entrega inmediata de paquetería de manera casi inmediata. En una sola línea, había creado una necesidad que luego procedió a satisfacer. Puesto que se creía que era básicamente imposible, a nadie se le había ocurrido preguntarse si necesitaba la entrega inmediata de paquetería. Hoy trata de imaginar tus negocios sin ella. FedEx fue capaz de extender a sus clientes una "garantía" que la diferenció de sus competidores, y continúa haciéndolo hasta la fecha.

Otro director general que sabe qué significa centrarse en la gente es Gary Kelly, de Southwest Airlines. Mientras que otras aerolíneas han tenido dificultades para salir a flote y escapar a la quiebra, Southwest es la única compañía estadunidense en su tipo que ha obtenido una alta calificación de inversión y ganancias constantes. Experimentado hombre de negocios y comunicador, Kelly adoptó como misión impedir que las ganancias se colocaran alguna vez por encima de la gente. Como escribió Christopher Hinton en MarketWatch en diciembre de 2008:

> En un momento en que otras líneas aéreas se vieron obligadas a cubrir el aumento en sus costos cobrando servicios anteriormente gratuitos, como registro de equipaje, bebidas y cobijas, el programa de compensaciones de Southwest ayudó a su director, Gary Kelly, a evitar tales escollos en el servicio al cliente. En tanto que en otras partes se ponía a prueba la paciencia de los pasajeros, Southwest mantuvo su modelo de negocios de precios bajos, priorizando a la gente, y preservó la valuación de sus acciones en un nivel muy superior al de sus iguales, hazaña que volvió a Kelly finalista del premio 2008 MarketWatch CEO of the Year (Director General del Año MarketWatch 2008).[11]

Kelly consiguió que Southwest mantuviera su superioridad y ganara estatura gracias a que se concentró en la gente e hizo las preguntas correctas. Los viajeros respondieron diciéndole qué era exactamente lo que deseaban de una experiencia en una línea aérea. Él ideó entonces la manera de cumplir sus deseos, y lo logró con un servicio excelente, entusiasta y optimista. Al volar en Southwest, se tiene la sensación de una compañía creada en torno a las necesidades de precio, sencillez y opciones del consumidor. Cuando se vuela en otras aerolíneas, en particular US Airways –mi pesadilla personal de la habitación uno-cero-uno de *1984* de Orwell–, parece que lo hubieran metido a uno con calzador en una máquina enrevesada y manejada a control remoto, lo cual puede tener sentido para un actuario detrás de un escritorio, pero no para una persona real. Los consumidores han hablado, y Southwest les fascina. US Air... no tanto.

Resulta fácil leer historias sobre ganadores, sus innovadores aparatos y su inmensa fama y riqueza y pensar: "Son mejores que yo. Más listos. Conocen su campo mejor de lo que yo podré conocer alguna vez el mío. Jamás seré uno de ellos."

Bueno, calma.

No digo que *vayas* a ser un ganador aun si no tienes esas cualidades. Depende de ti. Pero no hay nada inherentemente especial en tales individuos que les conceda una ventaja sobrenatural sobre el resto de nosotros, más allá de que conocen a los demás y sintonizan con ellos mejor que la mayoría. Creen en el trabajo arduo, y están dispuestos a hacer todo lo que sea necesario para que su visión cobre vida.

Pese a todo, estoy convencido de que la capacidad para comprender las esperanzas, temores y motivaciones de la gente es la habilidad más valiosa que cualquier ser humano pueda poseer.

Los ganadores entienden de igual forma que no se trata de ellos. Las personas de enorme éxito que aparecen en este libro se interesan en mejorar la vida de los demás tanto como la suya propia. Esto es particularmente cierto en los deportes. Ed Snider, dueño del equipo de hockey Flyers de Filadelfia, no es alguien con quien uno querría hablar si su equipo va perdiendo. Lo cierto es que no resulta fácil hablar con él aun si su equipo va ganando. La cuestión es no interrumpirlo jamás mientras los Flyers están en la pista. Yo lo he visto observar a su equipo, y nunca he conocido a alguien tan concentrado y resuelto en beneficio de sus jugadores y de la afición. Un partido significa todo para él, y no por él mismo, sino por todos aquellos a los que el resultado les importa. Dice Snider:

> *Quien no está en esto para ganar, que se vaya al diablo. Aquí todo gira alrededor del triunfo. Aunque yo sea el dueño del equipo, la verdad es que cuido los intereses de los aficionados. Ellos saben si me esfuerzo. Si escucho. El hecho es que si soy honesto con la afición y le brindo el cien por ciento de mi capacidad, ella lo apreciará, aun si no gano. Lo que el aficionado no soporta es sentir que se le miente o desinforma, o que no hay deseo de ganar. Yo nunca he tenido este problema.*

No importa si persigues el éxito en los negocios, la política o la vida en general. Ni cuánto te quemes las pestañas o qué tan bueno seas para las finanzas o la construcción de hoteles. Ni lo excepcional que sea tu visión, o lo apasionado que seas tú. Nada de esto importa si no conoces a la gente. Sin el apoyo de ésta, terminarás por conformarte con lo "suficiente", y te estancarás de por vida en los mandos medios. Y si estás leyendo este libro, supongo que quieres mucho más para ti y tus subordinados que ser un Michael Scott, el gerente de la sucursal de Dunder Mifflin en Scranton de la serie *The Office* (*La oficina*), de la NBC.

Pedí a Mike Richter, legendario portero de los Rangers de Nueva York y miembro del Salón de la Fama del Hockey, mencionarme al mejor capitán en esa disciplina y lo que lo volvía especial. Seleccionó a Mark Messier, por ser "sociable, y al final aquí tratas con personas". Y prosiguió: "Si sé qué te mueve, sintonizaré contigo. Tal vez lo que te mueve no sea lo mismo que mueve a otro, así que si te exprimo para que respondas, esta estrategia podría no dar resultado con ningún otro. Hay que matizar y controlarse más al tratar a la gente." Aun los ganadores cuyo trabajo implica poner a los demás contra la pared saben de la importancia de observar atentamente a quienes los rodean. En pocas palabras, los ganadores saben *individualizar*, *personalizar* y *humanizar* lo que dicen y hacen.

Yo diría, de hecho, que el éxito se debe casi por completo a centrarse en la gente, no a ser listo. Desde afuera parece que los ganadores son brillantes por haber descubierto los secretos de un gran misterio. ¿Pero acaso crees que Oprah Winfrey fue capaz de crear un emporio televisivo por llevar tanto tiempo en el ramo? No. Oprah supo empatizar con las mujeres. Su público lo componían, sobre todo, mamás amas de casa o desempleadas, con las que ella se vinculaba dándoles una sensación de comunidad, de la que carecían. Como buena empresaria, Oprah ayudó a llenar un vacío. Se volvió amiga y confidente de sus espectadoras, alguien con quien ellas podían contar todas las tardes de entre semana. Mejor que ningún otro conductor de *talk shows* de la historia, supo qué les faltaba a las estadunidenses. Su capacidad para empatizar con su público le permitió derribar barreras raciales y económicas y convertirse en una de las mujeres más exitosas y ricas del mundo, con una fortuna estimada en 2009 en dos mil setecientos millones de dólares.[12]

Resulta tentador, asimismo, creer que Bill Gates conocía tan bien las computadoras que "sólo por eso" inventó Windows. O que Obama llegó a la presidencia de Estados Unidos a la temprana edad de 47 años por ser endiabladamente listo. O que Jeff Bezos desarrolló el Amazon Kindle sólo por no haberle quitado el ojo a la moribunda industria editorial. Desde el lado del cristal donde nos hallamos, esos escenarios parecen lógicos. Y para los expertos, autores y críticos dedicados a ayudarnos a dotar de sentido al mundo, ésas son las historias más fáciles de contar. Pero si calas hondo y analizas lo que esos ganadores tienen en común, verás lo mismo una y otra vez: conocen a la gente, hablan con ella, descubren qué quiere… y se lo dan. Centrarte en la gente te permitirá lucir como el genio que vio venir algo como nadie más, cuando en realidad sólo hiciste las preguntas correctas a la gente indicada en el momento oportuno.

No obstante, descubrir una necesidad insatisfecha es una cosa, y otra muy distinta preverla. Más aún, satisfacer esa necesidad requiere alguien dispuesto a arriesgarlo todo.

Esto es justo lo que GM está haciendo en el caso de su vehículo más reciente, el Chevrolet Volt. Una cosa es invertir grandes cantidades en un coche eléctrico cuando la gasolina está a cuatro dólares el galón (3.783 litros) y la gente protesta por ello. Y otra muy diferente es apostar la granja entera –una granja que por lo pronto ni siquiera se tiene– en una tecnología novedosa, cara y sin probar cuando el precio de la gasolina ha bajado a niveles tolerables y la empresa en cuestión acaba de pasar por la quiebra y un rescate gubernamental demasiado público, inquietante e impopular. Pero esto es lo que representa la nueva General Motors.

Durante décadas GM pareció dormirse en sus laureles y confiar en el mero reconocimiento de marca y la ubicuidad, mientras compañías como Toyota, Honda y hasta Ford la igualaban o superaban en diseño, calidad y ventas. Pero el Chevy Volt 2011 –vehículo eléctrico híbrido y enchufable capaz de recorrer sesenta y cinco kilómetros propulsado únicamente por electricidad– constituye el intento de Chevy de encabezar por fin el mercado en vez de jugar a empatar.[13] El alto mando de GM apuesta a que, dada la volatilidad en el precio de la gasolina, el limitado y problemático suministro de petróleo y la creciente preocupación por el cambio climático, la gente siga demandando opciones de transporte que no dependan en exclusivo de la gasolina. Sólo el tiempo dirá si la dirección de la compañía va a tener éxito, pero hay que reconocer que trata de ser proactiva. Y aun si no vende muchos autos, es indudable que GM hará ruido atrayendo a sus salas de exhibición a una nueva generación de compradores.

General Motors podría no obtener ganancias en la primera versión del Volt. El precio de éste, de cuarenta y un mil dólares (antes de incentivos de fabricación y distribución), no parece haberse decidido pensando precisamente en la gente. Sí, el Volt puede ser objeto de un crédito fiscal de siete mil quinientos dólares, y GM ofrece un atractivo paquete de arrendamiento de trescientos cincuenta dólares al mes, pero para la compañía el verdadero valor de ese vehículo está en lo que haga por su marca. Tal cosa hace saber a los consumidores estadunidenses anhelantes de innovaciones en autos de fabricación nacional –y temerosos de nuevos aumentos en la gasolina–: estamos atentos. *Sentimos su dolor. Y esto es lo que estamos haciendo para aliviarlo.*

ATACAR NUESTROS TEMORES

Ser humano es tener esperanzas y temores. Sea cual sea nuestra edad, todos tenemos esperanzas en el futuro y tememos lo que éste nos pueda traer. Ignorar que la gente siente miedo es pasar por alto un componente esencial de la vida. Para poder avanzar, conocer a la gente y empatizar con ella en grande, no te limites a pugnar por una vida satisfactoria. Interésate en evitar a los demás los escollos que enfrentan en su trayecto. Para ganar no basta con conocer todo lo bueno de la naturaleza humana. También hay que considerar las condiciones difíciles y variables en que vivimos, y actuar en consecuencia.

Quienes objetan mi postura política suelen acusarme de buscar una especie de hondo temor latente en el electorado estadunidense, a fin de agudizarlo. Y si no lo encuentro, dicen, lo invocaré a fuerza de palabras. Yo creo que las cosas son exactamente al revés. El temor ya existe. Siempre ha existido. Como consecuencia del 11 de septiembre y del desplome económico de 2008, los estadunidenses tienen miedo, y por una buena razón. El mundo puede ser terrible, demencial y peligroso, y el miedo es una reacción racional a eso. Sin miedo, seríamos como la gacela que bebe feliz en el estanque... hasta que se convierte en la comida de otro. Al comunicarte con la gente, no dejes de identificarte con sus temores, como *medio* para demostrarle que estás al tanto de sus necesidades. Pero el resultado *final* debe ser la solución, la protección contra sus temores.

No obtendrás el beneficio de comunicación de "Siento tu dolor" si para comenzar no existe dolor. En última instancia, una comunicación es satisfactoria cuando *reconoce* el miedo y halla la forma de atacarlo o remediarlo. Lejos de avivar temores, en mi trabajo intento dar con palabras que ayuden a mis clientes a atacarlos y disiparlos. Ésta es una de las razones de que haya dejado la política por el mundo de los negocios. Me gusta aliviar el dolor. Atacarlo. Resolverlo. Ayudar a la gente a encontrar soluciones a sus problemas, no pretender agravarlos.

La verdad sea dicha, las empresas de Estados Unidos son mucho mejores que sus políticos para crear y ofrecer soluciones. Los empresarios con quienes trabajo toman cosas grandiosas y las vuelven excepcionales casi todos los días. En el mejor de los casos, en cambio, los políticos hacen lo más que pueden en una situación desfavorable.

Un ejemplo del tipo de lenguaje que sirve para atacar los temores de la gente es el muy positivo enunciado "Nadie sabe _____ mejor que tú".

"Nadie sabe cómo gastar tu dinero mejor que tú."

"Nadie sabe qué es bueno para tu familia mejor que tú."

"Nadie sabe cómo educar a tus hijos mejor que tú."

"Nadie sabe cómo llevar tu vida mejor que tú."

Esta simple formulación es muy eficaz porque pone el control en manos de la gente. Tú te conviertes en depositario de sus deseos, no en árbitro de su vida. En lo tocante a los sistemas financieros y de gobierno y a cómo se dirige un país, muchos temen estar perdiendo el control de su destino, su futuro y el gobierno. Una encuesta aplicada por CNN en febrero de 2010 determinó que la mayoría de los estadunidenses pensaba entonces que su gobierno estaba crecientemente fuera de control. De hecho, cincuenta y seis por ciento de los entrevistados opinaron que el Gobierno Federal había adquirido "tanto peso y poder que representa una amenaza inmediata para los derechos y libertades de los ciudadanos".[14] "Amenaza inmediata" es una expresión fuerte, pero la mayoría de los estadunidenses se identifica con ella. Y una mayoría de cincuenta y seis por ciento invalida la sugerencia de que las únicas que temen al gobierno son las milicias de derecha. Cincuenta y seis por ciento contiene a mamás involucradas en el futbol de sus hijos y profesionistas urbanos en ascenso... viejos y jóvenes... republicanos y demócratas. Es un resultado apabullante.

Y ese dato estadístico no es único. La Vernon K. Krieble Foundation –organización en pro de la libertad individual y de limitar el control gubernamental de la vida personal– reveló recientemente que un impresionante cincuenta y tres por ciento de los estadunidenses creen ser menos libres que *hace cinco años*, mientras que sólo doce por ciento cree serlo más. Cuando los estadunidenses pierden lo que los define como tales –la libertad–, se asustan. Y se enojan.

Estas percepciones *deberían* provocar en cada uno de los representantes electos en Washington, D.C., un ataque épico de acidez (no lo harán), pero concuerdan por entero con lo que sabemos sobre los temores de la gente y el lenguaje indispensable para mitigarlos. Los consultores lingüísticos no tenemos ninguna necesidad de inventar el miedo. Ya existe. Es propio, de factura doméstica y lo impregna todo de manera gradual. Ignorar esto sería una falta de respeto para el grandioso pueblo estadunidense. Los temores de este último son reales y palpables, y la gente merece –y exige cada vez más– las soluciones correctas y el lenguaje apropiado para avizorar un mañana mejor y los buenos momentos que le aguardan. Quien descubra ambas cosas al mismo tiempo, se erigirá en una muy necesaria y nueva versión del ganador estadunidense.

Un día en que te sientas especialmente intrépido, pregunta a personas en la calle qué desean más de la vida. No me refiero a cosas o dinero (si lo dicen, pregunta algo como "¿Y eso qué te dará?" hasta que te den una respuesta que no implique cosas materiales). Pregúntales qué quieren a muy largo plazo, en el nivel más alto. ¿Qué desean en términos de su vida entera? Apuesto mi convertible a que oirás las palabras *seguridad, estabilidad*

> ## UN VOCABULARIO EN EL QUE PRIMERO
> ## ES LA GENTE
>
> 1. Escucho
> 2. Te oigo
> 3. Entiendo
> 4. Te respeto
> 5. Mi compromiso
> 6. Tú tienes el control
> 7. Tú decides

y *predecibilidad* al menos un par de veces. Los ganadores pueden ocuparse simultáneamente de las esperanzas y temores de la gente, creando productos, servicios y soluciones que le permitan sentirse más estable y segura en su vida diaria.

PALABRAS QUE FUNCIONAN

Nótese que la totalidad de las expresiones siguientes se centran en el oyente, no en quien habla. Sí, consisten en "Hago esto" y "Hago aquello", pero en realidad permiten señalar que todo se refiere a los otros.

Escucho demuestra que tu público te interesa tanto que pones atención en lo que dice. Si sabe que lo escuchas, se sentirá atrapado, potenciado y agradecido. Se trata de un proceso activo.

Te oigo hace saber que estás de acuerdo con lo que tu público piensa, o al menos que lo comprendes. Es un acuse de recibo.

Entiendo se consideraba antes una expresión coloquial (en el sentido de "Ya agarré la onda"), pero hoy es un atajo lingüístico universalmente aceptado que afirma y confirma lo que se te dice. Es una forma personalizada que señala no sólo comprensión, sino también aceptación.

Te respeto es el mejor cumplido que puedas hacer a un colega o cliente. Es lo que más deseamos en nuestra vida profesional, pero muy rara vez lo oímos. "Te respeto" hace sentir ganador al escucha, lo que a su vez te vuelve ganador a ti.

Mi compromiso comunica en tono serio la intención de llevar algo a término. Cuando te comprometes, pones en juego tu honor y tu reputación. Los ganadores no dicen "Prometo". Esta palabra ya no tiene credibilidad; la gente ha experimentado demasiadas promesas incumplidas.

Tú tienes el control es por definición una frase potenciadora. Decir a una persona "Tienes el control" le devuelve una libertad que creía perdida. Conceder el control a tu escucha es el mejor antídoto contra la creciente sensación de impotencia.

Tú decides es el aspecto practicable del control. Roger Ailes inventó uno de los lemas más exitosos de todo un periodo cuando acuñó la frase "Nosotros informamos, tú decides" para el Fox News Channel. Esta red puede ser la burla de sus críticos, pero millones de estadunidenses han decidido que Fox News es el canal de noticias por cable que prefieren sobre todos los demás canales informativos combinados.

Esto es lo que se dice ganar.

4

PULVERIZACIÓN DE PARADIGMAS
Los valores de ser el primero

Ningún problema puede resolverse desde el mismo nivel
de conciencia que lo creó.
—ALBERT EINSTEIN

Einstein soñaba de niño con montar una onda luminosa. ¿Esto es físicamente
posible? ¿En verdad puede montarse una onda luminosa? Años después,
ideó su teoría de la relatividad. A los 6 años se había hecho una pregunta
increíble. ¿Sería físicamente posible atravesar el espacio montado en una onda
luminosa? Y el mundo entero cambió a causa de una pregunta de un niño
de 6 años.

—JIM DAVIDSON, CODIRECTOR GENERAL DE SILVER LAKE

Las Vegas es famosa por sus grandes personalidades y estructuras superlativas. Cuando el Mirage abrió sus puertas, el 17 de octubre de 1987, un periodista local lo describió como "la octava maravilla del mundo". Cuando el Bellagio hizo lo propio, el 15 de octubre de 1998, a un costo de mil seiscientos millones de dólares –el hotel más caro hasta entonces–, varios medios se apresuraron a afirmar que era el mejor hotel sobre la faz de la Tierra. Pero para Steve Wynn sólo significó que tendría que subir algo más la barra para su siguiente obra maestra. Su nuevo hotel, que llevaría su nombre, no podría ser nada más un poco mejor. Tendría que romper el molde. Pero como nadie es mejor para contar historias que Steve Wynn, permitamos que describa con sus propias palabras cómo hizo trizas el paradigma existente y llevó a Las Vegas a un nuevo nivel:

En el proceso preliminar de desafío y conversación intelectual, conmigo mismo y con mis colegas, acerca de mi siguiente hotel, nos dimos cuenta de que quizá no habíamos hecho bien las cosas durante veintisiete años. Resulta inquietante descubrir que, después de haber construido tres grandes hoteles que se contaban entre los mejores de la industria, tal vez las cosas se han hecho mal, quizá se haya cometido un grave error de cálculo. El centro de atención no debía ser la calle; debían ser el hotel mismo y las personas en él. La gente con la que tenemos la mayor responsabilidad no es la que pasea afuera, en la avenida, sino la que está dentro, en nuestro edificio, comiendo, bebiendo, comprando, entreteniéndose.

Así que mientras pensaba en cómo aplicar mi nueva idea de volver cada espacio del hotel una experiencia en sí misma, me quejé con Elaine [su esposa]:

—Si hago más alto el frente, la gente no va a ver nada desde la calle.

Mirándome desde su computadora, ella preguntó:

—¿Y eso qué?

—Bueno —respondí—, el lugar perderá atractivo desde la calle.

—¿Y ése es el único atractivo posible?

—Claro que no —repuse—. El principal atractivo depende de que la gente corra la voz de que el hotel es maravilloso por dentro.

—¿Entonces de qué te preocupas? —remató ella.

Sentado a la mesa de la cocina, con la chamarra todavía puesta, hice un alto. [Larga pausa] Ése fue el momento más iluminador en mis cuarenta años en esto. Me había contentado con creer que el volcán que sirve de emblema al Mirage diría: "¿Adentro será tan espectacular como afuera? Entra y lo sabrás." ¿El montaje del pirata de la Isla del Tesoro podía convencer a la gente de entrar? Las fuentes del Bellagio eran supuestamente tan atractivas que resultaba imposible que alguien resistiera la tentación de entrar corriendo al edificio. Yo había aceptado todo esto como una religión.

Pero entonces comprendí súbitamente que lo que en realidad funciona es la verdad del hotel por dentro. En consecuencia, si yo podía olvidarme de The Strip (La Franja, la zona hotelera y de casinos de Las Vegas) y concentrarme en mi auténtico público, en el hotel, tendría mucha mayor libertad para crear teatros de experiencias en los restaurantes y todo lo demás. Saber que ya no tendríamos que preocuparnos por la maldita calle fue una verdad sumamente liberadora.

Las implicaciones de poder desentenderme de la calle en mi hotel número cuatro en la Strip me emocionaron tanto que esa noche no pude dormir. Desperté a las cuatro y media de la mañana, me levanté en silencio, salí sigilosamente de la recámara y llamé por teléfono a mi socio, a quien le dije:

—Oye esto: construiremos una montaña. Será una estructura compleja, con lagos y pantanos. Tendrá cuarenta y cinco o cincuenta metros de alto, nos olvidaremos de la Strip y haremos algo muy animado.

—¿Nos olvidaremos de la Strip? —preguntó.

—¿Qué es más fuerte que un barco hundiéndose, un volcán en erupción o fuentes bailando? ¡La curiosidad! ¡El misterio! —le dije—. Si levantas una cerca, cualquier niño que se respete trepará en ella para ver qué hay del otro lado. Construiremos una montaña gigantesca que bloquee la vista, pero dejaremos un agujero en la cerca que diga: "Entre usted."
Y así lo hicimos.

Fue de esta manera como el mismo hombre que lo había creado, destruyó un paradigma dieciocho años después, tras de lo cual, y de nueva cuenta, Las Vegas jamás volvería a ser la misma.

George Bernard Shaw dijo una vez: "Tú ves cosas y dices: '¿Por qué?'. Pero yo sueño cosas que nunca han sido y digo: '¿Por qué no?'." Años más tarde, el senador estadunidense Robert F. Kennedy concluyó su campaña presidencial con una frase parecida: "Hay quienes ven las cosas tal como son y se preguntan por qué. [...] Yo sueño cosas que nunca han sido y me pregunto por qué no." Los ganadores no aceptan el mundo tal cual es. Los impulsan sus ideas de cómo debería ser. Su visión se convierte en misión, y ésta remodela la experiencia humana. Si no preguntas "¿Por qué no?", no has hecho tuya la mentalidad de los ganadores.

Esos dos hombres comprendieron perfectamente que el uno por ciento de los seres humanos, los soñadores, consiguen los excepcionales progresos que disfruta el noventa y nueve por ciento restante, el de quienes nos contentamos con apartarnos y mirar. Nótese que, incluso, los dos usan la misma palabra: *sueño*. A diferencia de otros actos, los sueños nos permiten librarnos de nuestras limitaciones humanas. En los sueños no hay reglas. La gravedad desaparece. El cielo puede ser del color que queramos. Los sueños nos permiten ver un mundo diferente. Premonitorios o no, nos dan la capacidad de imaginar un mañana radicalmente distinto. Vislumbrar este cambio inspirado es lo que yo llamo pulverización de paradigmas.

En términos generales, un paradigma es "un conjunto de suposiciones, conceptos, valores y prácticas que constituyen una manera de ver la realidad por la comunidad que los comparte, especialmente en una disciplina intelectual".[1] En palabras más sencillas, los paradigmas son marcos que nos permiten examinar el mundo. Nos ayudan a organizar información y darle sentido. Un mundo sin paradigmas sería un mundo hobbesiano donde todo se vale y no existe ningún parámetro de evaluación. Es imposible juzgar objetivamente las cosas si no hay un paradigma que ofrezca parámetros de evaluación.

Soñando... destruyendo paradigmas... los ganadores inventan nuevas piedras de toque y puntos de referencia, indicadores a los que luego *aplican* las reglas del mundo real. Este nivel adicional de libertad creativa distingue a los ganadores del resto de nosotros, y es la fuente de muchos de los más grandes logros de la humanidad.

LA NECESIDAD DE PULVERIZAR PARADIGMAS

En el curso de mis investigaciones a nombre de algunos de los empresarios y destructores de paradigmas más exitosos del mundo, he entrevistado a docenas de personas que en un momento u otro han formado parte de alguna lista de elite: la de los más ricos, los más poderosos o los más influyentes. Se trata, entre otros, de los capitanes de industria, la elite de Hollywood y las celebridades deportivas: iconos para todas las edades. El pasado y futuro de estas personas difiere, pero todas tienen algo en común: un pesar que ni siquiera todo el dinero y poder del mundo es capaz de reducir. En una palabras, ese pesar es la *familia*. En cinco, *el poco tiempo en familia*:

> *No vi crecer a mis hijos. No formaron parte de mi vida, no estuve junto a ellos y no puedo hacer nada para remediarlo. Todavía me queda mucho tiempo para hacer dinero, pero nada para hacer recuerdos.*

Estas palabras, que le escuché a uno de los individuos más ricos de Forbes 400, confirman una cosa: es innegable que esa decepción e insatisfacción con la vida se ha colado en la existencia de la elite estadunidense. Pesar, frustración y desilusión están presentes aun entre las personas de más éxito, y trascienden la economía y la política. El éxito financiero ha sido siempre una alta prioridad para una población socialmente ascendente e instruida. Pero lo que más ansía no es dinero, como tampoco el conteo de su prosperidad económica, sino *cosas*. Más dinero significa más libertad, y esto se manifiesta en el deseo de comprar más cosas. Los millonarios tienen muchas más probabilidades que cualquier otro segmento de la población de medir su éxito por la acumulación de bienes materiales: la casa más grande, el auto más veloz, la tecnología más reciente. Son niños grandes con juguetes cada vez más impresionantes.

El problema de la mentalidad del dinero a toda costa es que conduce inevitablemente a lo que los sociólogos llaman el "fracaso por el éxito". Se supone que el éxito financiero trae consigo seguridad personal. Pero lo cierto es que suele desencadenar mayor estrés y ansiedad. Entre más dinero se tiene, más miedo da perderlo, y por lo tanto se trabaja y gana más, pero uno se siente peor. Para el hombre de negocios multimillonario, la vida se ha vuelto una competencia inexorable, que otros siempre amenazan con ganar.

Esto plantea la pregunta siguiente: ¿qué puedes hacer tú por quienes tienen todo pero no disfrutan nada? Descubrí la solución en unas imprevistas vacaciones de año nuevo en 2010 en San José del Cabo, donde conocí al hotelero que destruyó el paradigma vacacional de la clientela más exclusiva y exigente del mundo. Te presento a Mike Meldman, empresario de 51 años de edad que no llegó a su profesión para revitalizar la experiencia vacacional de los famosos, sino para revincular a padres e hijos.

Meldman parece un trabajador social más que un trajeado multimillonario tradicional. A los hoteleros suele llamárseles por su apellido, pero Mike es Mike a secas. Su condición física es envidiable, pero ni a él ni su ropa los encontrarás en las páginas de *GQ*. Con frecuencia se presenta a trabajar en jeans y camiseta, y uno se pregunta si acaso tendrá un par de calcetines. Se hunde en la silla al sentarse, pero vuelve a la vida cada vez que vibra su BlackBerry, es decir, cada minuto. Y es posible que cada vez esté ilustrando a alguien sobre el modo de vida Discovery. De las Bahamas a San José del Cabo, de Palm Springs a Hawai, de montañas privadas para esquiar a playas privadas para surfear, personas adineradas descubren el valor de la familia gracias a la compañía de Meldman, apropiadamente llamada Discovery. Esta empresa erige el paraíso de manera radical: una casa, un club y una familia por vez.

En un momento en que casi todos sus competidores se hallan en quiebra o en liquidación, Discovery prospera. Tal vez esto se debe a que sus proyectos llevan a la gente a un santuario privado, lejos del bullicio de la vida diaria y cerca de la auténtica belleza del planeta Tierra. No hay relojes por ningún lado, y nadie tiene prisa. Todo (y todos) está en paz. La naturaleza vive en armonía con la humanidad. Hasta el aire es puro y embriagador. La declaración de misión de Discovery puede ser cursi, pero es cierta: "Buscar nuevos territorios y compartir su esplendor, tesoros y tradiciones con las generaciones actuales y por venir."

Pese a que esta frase parecería sacada de un folleto de viajes, los hoteles de Discovery no son centros vacacionales: son un segundo hogar. Pero los vecinos no están a la vuelta de la esquina, sino, muy probablemente, al otro lado de una montaña o un río. Los chicos, en cambio, están justo aquí, despatarrados en la sala, haciendo alboroto en la mesa de la cocina o descansando en una recámara al fondo del pasillo. En una palabra, están cerca; y hoy, la cercanía con la familia es lo que los ganadores más desean.

Esto es la pulverización de paradigmas a causa de la energía con que Discovery celebra a la familia. Por ejemplo, en las funciones nocturnas de cine en la comunidad Kūki'o de Hawai, los jóvenes y sus padres llegan al evento en carritos de golf hasta un jardín integrado a un autocinema estilo Discovery, lleno de máquinas expendedoras de palomitas y pequeñas tiendas concesionadas y sin caja registradora a la vista. Imagina un club exclusivo en una zona residencial donde *cada chico* es el centro de la atención, donde la única responsabilidad del personal es procurar experiencias sin precedente a los jóvenes y recuerdos preciados a los padres y donde padres e hijos interactúan de modo relajado e informal.

Ningún otro hotelero —ni uno solo— ofrece en parte alguna la posibilidad de consolidar a la familia y la comunidad al mismo tiempo en una casa/club privado. "Discovery no surgió por accidente", dice Meldman. "La creé para las familias. Para quienes tienen todo, menos recuerdos familiares." Para él, crear comunidades de Discovery es mucho más que diseñar un lujoso segundo hogar. Se trató de hecho de una misión y compromiso estrictamente personal. "Yo era un papá soltero con dos hijos, y quería divertirme con ellos y enseñarles actividades al aire libre que francamente desconocía. Así que aprendí a pescar, surfear, bucear y practicar esquí acuático con ellos, y ahora, quince años después, podemos hacer juntos casi todo."

El programa que Mike presume a quien quiera oírlo se llama Outdoors Pursuits (Actividades al aire libre), y es distinto en cada club, dependiendo del terreno del área, la oferta de deportes locales y los intereses de los miembros. Desde practicar por primera vez esquí acuático hasta enseñar sincronía en canoas con balancines, se alienta a los miembros de los clubes a realizar actividades en familia. Y es común que sean los hijos quienes recompensen a sus orgullosos padres. Cuando una pareja en la comunidad de El Dorado, en San José del Cabo, quiso presenciar la primera lección de surfeo de su hija, los instructores profesionales prepararon una comida de lujo para toda la familia. El personal grabó después en video la primera ola montada por la chica, con lo que proporcionó a la familia un registro de recuerdos que durará toda la vida.

En Discovery hay diversión en el cielo, la tierra y el agua. En las Sugar Shacks (Cabañas de azúcar) dispersas en las pistas de esquí del Yellowstone Club en Montana, se obsequian galletas y caramelos a los niños y café y bebidas más fuertes a los adultos, para invitar a padres e hijos a esquiar juntos. Las Comfort Stations (Salas de reposo) en los campos de golf ofrecen incontables delicias a los golfistas hambrientos, todas ellas cortesía de la casa. Las discotecas juveniles en todas las comunidades de Discovery —con su propio restaurante y menú privado— brindan a niños y adolescentes sitios seguros y agradables para que convivan con amigos del otro lado de la calle y del mundo.

En vista de que soy fan de esta compañía destructora de paradigmas, escribí sobre ella en la *GQ* británica, ya que muchos lectores de esta revista necesitan justo lo que Discovery ofrece; sé que muchos ganadores con éxito económico tienen una familia desintegrada, que Discovery ha vuelto a unir.

Esta compañía habla en sus folletos de un "incomparable lujo privado" y de la excelente nieve en polvo en sus pistas de esquí, pero lo que en verdad ofrece son momentos invaluables en compañía de la familia y los amigos, que simplemente no podrían comprarse a ningún precio. Dice Meldman: "Me enorgullece que nuestros proyectos hayan enriquecido tantas vidas y unido a tantas familias. Los padres han aceptado nuestras comunidades, pero lo que me hace sentir más feliz es ver tan contentos a sus hijos."

DE COPÉRNICO A KROC

Cuentan que en 1543, mientras yacía en su lecho de muerte, el astrónomo polaco Nicolás Copérnico recibió el primer ejemplar impreso de la obra de su vida, *Sobre la revolución de los cuerpos celestes*. En ella expuso una hipótesis heliocéntrica del cosmos, conforme a la cual el Sol es el centro del universo y todos los planetas giran alrededor de él. Hoy esto es indiscutible. Pero en el siglo XVI, la mayoría pensaba que era el Sol el que giraba alrededor de la Tierra. Esta idea se derivaba sobre todo de la creencia de que Dios había colocado a la Tierra (y por tanto a la humanidad) en el centro de toda su creación. Pero entonces llega un científico de Polonia y dice: "Momento. El Sol es el centro de todo. ¡Puedo probarlo!". Y con la publicación de un solo libro, nuestra comprensión del universo y de nuestro lugar en él cambió por completo.

Se creía que todo dependía de la Tierra. Pero Copérnico no se sometió a esa convención, y comprendió que era necesario reescribir todas las reglas de las relaciones en el universo. Piensa únicamente en todos los errores que quizá se desprendieron de un supuesto anticuado e incorrecto. Todo lo que se sabía hasta entonces de la astronomía resultó de pronto ciencia inservible. Un hombre con una idea revolucionaria de que *no* todo pendía de la Tierra lo cambió todo.

Esto es pulverización de paradigmas.

Hoy en día perdura el recuerdo de algunos de los grandes personajes de la historia en virtud de que alteraron de raíz nuestra manera de ver el mundo o de vernos a nosotros mismos. Cuando armó la primera imprenta, en 1440, Johannes Gutenberg revolucionó el modo de almacenar y compartir información. En los siglos XVII y XVIII, filósofos como John Locke, Jean-Jacques Rousseau y Thomas Hobbes modificaron la forma en la que los seres humanos entendían su relación entre sí –y con el Estado–, lo que sentaría las bases filosóficas de la independencia y la Constitución de Estados Unidos. El "derecho divino" o autoridad legítima de los reyes para gobernar dejó de existir. Conforme al nuevo paradigma, el gobierno derivaba su poder, auto-

ridad y legitimidad exclusivamente del consentimiento de todos los gober-
nados (Fidel Castro y Kim Jong Il son sólo dos entre muchas excepciones
lamentables). Esta idea es una de las expresiones más rotundas, influyentes
y positivas de la pulverización de paradigmas en la historia humana.

En un contexto más moderno, destruir paradigmas consiste en alterar
nuestra forma de concebir un producto, servicio, idea, persona o suceso.
Considera el caso de la industria de la comida rápida y de su fundador, Ray
Kroc. La historia de McDonald's es en realidad la de Kroc, el vendedor de
licuadoras a cuyos oídos un día llegó la noticia de que Maurice y Richard
McDonald tenían una pequeña hamburguesería en el sur de California. Ahí
se vendían tantas malteadas que con frecuencia ocho licuadoras operaban a
la vez. Kroc hizo sus maletas para ir de visita.

Lo que vio cambió su vida, y la dieta diaria de cientos de millones de personas en todo el mundo. A diferencia de otros establecimientos, en el de los
hermanos McDonald se expendían hamburguesas que parecían elaboradas
por obreros automotrices de Detroit. Kroc nunca había visto atender tan rápido a tantas personas. Supo desde el principio que se hallaba frente a algo
importante. "Esto puede surtir efecto en todas partes", pensó. "Cuando lo vi
en operación aquel día de 1954", reflexionaría más tarde, "me sentí un moderno Newton al que le acabara de caer en la cabeza una papa de Idaho. Esa
noche en el motel pensé mucho en lo que había visto durante el día. Restaurantes de McDonald's en cruceros de todo el país desfilaron por mi mente."[2]

Kroc percibió una oportunidad de pulverización de paradigmas, y no
la dejó escapar. Sugirió a los hermanos McDonald expandir su presencia y
fórmula de negocios. Ellos lo contrataron como agente, y el resto es historia, como dicen.* Kroc no inventó la hamburguesa, pero "la tomó más en
serio" que nadie, como dijo él mismo una vez, y su táctica de negocios consistió en cerciorarse de que todas las hamburguesas vendidas en todos los
McDonald's fueran idénticas. Una hamburguesa McDonald's sería igual en
todas partes, de Toledo a Tokio.

La lección más importante de esto es que todo empezó en la forma más
sencilla posible: "A la gente le gustan las hamburguesas, así que ¿cómo podemos hacerlas mejor y más rápido y ofrecerlas a más personas?". ¿El principal ingrediente de la revolución de la comida rápida? La estandarización.
Tiene que saber igual en todas partes. Y el ingrediente indispensable de la

---

* Kroc entendió rápido que McDonald's era una mina de oro. En 1956 fundó la Franchise
Realty Corporation (Compañía Inmobiliaria de Franquicias), a fin de comprar terrenos para
restaurantes que luego arrendaría a los dueños de franquicias. Los ingresos procedentes de
los franquiciatarios le facilitaron la obtención de capital en los mercados financieros para
acelerar la expansión de la compañía.

estandarización es la perfección. Como dijo el propio Kroc: "La perfección es muy difícil de alcanzar, pero eso era lo que yo quería en McDonald's. Todo lo demás era secundario para mí."*

Los destructores de paradigmas convierten *sus sueños* y visiones en amplias *demandas* públicas.

El nuevo paradigma de la comida rápida cambió tan drásticamente nuestras expectativas acerca de la comida y los alimentos preparados en general que también nuestra conducta cambió, para ajustarse a la nueva visión del mundo. En 2009, el estadunidense promedio dedicó apenas veintisiete minutos diarios a preparar alimentos, y otros cuatro a limpiar la cocina. Esto equivale a menos de la mitad del tiempo que dedicaba a ello cuando Julia Child inició su programa de televisión *The French Chef* (El chef francés), en 1963.[3] Pese a que en la actualidad Rachael Ray, de Food Network, no deja de sorprender todos los días a su público con su *30 Minute Meals* (Comidas en treinta minutos), los estadunidenses comen fuera mucho más que antes.†

¿Cómo poner de cabeza normas y expectativas de vieja data? El fundador de Best Buy, Dick Schulze, situado por Forbes en el lugar 102 de la lista de los estadunidenses más ricos en 2007, lo logró cambiando radicalmente la dinámica de las compras. Tras intentar diferenciar en vano sus tiendas de electrónica, supo que se imponían cambios más drásticos.

Su éxito consistió en rechazar la filosofía de expansión comercial incremental de la época —"Entre más tiendas, mejor"— en favor de un enfoque radical de "Entre más cosas, mejor".‡

Aun así, Best Buy nació por accidente. La moderna supertienda de electrónica surgió de la adversidad: un tornado arrasó con un almacén de Schulze. Para liquidar la mercancía sobreviviente, él organizó un "remate de tornado", en el que incluyó una amplia selección de productos provenientes de sus demás tiendas, aunque la venta se llevó a cabo en un solo sitio, con precios bajos y publicidad en abundancia. La liquidación fue un gran éxito, lo que confirma la veracidad del adagio de que "No hay mal que por bien no venga". Lo mejor fue que Schulze comprendió que concentrar más productos en un solo lugar era el prototipo de una nueva manera de vender. Así, en 1983 abrió una tienda con una extensión sin precedente de mil seiscientos cin-

* *Grinding It Out: The Making of McDonald's* (Hasta el límite: La forja de McDonald's), Ray Kroc, p. 80.
† Si alguna vez has visto un programa de Ray sin sentir ganas de lanzar un ladrillo a tu tele, dime cómo le haces. Al conducir un grupo de sondeo de mamás en Las Vegas, cometí el error de asegurar que preparar una comida en casa en menos de treinta minutos era "relativamente fácil". Las mamás estuvieron a punto de arrojarme por el espejo espía.
‡ Evita palabras como "incremental" y "radical". Sirven para describir el proceso de la pulverización de paradigmas, pero no deben formar parte de tu vocabulario.

cuenta metros cuadrados, a la que bautizó como Best Buy (La Mejor Compra), la primera supertienda de electrónica en Estados Unidos. Este nombre reflejaba la estrategia de mercadotecnia de Schulze: fuera cual fuese el producto, su precio sería óptimo.

Este novedoso concepto de supertiendas ganó inmediata popularidad entre los consumidores. En su primer año de operación, la primera supertienda Best Buy vendió más que toda la cadena de tiendas de Shulze el año anterior, y en sólo quince años Best Buy se convirtió en la principal compañía de tiendas de electrónica de consumo en Estados Unidos. ¿Por qué?

Primero, Schulze agrandó las tiendas, para que consumidores cortos de tiempo supieran que su primera escala también sería la última.

Segundo, extendió las oportunidades de autoservicio, para permitir a los clientes que saben lo que quieren depender menos de los vendedores (y perder menos tiempo).

Tercero, contrató sin comisiones a un personal de ventas informado, para evitar a los clientes las presiones de las tiendas de vendedores a comisión (la norma entonces en la electrónica de consumo).

Cuarto, insistió en una planeación inmobiliaria inteligente y en tiendas estratégicamente ubicadas, en reemplazo de una estrategia de tiendas nuevas de "crecer a toda costa" (la principal causa de que Circuit City cerrara en 2009).

Y quinto, hizo todo eso mientras ofrecía al mismo tiempo precios más bajos que sus competidores.

Pero la historia no termina ahí. En 2002 Best Buy adquirió Geek Squad, compañía iniciadora de tendencias de servicio al cliente en electrónica. Así, mientras la competencia quería desentenderse de los clientes, en un torpe afán de reducir costos laborales, Geek Squad de Best Buy prolongó al hogar la relación con el consumidor, prestando servicios de instalación, resolución de problemas y asesoría permanente, lo que incrementó más aún los ingresos de la compañía (y la lealtad de los clientes). Circuit City, RIP.

El sucesor de Schulze, Brad Anderson, también era inclinado a pensar con originalidad. Y conservó la política de puertas abiertas de Schulze con los empleados de bajo rango, a los que alentó a ajustar cada tienda a las necesidades de la comunidad inmediata y a llevar a la práctica sus ideas. He aquí sólo un ejemplo entre muchos:

El equipo de nuestra tienda en la Calle 44 y la Quinta Avenida, en Manhattan, es muy ingenioso. Cerca hay una gran comunidad brasileña, y el gerente dijo: "Vaya, no hacemos nada para satisfacerla." Así, contrató a personal que hablaba portugués. Cuando después se supo que a Nueva York llegaban cruceros de brasileños, nuestro equipo se puso en contacto con la compañía de viajes, y se

enteró de que la tienda era una escala deseable para ellos. Hoy, grupos de turis-
tas brasileños llegan en autobuses todos los domingos. Si hubiéramos esperado
a que a alguien en Minnesota se le ocurriera la idea, seguiríamos esperando.[4]

No puedo dejar el componente comercial de la pulverización de paradigmas sin referirme a Target, empresa que ha vivido y vendido más que muchos
de sus competidores hasta hacerse un lugar en el panorama del menudeo.

Comencemos con una perogrullada para ubicar adecuadamente el contexto competitivo: Walmart es desde hace mucho tiempo el enemigo a vencer
en precios bajos y éxito astronómico. La mayoría de las tiendas de descuento han intentado competir con ella en precios, aceptando en consecuencia el
paradigma de Walmart y compitiendo en sus términos. Sus establecimientos
son grandes almacenes con luz fluorescente y monótonos pisos de linóleo.
Cuando una persona entra a una tienda de descuento y se topa con una es-
tética austera, se siente segura de que pagará el precio más bajo posible. No
digo esto despectivamente; basta un vistazo a las ganancias o valuación de las
acciones de Walmart para comprobar cuánto la aprecian los consumidores.

Pero en vez de aceptar el paradigma de Walmart, Target lo rompió. Pro-
movió otro enfoque, en el que se combinaban valor y calidad accesible. La
diferencia es inmediata y no deja lugar a confusión: amplios y limpios pasillos y estantes, exhibidores atractivos y coloridos e imágenes radiantes. El
genio de Target es que ofrece a sus clientes precios casi tan bajos como una
tienda de oportunidades sin hacerles sentir que viven como pobres.

La diferencia en los productos de Target es tan importante como la de
su decoración. En tanto que la competencia pugna por bajar sus precios y
destacar lo barato de cada artículo, Target recluta, por ejemplo, a prestigio-
sos diseñadores de modas para producir líneas nuevas. Como parte de una
asociación que ha dado mucho de qué hablar, en 2002 Isaac Mizrahi creó una
línea de modas para Target, y sus diseños fueron muy populares casi desde el principio. En cinco años, el volumen de ventas de los diseños de Mizrahi se triplicó, al tiempo que la línea se extendía a ropa de cama, utensilios
para el hogar y productos para mascotas. La labor de Mizrahi para Target
consolidó la credibilidad de calidad de esta cadena y reanimó la empeñosa
carrera del diseñador. No es casual, asimismo, que uno sea recibido en Target por otro paladín del lujo para las masas: Starbucks. Tener la opción de
ordenar un *latte venti frappé* para disfrutarlo mientras se compra es otro
ejemplo de la inteligente intención de Target de combinar lo accesible con
lo elegante. No es de sorprender que la gente la llame "Tar-yé", a la france-
sa: siente que esta cadena es distinta y más sofisticada que la competencia
absorta en el precio. Y esto da resultado. Target superó clamorosamente a
todos los imitadores de Walmart hasta convertirse en la segunda cadena de

tiendas de descuento más importante de Estados Unidos, clasificada en el trigésimo sitio en la lista de Fortune 500 en 2010.

La cultura corporativa de esta compañía premia expresamente la pulverización de paradigmas. Gregg W. Steinhafel, su presidente y director general, ha roto a diario los moldes del comercio desde que asumió ese puesto en 1999. Michael Francis, vicepresidente ejecutivo y director de mercadotecnia, organiza cada año el concurso Best Idea (La mejor idea), para retar al personal a inventar una solución innovadora de un problema específico. El resultado es no sólo una corporación comprometida con la destrucción de paradigmas, sino también empleados de todos los niveles que participan en el rechazo de la norma y la invención de cosas nuevas y frescas.

Los pulverizadores de paradigmas son los Magallanes de nuestro tiempo y, como los grandes exploradores de los siglos XVI y XVII, sus nombres e impacto en nuestra vida y nuestro mundo perdurarán. Los modernos destructores de paradigmas abren nuevos horizontes de calidad de vida, ayudando así a la gente a descubrir maneras novedosas de facilitarse la existencia.

LOS PULVERIZADORES DE PARADIGMAS

La mayoría cree que quienes destacan en una profesión hacen las cosas mejor que los demás. No necesariamente. En algunos casos, sólo hacen las cosas de otra manera. Permíteme servirme de un ejemplo deportivo: el de Brendan Shanahan, futuro miembro del Salón de la Fama del hockey y uno de los mejores practicantes de esa disciplina en la época moderna:

> *Cuando me inicié en la National Hockey League (NHL), hacía anotaciones hasta a dos metros de la red, básicamente goles fáciles. Pero cuando jugué con Brett Hull, estudié su estilo para desmarcarse, y lo imité. En cualquier deporte, desmarcarse significa ser más atlético, correr más rápido, ser más ágil en el avance a la meta contraria. Pero Brett comprendió que, en cambio, suele consistir en ser más lento, y siempre en seguir una velocidad distinta. Si todos aflojaban el paso, él lo aceleraba, como atacando, y jamás lo alcanzaban. Y si todos retrocedían a la defensiva, él reducía su marcha, se enderezaba y todos lo rebasaban. Una vez que lo hacían, él se integraba al juego. Hacía todo de otra forma. Entendió que ésa era la clave. Así era como siempre hallaba paso libre.*

Gran parte de la destrucción de paradigmas es mental. Debes hacer todo por cambiar, lo que a menudo significa liberar tu mente de fracasos del pasado e ideas preconcebidas para concentrarte en ideas pioneras. Andrea Jung, directora general de Avon y una de las Forbes 100 Most Powerful Women

(Cien mujeres más poderosas) del mundo, se esmera en renovar continuamente su perspectiva y papel: "Despídete a ti mismo el viernes por la noche y regresa el lunes en la mañana como si una agencia de empleo te hubiera conseguido un trabajo nuevo como agente de cambio. ¿Puedes ser objetivo y llevar a cabo un cambio radical? Si no puedes hacerlo es que en realidad no te has reinventado lo suficiente."[5]

Jung sigue dos prácticas estratégicas: primero, modifica con regularidad su actitud y enfoque, en reflejo de un propósito ambicioso: revitalizar una y otra vez su compañía y su papel en ella. Segundo, reinventa lo que espera de sí, lo que la hace pasar de directora general convencional a líder movida por un gran propósito. Cambiar expectativas y modificar la conducta destruye paradigmas, en efecto. La mayoría de las personas y empresas de gran éxito revolucionan nuestro modo de vida siguiendo este proceso de continuo cuestionamiento, desafío y transformación. Cher lo hizo. Madonna también. Richard Nixon y Hillary Clinton lo mismo. Un grupo de personas tan diversas ha de haber descubierto algo importante.

Nótese asimismo que todo parte de una persona: tú. Nadie te impulsará como tú a romper paradigmas. No es fácil, cómodo ni natural que una persona se "despida a sí misma" el viernes en la noche y pase el fin de semana planeando su retorno como alguien nuevo y diferente. La actitud natural resulta más sencilla: "Es viernes. Sobreviví. Por fin podré dejar de pensar en el trabajo. Y la próxima semana trataré de sobrevivir también." ¿Pero basta con sobrevivir? Para prosperar... para ganar... tienes que esforzarte y huir de la comodidad por la comodidad misma. Los ganadores son sus propios jefes exigentes y sus críticos más severos.

La pulverización de paradigmas puede atañer a la forma tanto como al fondo. Permíteme volver a poner otro ejemplo deportivo, porque se aplica a los negocios a la perfección. A principios de la década de 1970, el circuito del tenis profesional había alcanzado una calidad sin precedente, pese a lo cual no atraía mucho dinero, grandes patrocinadores ni un alto índice de audiencia en televisión. Jimmy Connors cambió todo eso. Te simpatizara o no, no podías dejar de verlo. La gente iba a sus partidos sólo para presenciar sus arrebatos, y rara vez salía decepcionada. Así, en mi entrevista con él, le pedí a Connors que me explicara su comportamiento en la cancha, y si en realidad todo eso era necesario. Para mi sorpresa, la respuesta fue... sí:

Prefería soltar mi enojo que guardármelo. Si me lo hubiera guardado, hace veinte años habría tenido un infarto, porque cuando explotaba, explotaba. Pero todo pasaba en quince segundos. Mis estallidos me permitían liberarme, quitarme eso de encima y seguir jugando bien, o mejor.

¿Qué tiene que ver todo esto con la pulverización de paradigmas? Connors entendió mejor que los patrocinadores, los ejecutivos de la televisión e incluso sus amigos y enemigos en el tenis que, para aumentar el interés en el juego, él tenía que asumir una actitud radical:

> *Mis arrebatos eran reales. En cuanto a su duración, bueno... los alargaba un poco. Pero quien paga grandes sumas por ir a ver correr tras una pelota a un par de tipos con shorts blancos y raqueta, quiere más.*
>
> *¿Por qué el tenis cobró auge entre los patrocinadores, la televisión, los jugadores y los jóvenes? Ciertamente no fue por casualidad. No me lo tomes a mal, pero me enorgullezco de haber sacado el tenis del club campestre para llevarlo a la calle, donde estaban todos. Antes atraíamos al aficionado purista del club campestre. Eso estaba bien para quien quería jugar frente a dos mil personas por un premio de mil doscientos dólares. Pero si queríamos prosperar, teníamos que atraer a la afición de verdad. Ésta quería ver jugadores que lo dieran todo, que sangraran y se ensuciaran, y que de vez en cuando mandaran a alguien al diablo.*

Es un hecho que la historia le dio la razón. La misma gente que hace años lo abucheaba por sus rabietas, hoy corre a darle la mano y pedirle un autógrafo. Y para su sorpresa, Connors siempre accede, sonriendo. El chico malo del tenis es en realidad un hombre dulce y sereno.

El modelo T de Henry Ford facilitó en 1909 la producción de vehículos, los cuales puso por primera vez al alcance de la clase obrera. El entusiasta lenguaje de Ford da una lección importante:

> *Fabricaré un auto para las multitudes. Será lo bastante grande para una familia, pero lo bastante pequeño para el cuidado de un individuo. Será fabricado con los mejores materiales por los mejores trabajadores, con base en los diseños más simples que la ingeniería moderna sea capaz de concebir. Sin embargo, su precio será tan bajo que cualquier asalariado podrá tener uno, y disfrutar con su familia de la dicha de horas de placer en los grandes espacios abiertos de Dios.*[6]

Ford destruyó el paradigma del caballo y la calesa. Una vez que fue posible producir coches en serie a un precio razonable, un creciente número de estadunidenses pudo gozar de las ventajas consecuentes. Y una vez que se acostumbraron a ellas, terminaron dándolas por sentadas, aprovechándolas e incorporándolas a su vida diaria. Primero ciudades y más tarde naciones enteras transformaron su plano y escala para ajustarlo al automóvil. Para volver a Copérnico, el auto pasó a ser el Sol, y reemplazó a la Tierra del caballo y la calesa en el centro de la experiencia humana.

La pulverización de paradigmas se reduce en última instancia a la diferencia entre innovación y avance, entre gradual y radical. No se limita a la "renovación y mejora" de algo, sino que replantea el propósito original entero. Pero atención: la transformación engendra transformación. Aun después de que destruyas un paradigma, debes seguir poniéndote retos; porque si no lo haces, otros lo harán.

Como presidenta de 20th Century Fox y posteriormente directora general de Paramount Pictures, Sherry Lansing fue durante más de una década la mujer más poderosa de Hollywood. No obstante, ha hecho más olas y tenido más impacto como promotora de la organización Stand Up for Cancer (De pie contra el cáncer). En 2010, en un programa de televisión de una hora, en vivo y sin comerciales, esta organización recaudó la inaudita suma de ochenta millones de dólares, gracias, sobre todo, a que su programa fue difundido por todas las televisoras y canales de noticias de Estados Unidos, lo que representó el primer acto de colaboración en la historia de esos jurados enemigos en el mundo del espectáculo. ¿Cómo logró Lansing destruir un paradigma de Hollywood?

> Comenzamos queriendo hacer algo distinto. Y como somos de Hollywood, tendemos a soñar un poco más que la mayoría. Así que pensamos que podíamos hacer un teletón en una televisora. Pero como no sabíamos en cuál de ellas, francamente le dijimos a cada una que otra estaba dispuesta a hacerlo. Cuando TODAS dijeron que sí, supimos que ocurriría algo especial. Y ahora esto forma parte de nuestra cultura.
>
> Queríamos hablar con Bud Selig, presidente de las ligas mayores de beisbol, para pedirle diez millones de dólares en tres años. Insistimos e insistimos hasta que por fin él nos concedió quince minutos, ¡quince minutos! ¿Cómo le pides a alguien diez millones en quince minutos? He pedido mil o dos mil dólares, pero jamás diez millones. Aun así, tomé la palabra con mucha seguridad, hasta que Selig empezó a carraspear y a moverse en su silla. "La verdad no sé" y "No podremos hacerlo por ahora". En ese momento, su esposa le dio un suave golpe con el hombro y le dijo: "Hazlo, Bud." Y él lo hizo. Cuando Selig dijo que sí, todas nos pusimos a llorar. Siete mujeres llorando. Sabíamos que se veía mal, pero es que no creímos que él dijera que sí. Luego juramos no volver a llorar nunca en una visita promocional.

Era una broma, claro, pero Lansing plantea un asunto que merece atención. Hombres y mujeres no sólo reciben los mensajes en forma diferente; también los emiten así. Sheryl Sandberg, la directora operativa de Facebook, es hoy una de las líderes de negocios más exitosas de Estados Unidos, pero sigue percibiendo problemas particulares para las comunicadoras y destructoras de paradigmas:

> *Las mujeres enfrentamos retos de comunicación que los hombres no. A diferencia de ellos, para nosotras existe una correlación negativa entre éxito y simpatía. Los hombres parecen más simpáticos conforme más éxito tienen, y las mujeres menos. Una mujer puede decir algo simple e inteligente, pero se le verá como demasiado autoritaria. Aun cuando su actitud sea delicada, parecerá dura. Imagina a dos personas de igual éxito y competencia: Howard y Heidi. Querrás pasar el día con Howard. En cuanto a Heidi, sentirás que sólo se interesa en sí misma. Todas las mujeres que conozco a las que les doy este ejemplo dicen: "¡Dios mío! Ése es justo mi caso."*

El espectáculo es un medio en el que mujeres y hombres están en igualdad de (resbaladizas) condiciones. Mary Hart es quizá una de las caras y voces más reconocibles de la televisión estadunidense, pero las cosas no siempre fueron fáciles para ella. Hart considera que sus primeros y arduos días representaron una ventaja:

> *Tuve la suerte de iniciarme en el nivel más bajo, donde hacía de todo, desde encender las luces y barrer hasta pasar los comerciales y llamar a los invitados. Luego, cuando comencé en* Entertainment Tonight (ET), *iba de una filial a otra y de estación a estación. Hice promoción como loca, y dio resultado, porque creó una relación entre el programa y las estaciones locales que fue muy importante.*

En algunas de las salas de juntas más antiguas y formales de Estados Unidos, la participación de las mujeres es en sí misma destructora de paradigmas. Pero más allá del género, el esfuerzo, el compromiso y la persistencia tienen su recompensa.

Consideremos un ejemplo de un ramo menos que sexy: la industria de la paquetería. Durante su estancia en Yale University, entre 1962 y 1966, un joven de Mississippi escribió un ensayo para su curso de economía en el que articuló un plan de prestación de servicios de entrega inmediata de paquetería en la era de la información computarizada. Como piloto de vuelos chárter en el aeropuerto Tweed de New Haven, este muchacho volaba con frecuencia a aeropuertos del área, cerca de compañías de alta tecnología como IBM y Xerox. Oía decir a pilotos de esas compañías que, más que pasajeros, transportaban partes de aviones y de computadoras. Para ellos, ésa era una distracción de su misión. Pero para Frederick Smith fue el nacimiento de una idea. Y para el mundo, la aparición de FedEx, la compañía que puso de cabeza el transporte de paquetería, asegurando a sus clientes que sus valiosos materiales "llegarían ya".

En una época en la que la gente iba a trabajar a edificios de oficinas y la vida se movía a un ritmo mucho más lento, conseguir financiamiento para esa idea destructora de paradigmas no fue fácil. Como explicó el señor Smith:

La labor de persuasión fue hasta cierto punto complicada. Cuando emergió la propuesta de FedEx, el capital de riesgo buscaba tipos de inversión más prosaicos, en los que no fuera necesario crear un producto y un mercado al mismo tiempo. Cuando concluimos los acuerdos de financiamiento, contábamos con tres estudios independientes de mercadotecnia que indicaban que [nuestra] premisa original era correcta.

No tuvimos que crear nueva tecnología. Usamos una ya existente: aviones, camiones. Pero una vez que montamos la red, [...] el secreto fue lograr que operara lo bastante rápido para tener un producto que vender. Sin embargo, desde que iniciamos operaciones el tráfico siguió aumentando casi sin excepción.[7]

Hoy las ventas anuales de FedEx exceden los treinta y cinco mil millones de dólares, y sus empleados, la cifra de doscientos ochenta mil en el mundo entero... y el tráfico sigue aumentado. Lo que empezó como una empresa de transporte de partes pronto se convirtió en una compañía de entrega inmediata de documentos. No obstante, al aparecer el fax y la Internet y crearse así un nuevo paradigma, FedEx se reinventó de nuevo. En poco tiempo surgió una necesidad sin precedente de rápido transporte de bienes (porque la propia FedEx había cambiado para siempre las expectativas de la entrega inmediata), y en mayores cantidades que antes. FedEx aprovechó la situación para tomar la delantera en el transporte global de compras generadas por el comercio electrónico.

Dada su naturaleza, los ganadores no llaman "carrera" al hecho de haber inventado algo una vez. Son turbinas de reinvención, que no cesan de progresar. La innovación está en la médula de lo que FedEx hace. Si sabemos algo acerca del cambio de paradigmas es que continúa ocurriendo. FedEx es un ejemplo de una compañía que ha logrado no sólo romper paradigmas, sino también conducir la ola del cambio.

Si le preguntas a Tom Harrison, de Omnicom, qué se necesita para ganar, te dirá que el secreto es intuición e innovación. Ampliamente reconocido como uno de los pensadores y asesores estratégicos más innovadores en su campo, la descripción que él hace de otros ganadores destructores de paradigmas le sienta a la perfección:

Si acaso existe un hilo característico que atraviesa los cien modelos de ADN de los ganadores, es la capacidad de intuir, de pensar con originalidad y de saber dónde debes estar en tres años para tener éxito. Cualquiera puede tener éxito hoy,

porque todos sabemos qué ocurre en el presente. Pero sólo seguirán triunfando
y teniendo éxito quienes sepan dónde deben estar dentro de tres años.

La innovación ha cambiado. No hay compañía que no haya pasado por
un periodo en el que lo único que importaba eran las utilidades. Y una vez que
se cansaban de pensar en eso... debían pensar otro poco en las utilidades. Hoy
yo recomiendo no dar la espalda a las ganancias, pero tener altura de miras.
Creo que la totalidad de las empresas han creado ya todas las eficiencias posi-
bles, recortado y ajustado su tamaño y todo eso. Así que, para crecer, no pode-
mos seguir encogiéndonos. Para crecer tenemos que crecer. En eso consiste ahora
la innovación.

Por tanto, tiene más relación con la capacidad de ver lo que viene, an-
ticipar y fijar las tendencias futuras, no sólo reaccionar una vez consuma-
dos los hechos.

También las compañías farmacéuticas y fabricantes de instrumental médico en el mundo entero tienen un historial de grandes avances, pese a que
la forma en que se les trata públicamente haría pensar lo contrario. Junto
con las compañías de seguros de salud, se han convertido en el más reciente
chivo expiatorio de Washington. Pero sin ellas, la mayoría de los congresistas y senadores que las apalean ya integrarían en las gráficas la enorme barra
de los fallecidos por tabaquismo.* Por desgracia, demasiado a menudo los
ganadores destructores de paradigmas deben alcanzar éxito *pese* a medidas
oficiales que pretenden atraparlos en la vieja manera de hacer las cosas, no
con el apoyo de un gobierno que fomenta el progreso genuino.

En un artículo publicado en 2009 en el *Washington Post* sobre los grandes pasos que ha dado la medicina moderna, George Will señaló que las
nuevas tecnologías han provocado cambios fundamentales en la operación
administrativa de los hospitales: "En 1946, cuando nacieron los primeros
miembros de la generación del auge demográfico, cuyo envejecimiento de-
termina ahora el gasto en servicios de salud, los principales egresos de muchos hospitales estadunidenses ocurrían en el rubro de ropa de cama lim-
pia. Esto fue muy anterior a los escáneres de resonancia magnética (RM), la
tomografía axial computarizada (TAC) y el resto del arsenal diagnóstico y
terapéutico que hoy despliega la medicina moderna."[8] ¡¿Ropa de cama lim-
pia?! Este concepto ya no se cuenta siquiera entre los veinte gastos hospita-

---

* Si se me permite una nota personal, mi padre vivió veinte años extra gracias a dos pastillas
para la presión, que en los años ochenta le costaban tres dólares diarios. ¿Mucho? Sí. Pero
cada centavo valió la pena. Ojalá pronto se ponga alto a quienes, a fuerza de impuestos y re-
glamentos, están decididos a echar abajo una de las grandes industrias estadunidenses pul-
verizadoras de paradigmas. No puedo imaginar siquiera la cantidad de medicinas vitales que
no será posible inventar o llevar al mercado a causa de políticas gubernamentales miopes.

larios más importantes en la actualidad. Tecnologías nuevas como los escáneres de RM, la TAC y el ultrasonido quizá son caras, pero ¿alguien quiere regresar a los días previos a su aparición? Claro que no. Nos gusta quejarnos del alto costo de los modernos servicios de salud, pero ¿qué es exactamente lo que pagamos? Escáneres que detectan cáncer antes de que pueda matarnos. Medicinas que nos permiten respirar, cerciorarnos de que nuestro corazón siga latiendo y mantener a raya incalculables infecciones. Sin estos grandes adelantos, ¿cómo estaríamos hoy? Muertos o enfermos.

La medicina moderna ha pulverizado el paradigma de la vida misma. Hasta la llegada de los antibióticos, una cortada en el dedo estando en el campo inglés en el siglo XVII habría podido quitarte la vida en cuestión de días. La infección producía septicemia, ésta a su vez la falla de órganos y ¡pum!, sobrevenía la muerte. Hoy, en cambio, te basta con aplicar un poco de Neosporin en la cortada y cubrirla con una venda para seguir con tus actividades. ¿Y las mujeres que mueren de complicaciones en el parto? En 1915 morían seiscientas ocho de cada cien mil mujeres que daban a luz a niños vivos en Estados Unidos. En 2009, la cifra respectiva fue de sólo diecisiete. Aún hay un trecho por recorrer, pero se ha llegado lejos. A la inmensa mayoría de las estadunidenses apenas si les pasa hoy por la mente la idea de no sobrevivir al parto, gracias a que las nuevas medicinas y tecnología del siglo XXI vuelven casi insólito ese terrible suceso.

Vivimos en un nuevo paradigma, en el que la gran mayoría de las madres y sus bebés sobreviven al parto, la polio ya no existe y el VIH/sida se ha vuelto una afección crónica tratable y no es ya una sentencia de muerte. Asimismo, hoy los estadunidenses sobreviven a cánceres de todo tipo como nunca antes. La esperanza de vida promedio era en 1915, en Estados Unidos, de 54.5 años. Quienes hoy nacen en ese país pueden suponer con relativa certeza que habrán de celebrar su cumpleaños número setenta y ocho.

Hemos reescrito las reglas de la existencia. ¿Quién puede asegurar que dentro de cien años la esperanza de vida no será de cien años o más? Ya es posible trasplantar órganos mayores, o disfrutar de órganos totalmente artificiales. No es difícil imaginar un mundo en el que médicos y científicos puedan desarrollar órganos genéticamente idénticos a los nuestros para poder perpetuarnos *ad infinitum*... al menos en teoría. El hecho es que todo esto ya forma parte de tu realidad. Das por supuesto que es posible. Pero hace cien años visiones así se habrían calificado de charlatanería o herejía. Justo en este instante, algún científico –un médico investigador, un ganador– libra su propia guerra contra las convenciones, a raíz de lo cual la vida de tus hijos cambiará para siempre. ¿Tienes el valor de abandonar lo convencional, analizarlo críticamente y redirigirlo a algo mejor y más alto? De ser así, a continuación verás cómo puedes hablar de ello.

EJEMPLOS DE PULVERIZACIÓN DE PARADIGMAS

Paradigmas nuevos nos brindan una manera fresca de pensar, comprender y experimentar nuestro mundo. También pueden volver nuestra vida mucho más interesante. Ganar es estar consciente del mundo y la gente, conocer los paradigmas en vigor y buscar la manera de hacerlos añicos.

El anuncio de televisión más ilustrativo de la pulverización de paradigmas es el del teléfono Sprint 4G. Si sus palabras son eficaces, sus imágenes son inolvidables. Imagina caer una fila de fichas de dominó en la que cada cual es una tecnología reconocible del pasado. Una rueda de piedra arrolla a una bicicleta anticuada... la cual derriba a una locomotora de vapor... que atropella a un gramófono... el cual tira un viejo microscopio... que choca con una máquina de escribir... que tira un antiguo teléfono... que derriba un Ford Modelo T... que destroza un muro de televisiones en blanco y negro... que tira al avión de los hermanos Wright... que se estrella con un pequeño cohete... que derriba al transbordador espacial... que arrastra en su caída a una serie de tableros de circuitos de computación... los que se transforman en computadoras... y después en teléfonos celulares, un modelo tras otro hasta llegar al HTC EVO 4G, aún en pie. Mientras todo esto sucede, el locutor dice:

> *El primero inicia.*
> *El primero tira la puerta, y abre posibilidades.*
> *El primero reinicia todo.*
> *El primero nos hace avanzar velozmente.*
> *Todos lo queremos.*
> *El primero no es mañana. Es hoy.*
> *¿Qué es lo primero que harás con EVO, el primer teléfono 4G?*
> *Sólo de Sprint, la red ahora.*

Destruir paradigmas requiere desafiar a la vieja guardia y pedir a la gente que piense de otra manera. Hacer esto implica un riesgo; por tanto, requiere capacidad para convencer. Los empresarios enfrentan esto todo el tiempo, en especial cuando se trata del lanzamiento de algo nuevo y revolucionario. Henry Juszkiewicz, director general de Gibson Guitar, me contó una historia que expone claramente a qué me refiero cuando digo que tendrás que encarar críticos feroces. "La gente suele rechazar nuestros nuevos productos", me dijo, con una mirada de perplejidad y frustración.

> *Recuerdo cuando presentamos un nuevo producto llamado BFG. La intención era introducir un producto minimalista, y a propósito hicimos que luciera un poco feo. Se trataba de un juego emocional semejante al del Volkswagen Sedán: el*

producto era barato, pero tenía carácter. Sin embargo, la gente lo vio y dijo: "No es Gibson. No brilla. Lo mismo podrías ponerle cuerdas a un árbol." Recibimos muchos comentarios negativos como éste.

Pero el producto era bueno, y se vendió como pan caliente. Noventa por ciento de las objeciones se hicieron antes de que el producto llegara al mercado. Pero después, quienes lo probaron se dijeron encantados. Los medios sociales pasaron poco a poco de noventa por ciento de rechazo a veinte por ciento de aceptación, luego treinta y semanas más tarde ochenta. Casi todos nuestros productos que han representado un cambio de paradigma fueron rechazados en principio por la gente, por no agradarle el concepto.

Si tienes una empresa, tal vez comprendes que tus empleados no dedicarán apasionadamente su tiempo personal a tus caprichos de cómo apoderarte del mercado con superartefactos nuevos. Si tu idea no va envuelta en nociones que se hacen eco de sus necesidades, nacerá muerta. Así que no esperes que los consumidores actúen de otro modo. ¡Ni siquiera les pagas!

Peor aún, ¿cómo se supone que los convencerás de que necesitan un superartefacto? ¡No saben siquiera de qué se trata! Y recuerda que todos los que se dedican a hacer artefactos normales harán cuanto puedan por bloquear el paso de tus superartefactos al mercado. Para inyectar ideas destructoras de paradigmas en el torrente sanguíneo de la gente se precisa de una comunicación eficaz.

Además, destruir paradigmas con frecuencia implica generar insatisfacción. Sé que esta línea me valdrá una paliza, así que permíteme explicarme.

Nadie *necesita* un iPod. Tampoco un iPhone. Ni un iPad. La posibilidad de bajar a un lector electrónico en sesenta segundos cualquier libro entre los que se han escrito hasta nuestros días no es tampoco una necesidad para nadie. Vamos, cuando los caballos y trenes eran el principal medio de transporte, nadie necesitaba manejar un automóvil. (La gente gritaba en las calles a los intrépidos conductores iniciales de Modelos T: "¡Consíguete un caballo!".) Para nadie es una *necesidad* saber que la Tierra gira alrededor del Sol, no al revés. En el pasado, los seres humanos lograron prosperar sin ninguna de esas cosas ni conocimientos. Pero en cuanto unas y otros hacen acto de presencia, cada vez más personas los ven como necesidades, no sólo como lujos o "cosas que sería agradable tener", pese al ya desaparecido Concorde. La razón de que esos objetos evolucionen lentamente hasta convertirse en "necesidades" son tanto los cambios que ellos obraron en nuestra vida como la manera en que sus creadores y promotores nos comunicaron la urgencia de tenerlos.

Estos individuos nos tientan con el lenguaje de la libertad, la comodidad, la facilidad de uso, el descubrimiento y la exploración. Nos pintan un cuadro de un mañana mejor, más emocionante y disfrutable. Y antes de saberlo, empezamos a pensar que algo nos falta. "¿Por qué *no* he de traer en la bolsa todas las canciones que se han grabado hasta la fecha?". "¿Por qué *no habría* de poder descargar cualquier libro que se me ocurra, en cualquier momento y lugar?". "¿Por qué *no* hemos de tener derecho a pasar por comida para llevar a un restaurante camino a casa, si eso nos facilita la existencia?". Como puedes ver, Shaw y Kennedy tenían razón. Los soñadores –los ganadores– desafían el orden establecido.

Toda gran idea –todo cambio de paradigma– tiene que convencer a la gente para ser aceptada. Tú debes convencerla de desechar lo viejo y adoptar lo nuevo. Y la mejor manera de hacerlo es ayudarla a imaginar su vida con eso, para que vea por qué su existencia no es tan buena ni satisfactoria sin ello. Tu deber como ganador es producir valor en el nuevo paradigma donde tal vez no haya ninguno, y comenzar a generar confianza. Sin esto, ni las personas que necesitas para cumplir tu visión ni aquellas a las que ésta va dirigida tendrán motivo para perder su precioso tiempo en tu pequeña obsesión. De igual manera, debes comunicar tu mensaje con todo cuidado, para no ofender a nadie ni despertar sospechas. Es difícil persuadir a la gente de hacer cosas en forma radicalmente distinta, pero no tanto asustarla para que siga igual.

Los ganadores no siempre deben comunicar con precisión lo que persiguen. A veces el lenguaje debe serenar y tranquilizar, no emocionar y exaltar. Éste es el equivalente lingüístico de uno de mis cartones favoritos de *Far Side* (*El otro extremo*), del gran Gary Larson. En él, una cebra dirige a su manada frente a un león que mató a una de ellas. La leyenda es clásica: "¡Andando! No hay nada que ver aquí." Una subversión sutil y sosegada apunta justamente a esto. Tu comunicación debe ser apacible para no activar alarmas ni preocupar a la gente. Entre más la hagas pensar en un cambio enorme y temible –o al menos no basado en la "esperanza"–, más se opondrá a él. Debe oírte y pensar: "Nada que ver aquí" (léase: nada de que preocuparse).

Permíteme hacer aquí una alusión política.

Las elecciones de 1994 en Estados Unidos (ocasión en la que los republicanos ganaron la Cámara de Representantes por primera vez en más de cuarenta años, algo a lo que me precio de haber contribuido) fueron elecciones de "cambio". De hecho, fueron muy similares a las de 2006, 2008 y 2010: la gente estaba harta del orden imperante y deseaba algo fresco, nuevo y diferente. No votó por una revolución. Votó por el cambio, que no es lo mismo. El líder republicano de entonces, mi amigo Newt Gingrich, cometió así un grave error la noche misma de las elecciones al definirlas como una "revolución". Esta palabra asustó a la gente –en particular a quienes votaron por primera vez por los republicanos–, porque su único propósito había sido enviar un mensaje a los demócratas, no echar abajo la estructura social del país. La gente estaba a disgusto con los anquilosados demócratas, quienes se habían vuelto arrogantes y corruptos, pero esto no quiere decir que haya autorizado a los republicanos emprender una "revolución", que no quería. Las palabras de cambio de Gingrich –el lenguaje del nuevo paradigma político– resultaron demasiado ardientes y desmedidas, dado en especial lo drástico y absoluto que el cambio era en verdad. Esa noche, la mayoría de los estadunidenses experimentó la selección de un miembro del Partido Republicano (PR) como presidente de la Cámara de Representantes por primera vez en su vida adulta. En vista de su importancia, este acontecimiento debió comunicarse con sutileza, humildad y sensibilidad, no con iracundia.

Esto tuvo consecuencias. Como escribió atinadamente Charles Krauthammer en el *Washington Post* en noviembre de 2004:

> *En 1994, cuando la revolución de Gingrich llevó al poder a los republicanos, poniendo fin a cuarenta años de hegemonía demócrata en la Cámara, la prensa dominante se vio en necesidad de explicar la inversión de un perfecto estado de cosas. Fue así como nació un mito. Explicó el titular de* USA Today: *"DESCONTENTO BLANCO: Sus votos inclinan la balanza a favor del PR." De repente, la revolución del Descontento Blanco se volvió ortodoxia. En los diez años previos a esas elecciones, el descontento blanco se mencionó cincuenta y seis veces en los medios, según LexisNexis. En los siete meses siguientes, se le mencionó más de mil cuatrocientas.*

Los estadunidenses querían al timón una mano sensata y serena. Pero con un tropiezo lingüístico, Gingrich, quizá la mente política más brillante de su generación, dio argumentos suficientes para que una prensa hostil bautizara erróneamente su movimiento.

Esto se reduce a lo siguiente: aunque el progreso humano se alcanza de modo inmejorable a través del cambio revolucionario, es raro que éste sea aceptado mediante una retórica revolucionaria. Los ganadores no son gradualistas; son revolucionarios. Pero la gente quiere un progreso metódico, no una revolución. ¿Recuerdas el intenso deseo de "estabilidad" y "seguridad" del que ya hablamos? Ése es el meollo del asunto. Los destructores de paradigmas necesitan energía para transformar, pero también don de gentes para sintonizar con las expectativas de las masas.

Me agradó mucho que Henry Juszkiewicz tocara este tema desde la perspectiva de los negocios, porque resulta crucial entender la relación entre un mensaje correcto y productos o servicios destructores de paradigmas:

La gente no comprende el contexto emocional de la mente humana. En esen-
cia, la destrucción de paradigmas sólo tendrá éxito si haces que con ella la gen-
te se sienta mejor consigo misma.

En esto los mercadólogos suelen errar el tiro por completo. Para poder dar
a una persona lo que necesita, debes entrar en su cabeza. Nosotros descubrimos
que la gente deseaba afinación automática, pero la llamamos afinación robóti-
ca, porque lo automático hacía sentir tontos a nuestros clientes. En el caso de
las guitarras, el contexto emocional de una palabra como "automático" es ne-
gativo, mientras que comprar algo robótico es estar a la moda.

Así que nuestra primera publicidad fueron cinco videos de YouTube que no
tenían nada que ver con el producto. Uno de ellos era especialmente gracioso,
porque en él una guitarra robot hipnotiza a un guardia y escapa de la fábrica.
Era una guitarra de verdad, pero no tenía nada que ver con la función de afina-
ción. Era sólo un personaje. En otro video, la guitarra robot destruye una guitarra
Fender. Esto no tenía nada que ver con la afinación, pero sí con la imaginación,
y a la gente le gustó porque era divertido.

Muy a menudo las empresas se centran casi exclusivamente en la "cosa",
y se olvidan de las personas que, a la larga, comprarán y usarán esa "cosa". El
componente creativo es tan importante como las particularidades técnicas, y
por eso la imaginación es decisiva para desarrollar productos que no sólo sa-
tisfagan nuestras necesidades, sino que también las redefinan por completo.

EL LENGUAJE DE LA PULVERIZACIÓN
DE PARADIGMAS

La pulverización de paradigmas no concierne únicamente al producto. Con
frecuencia también tiene que ver con el lenguaje y mercadotecnia usados
para vender el producto. Por ejemplo, los jeans son jeans y ya, ¿verdad? Pues
no. Para el empresario del vestido Gene Montesano, dar con el nombre indicado para sus jeans fue un golpe de inspiración o un acierto casual, pero
de todos modos brindó resultados que rebasaron sus expectativas:

Tenía una exitosa compañía llamada Bongo Jeans. Estaba casado, tenía una lin-
da mujer y dos hijos y ninguna preparación formal, así que no dejaba de pen-
sar en lo afortunado que era. Un día estaba en un restaurante chino y, al mirar
al otro lado de la calle, vi un anuncio que decía Won Luck Dong. Luego vi que
la salsa de soya en mi mano decía Lucky Soy Sauce (bueno, Lucky Brand Soy
Sauce), y pensé: "Lucky Brand Jeans... No suena nada mal."

PALABRAS DESTRUCTORAS DE PARADIGMAS QUE DEBEMOS DESECHAR

"Imagina la posibilidad de integrar cualquier aplicación de terceros o heredada para contar con un tablero central de mercadotecnia en línea."

"Desarrollamos tu empresa sacando la proverbial caja negra del flujo de conversión."

"Nuestra vía multicanales a la tecnología de conversión ha generado un incremento en el ROI de nuestros anunciantes en comparación con las ventas de los últimos años."

EL PEOR ENUNCIADO DE MERCADOTECNIA EN LA HISTORIA

"Seguimos enriqueciendo nuestro instrumental para mercadólogos de alto rendimiento y ampliando las capacidades de búsqueda, correo electrónico y medios sociales de los anunciantes, para conectarlos con más puntos de distribución de sus anuncios." (Treinta y tres palabras, cuando habría bastado con una docena.)

PALABRAS DESTRUCTORAS DE PARADIGMAS QUE DEBEMOS EMPLEAR

"Gasta con eficiencia. Optimiza con eficacia. Crece en forma exponencial."

Armado de un buen nombre, Montesano buscó la manera de distinguir sus jeans de docenas de marcas competidoras. También esta vez una estrategia lingüística llevó sus jeans de lo ordinario a lo extraordinario:

Poner "Lucky You" ("Suertudo") en la bragueta fue un trancazo. Siempre me han gustado las mujeres, y supuse que aquél era un lugar apropiado para jugar con esa frase. Mi único problema era si debía decir "Lucky Me" o "Lucky You". Me decidí por "Lucky You", porque era más gracioso. Fue un momento crucial. Pronto me enteré de que la gente se ponía nuestros jeans gracias a ese diseño. Era algo de lo que hablaban.

Motensano forjó en unos años una marca nacional no sólo fabricando un producto que la gente necesitaba, sino también rotulándolo de tal forma que se distinguiera de la competencia. Antes, el único caso de prendas cuyo número de modelo conocían los consumidores era el de los jeans 501 de Levi's.

Así que, con poco dinero para mercadotecnia, a Montesano se le ocurrió una idea novedosa: ¿por qué limitarse a un número? ¿Por qué no añadir un mensaje a cada par de jeans? La idea empezó a cobrar forma. Dice Montesano:

> Cuando iniciamos la Lucky Brand, pensamos: "¿Cómo podrían saber de nosotros? ¿Cómo podría la gente enterarse de nuestra existencia?". Así, en la parte trasera de cada pantalón pusimos la etiqueta con el número de modelo, y una etiqueta suelta que decía: "Úsanos, te dará suerte", para que nunca se quitara. La gente creyó que esa etiqueta debía estar ahí, y que si la cortaba, se arriesgaba a no tener suerte. Así que todo mundo comenzó a ordenar los jeans usando el número de modelo, como habíamos previsto.

Por último, comprendiendo que, además del comprador mismo, también el punto de venta es el consumidor, Montesano hizo algo que nadie había hecho antes: volver deseables sus productos para quienes los venden, no sólo para quienes los compran.

> Quería que las tiendas demandaran mis jeans, así que diseñé una caja blanca con tréboles que decía: "Buena suerte y larga vida a quien abra esta caja", y a veces hasta metíamos un premio. Imagina a un empleado del departamento de acopio de Nordstrom que tiene que abrir un montón de cajas pero que ve una que dice: "Buena suerte y larga vida a quien abra esta caja." En algunas incluíamos fortunas, así que quien las encontraba decía: "¡Vaya!". (Pausa). Pero tuvimos que dejar de usar esas cajas, porque la Lucky Brand se hizo tan famosa que la gente asaltaba las camionetas de UPS en busca de cajas blancas con tréboles.

Seamos claros. Los ganadores no sólo imaginan el futuro. También lo explican. Las palabras que aparecen en seguida deberían convertirse en componentes básicos de tu vocabulario, porque contribuirán a que los demás visualicen un futuro más optimista.

Tienes derecho a... despierta expectativas y da licencia a la gente para exigir algo más que lo establecido. También confirma el deseo inherente a la mayoría de buscar mejoras constantes. "Mereces..." cumple el mismo objetivo, pero no es tan afirmativo. El "derecho" a algo es más fuerte que "merecer" algo, aunque ambas expresiones aluden a un empoderamiento deseado (como se detallará más adelante).

Impacto innovador comunica el permanente beneficio personal de una pulverización de paradigmas en un contexto individualizado, personalizado y humanizado. Para mí, TiVo fue una tecnología así hace una década. En cuanto a los muchachos de hoy, el envío de mensajes de texto por teléfono ha alterado radicalmente las relaciones personales y la vida cotidiana.

FRASES CLAVE DE LA PULVERIZACIÓN DE PARADIGMAS

1. Mereces.../Tienes derecho a...
2. Impacto innovador (en vez de "transformación")
3. Avance
4. Enfoque forense
5. Rediseñado
6. Ingenio estadunidense
7. Tecnología para el consumidor
8. Protegido por patente
9. Lo neonormal
10. ¡Guau!

Si puedes demostrar que lo que ofreces es "innovador", ofrecerás extraordinario valor (aunque sólo si realmente cumples; usa este lenguaje sin respaldar tu afirmación y perderás credibilidad). El problema del término "transformador", de uso más frecuente, es que nadie sabe qué significa, para qué sirve o por qué importa. Siempre se le ha considerado el último, o casi, de los atributos que la gente desea.

Avance es la modalidad de innovación más importante y radical, e indica un acontecimiento que cambia las reglas del juego. Cuando la gente oye la palabra *avance* supone que se refiere a algo que nunca ha visto o experimentado, y que el cambio implicado es tajante y significativo en muchos niveles.

Enfoque forense debe su credibilidad a la serie *Crime Scene Investigation* (*La escena del crimen*, CSI) y a la popularidad de los detectives en la televisión. La gente estima que el "enfoque forense" llega un paso más allá de lo completo: es más preciso, clínico y detallado. Ésta es la mejor manera de aludir a la seriedad de tu esfuerzo.

Rediseñado es un término propio de la industria automotriz, pero también se aplica a otras áreas de tecnología de punta. Francamente, es una manera sofisticada de decir "nuevo y mejorado".

Ingenio estadunidense es una personalización (patriótica) del proceso estadunidense de pulverización de paradigmas. Casi todas las frases clave de este capítulo se refieren al resultado para el usuario final, porque a la mayoría los resultados le interesan mucho más que el proceso. Ésta es la excepción. "Ingenio estadunidense" alude a los pasos extraordinarios que fue/es preciso dar para conseguir algo, y añade un motivo patriótico que será apreciado por la inmensa mayoría de los estadounidenses.

Tecnología para el consumidor responde directamente a la pregunta "¿Qué significa esto para mí?". Innovación, tecnología y diseño sugieren una mejora en un producto, servicio o experiencia; pero cuando ésta se hace pensando en el consumidor, la gente supone que la sentirá y apreciará. Antes de quebrar, por ejemplo, la mayoría de las compañías automotrices estadunidenses eran magníficas para dar especificaciones técnicas, pero ineptas para demostrar el valor de sus mejoras de diseño. Al final se dieron cuenta de que si la gente no comprende lo que eso quiere decir para la experiencia de manejo, no apreciará ni reconocerá siquiera el esfuerzo tecnológico.

Protegido por patente es mucho más impresionante que "marca registrada", porque indica una garantía legal a largo plazo de la viabilidad de la tecnología en cuestión. *Marca registrada* sugiere exclusividad, pero sólo por el momento. La gente pagará más por una tecnología o producto protegido por patente.

Lo neonormal no es frecuente aún en la charla informal, pero la gente lo entiende de inmediato. En la década de 1990, el equivalente era "reinvención", lo que indicaba una mejora constante, continua y positiva. En 2009 entró al vocabulario la palabra "reinicio", para señalar que nuestras actitudes, expectativas y conducta deben modificarse (es decir, retroceder en el tiempo) a la luz de los persistentes apuros económicos. "Lo neonormal" es más positivo que "reinicio", porque sugiere además estabilidad. También puede ser estimulante. Un "avance" en tecnología, productos o servicios conduce a una mejor condición humana "neonormal".

¡Guau! Francamente, la sola palabra lo dice todo. Cuando alguien exclama: "¡Guau!" –como al ver su primer iPad–, no importa nada más.

Personalizado debería incluirse tal vez en esta lista, porque es un ingrediente esencial de la experiencia humana. Uno de los rasgos comunes de los ganadores destructores de paradigmas es su capacidad para influir en los individuos de modo personal, uno a uno, más allá de que los conozcan o incluso sepan que existen. Gran parte de lo que compramos hoy se personaliza para ajustarlo a nosotros, tendencia que se acelera en forma creciente. Quizá sigamos siendo incapaces de elegir la integración exacta de la televisión por cable que deseamos, pero ahora ya podemos personalizar también nuestros coches y nuestros tenis (gracias, Nike), para volverlos tan particulares como nuestros iPods. Los ganadores ofrecen personalización en todo lo que hacen, y su lenguaje refleja eso.

Más sobre "Tienes derecho a…" y "Mereces…"

Páginas atrás me referí brevemente a la necesidad de crear un escenario artificial de insatisfacción para que la gente entienda dónde encaja tu producto o idea en su vida, ya que, por definición, tu superartefacto destructor de paradigmas le es ajeno. Tú tienes que generar esa demanda. Debes generar la demanda del Amazon Kindle para que la gente esté dispuesta a soltar doscientos cincuenta dólares por una versión electrónica de algo que puede obtener gratis en una biblioteca. Debes generar la demanda de la televisión tridimensional para que la gente gaste miles de dólares en ella y se ponga unos anteojos ridículos. Y la mejor manera de generar demanda es emplear un lenguaje que produzca una sensación de emancipación, y que le explique a la gente que tendrá más (tiempo, dinero, opciones, cualquier aspecto de tu superartefacto que puedas vincular con sus deseos básicos) si te escucha.

En contraste, quienes intentan vender cosas de las que aún no se sabe nada –o que ni siquiera han sido concebidas– la tienen mucho más difícil. Deben generar una sensación de emancipación logrando que el consumidor se pregunte: "¿Por qué todavía *no* tengo eso?". Hasta que la gente se convenció de que era una desventaja no tener el iPad o el Kindle, no se sintió muy motivada a comprar ninguno de los dos. Quizá tenía un reproductor portátil de CD que funcionaba bien, mientras que los libros, por su parte, han cumplido óptimamente su labor en los últimos quinientos años.

Desde el punto de vista del lenguaje, dos frases recogen inmejorablemente esa sensación de emancipación: "Tienes derecho a..." y "Mereces...". Un buen ejemplo de esto, tomado de la política, fue la respuesta al informe presidencial de 2006 en Estados Unidos, a cargo del entonces gobernador de Virginia, Tim Kaine, quien más tarde fue presidente del Comité Nacional Demócrata. Ésa fue la primera y única vez en mis once años de asistir a dichas ceremonias en que la respuesta fue mejor que el informe. Lee estas líneas y entenderás por qué:

> *Sea cual sea tu filosofía política o el estado que consideres tu hogar, tienes derecho a suponer que el gobierno te brindará resultados. Cuando ocurre un crimen o incendio, supones que la policía y los bomberos tendrán las herramientas necesarias para responder. Cuando hay un desastre natural, esperas una respuesta eficazmente dirigida. Cuando mandas a tus hijos a la escuela, supones que se les preparará para el éxito. Y tienes derecho a suponer que el gobierno será fiscalmente responsable, pagará sus cuentas y no gastará más de lo que tiene.*

Con un lenguaje efectivo como éste, no es de sorprender que Kaine haya sido uno de los finalistas en la carrera a la nominación por la vicepresidencia en la fórmula de Barack Obama, ni que se le haya elegido líder del Partido Demócrata.

LECCIONES DE LUNTZ

REGLAS PARA ROMPER LAS REGLAS

1. **Acepta el riesgo**
   Admite que puedes fracasar, pero que de cualquier forma puedes seguir luchando. No *des* por hecho que fracasarás, porque ocurrirá. Pero todo aquel que incursiona en la pulverización de paradigmas tiene que aventurarse. Las reglas vigentes existen por una razón, a menudo porque han arraigado en el hábito humano, poderosa fuerza por vencer. Tu nueva idea quizá no sea mejor. Y aun si lo es, podría no ser aceptada. O podría cambiar al mundo. Si el riesgo te hace sentir incómodo, la destrucción de paradigmas no es para ti.

2. **La pulverización de paradigmas es exploración concentrada**
   Sin concentración, tu *actividad* no se traducirá en acción. Busca sin cesar reglas nuevas para volver lo simple más simple y más genuino aún. Identifica la necesidad. Destila tu búsqueda hasta alcanzar su forma más pura. Sintetiza una solución nueva y mejor. Los destructores de paradigmas son tan químicos como artistas.

3. **La pulverización de paradigmas *debe subordinarse* a la priorización de la gente**
   No es casual que el capítulo dedicado a primero la gente haya sido anterior a éste. Los ganadores no destrozan paradigmas por gusto. Lo hacen para mejorar la condición humana (lo que en última instancia explica que un producto se venda, o se gane una elección). Antes de inquirir: "¿Por qué no?" (la pregunta por excelencia de la destrucción de pardigmas), debes examinar la condición humana tal como es e identificar sus insuficiencias.

4. **La comunicación es importante**
   Los mejores líderes revolucionarios se comunican como si fueran gradualistas. La innovación individual que los ganadores promocionan se mueve a la velocidad de la luz, pero la adopción social de esa innovación avanza a paso de tortuga. Los mejores destructores de paradigmas se sirven de la comunicación para equilibrar ambos extremos.

5. **Sé *valiente* y defiende tu nuevo y mejor enfoque**
   Ten agallas para sostener tu descubrimiento. Da por sentado que la gente se resistirá, cuestionará y ridiculizará. Ya sea que perturbes artículos de fe o simples hábitos humanos, pones el dedo en la llaga. Ten la seguridad de que la aflicción precederá a la recompensa.

LECCIÓN DE LENGUAJE DE LUNTZ:

Cada uno de los enunciados siguientes procede de un distinguido director general estadunidense y versa sobre el camino al futuro en estos difíciles tiempos. Sin saber nada acerca de cada uno de estos individuos, ¿a cuál de ambos respetas y admiras más con base en su declaración?

Lenguaje ejemplar
Nunca dejaremos de innovar. Ofrecer mejores productos nos mantendrá siempre a la cabeza. Cualquiera que sea su ramo, una compañía siempre puede realizar mejor su tarea o abordar mejor un nuevo mercado o necesidad insatisfecha. En una economía tan competitiva como la nuestra, todo se reduce a "innovar o morir". Me he comprometido a no dormirnos jamás en nuestros laureles. En todo momento preguntaré: ¿qué necesitará el cliente mañana, y cómo podemos dárselo hoy?

Lenguaje imperfecto
No examinamos el precio de las acciones en términos de cómo tomamos decisiones. Queremos tomar decisiones de largo plazo que aporten valor de largo plazo para nuestros accionistas. Obviamente, nos satisface haber tenido un muy buen año en términos de saneamiento de la compañía, a fin de volver a nuestra actividad básica.

5

PRIORIZACIÓN
Gana seguridad paso a paso

*No sé cuál es la clave del éxito, pero la del fracaso
es querer complacer a todos.*
—BILL COSBY

*Ganar un Emmy no es lo más importante en la vida. Corrijamos nuestras
prioridades. Todos sabemos que lo que realmente importa es ganar un Óscar.*
—ELLEN DEGENERES

La clave no es priorizar tu agenda, sino agendar tus prioridades.
—STEPHEN R. COVEY

Si eres como yo, pasarás mucho tiempo viajando, viviendo en hoteles y comiendo lo que sea cuando buenamente puedes hacerlo.* Esto suele derivar en la aceptación de los bufets como fuente alimenticia de último recurso. Elemento común de los hoteles, la variedad de un bufet tiende a hacer alarde de incontables modalidades de misteriosas carnes, "verduras" y vasijas de dulces empalagosos en calidad de postres que se alojan de inmediato en las piernas. El bufet es lo más estadunidense que te puedas imaginar: opción, libertad, diversidad y abundancia, todo en un mismo sitio.

Dado que en un bufet puedes comer de todo, sueles hacerlo. Pero por alguna razón, no obtienes de ello muchos beneficios, salvo un grave dolor

---

* Yo debería convencer a la compañía dulcera Mars de crear la dieta M&M, golosinas que me han mantenido vivo desde 1995. En todos los centros de grupos de sondeo se ofrecen orgullosamente M&M, muchas veces en el propio muñeco expendedor de esta marca, de cuyo brazo tiras para recibir un puñado de dulces. Casi te hace creer que haces ejercicio.

de estómago. Sustituye "modo de vida estadunidense" por "bufet" y "estrés y dolores de cabeza" por "dolor de estómago" y comprenderás por qué los bufets abren este capítulo sobre la priorización. Más no equivale a mejor. De hecho, suele ser peor.

La razón de que ni siquiera el mejor bufet le llegue a los talones a una comida en French Laundry de Thomas Keller, Citronelle de Michael Richard o J&G Steakhouse de Jean-Georges Vongerichten es que intenta abarcar demasiado. Así, termina haciendo mal muchas cosas en vez de hacer muy bien unas cuantas. Con presupuesto y recursos limitados, no es posible ofrecer treinta platillos excepcionales. Pero si esa cifra se reduce, tal vez sí se pueda. Cualquier bufet en el que se te cobrara lo que realmente cuesta brindar un producto de calidad universal pondría en peligro el pago de tu hipoteca. Y peor todavía, por lo general vamos a bufets cuando queremos comer mucho y pagar poco. Aquí es donde entran las carnes misteriosas y las salsas secretas.

Pon mucha atención la siguiente vez que vayas a un restaurante de lujo. El menú se concentra en ciertas especialidades, es coherente y de ejecución impecable. A lo sumo tendrá dos páginas, aunque por lo común sólo una. Todo restaurantero de éxito que haya sondeado a sus clientes sabe que la extensión perfecta de un menú son dos páginas, una de entradas, sopas y ensaladas y otra de platos fuertes. Menos que eso se juzga demasiado restringido o poco creativo. Más, hace pensar que habrá platillos buenos y malos.

¿Qué tiene que ver con ganar toda esta cháchara sobre comida?

En la política y los negocios, los ganadores poseen una rara habilidad para priorizar: para distinguir entre lo que *tiene* que hacerse y lo que *debería* hacerse. Esos individuos son capaces de concentrarse por entero en sus prioridades, y destinar a ellas todos sus recursos. Esto les permite prometer poco y hacer mucho. En una época de desconfianza en las instituciones en la que todos prometen el cielo y las estrellas y lo que dan son cacahuates (y conste que éste no es un chiste sobre Jimmy Carter), hacer lo contrario te da inmediato realce.

No es de sorprender entonces que la capacidad para definir lo que más importa, para ordenar las tareas y asignar recursos con base en prioridades que todos conocen, gire en torno a una comunicación clara. Podrás hacer lo indicado en el orden correcto y en el momento justo sólo si toda tu organización comprende qué es lo importante y por qué.

SIETE SEGUNDOS

Otro rasgo esencial que distingue a los ganadores de todos los demás individuos es la administración de su tiempo. No hay ganador, de cualquier profesión, que no sea notoriamente eficaz y eficiente en la asignación de su tiempo. Para el ojo inexperto, lo que una persona así consigue en un día cualquiera es inconmensurable. Pero los ganadores *no cesan* de pensar, trabajar y hacer, y lo logran más rápido y mejor que los demás. Hay libros enteros sobre cómo sacar el máximo provecho a cada día, así que no dedicaré mucho tiempo a este tema. Pero tengo una lección de administración del tiempo de Rich DeVos, fundador de Amway, que vale la pena citar brevemente:

> *Ser director es divertido. Te sientas en tu inmensa oficina y la gente llega a verte. Pero quita mucho tiempo, así que yo acabé por decidir que ya no recibiría a nadie en mi oficina. Si alguien llegaba a verme, yo decía: "Voy en seguida", y lo atendía en la recepción para saber qué quería: dinero, empleo, lo que fuera. Conversaba ahí con él, de pie, cinco minutos, y regresaba a mi oficina. Pero si la gente se sienta en tu oficina, dedicará cinco minutos a elogiarla. Cuando por fin te diga lo que quiere, ya habrá pasado media hora o cuarenta y cinco minutos. Ésta no es una manera eficiente de administrar el tiempo.*

Articular rápidamente tus prioridades es uno de los componentes más importantes de la comunicación. Las primeras palabras producen la primera impresión, para la cual sólo dispones de unos cuantos preciosos segundos. Tu público llega a la sala con su propia serie de prioridades; el tiempo que te dedica es tiempo que no invierte en sus compromisos. Así, para poder metértele en la cabeza y conseguir su atención, tienes que actuar rápido. Si la primera impresión que causas es suficientemente impactante, la gente la recordará siempre. De lo contrario, la olvidará, y también a ti. Quizá puedas identificar sin ayuda de Google a los autores, actor y cantante asociados con las siguientes líneas iniciales:

- "Era el mejor de los tiempos, el peor de los tiempos…"
- "Llámenme Ismael."
- "Rosebud."
- "Sueño con una blanca Navidad."

Todas estas líneas producen una primera impresión indeleble; son enunciados eficaces, concisos y elocuentes que llaman tu atención y se resisten a diluirse.

La gente te juzga como persona en siete segundos, y a tus ideas en treinta. Si no deja de verte, te está brindando una oportunidad. Pero en cuanto te quita la vista de encima, se acabó; si los ojos vagan es porque la mente ha sido la primera en marcharse, de puntitas. No es casual que el medio de comunicación política más efectivo sea el comercial de treinta segundos. Esto es justo lo que dura la concentración de la mayoría de los estadunidenses cuando se trata de convencerlos de algo. Pero tú no retendrás esa atención treinta segundos siquiera si no empiezas con el pie derecho.

La brevedad es la marca distintiva de la comunicación satisfactoria, y se da poco. Nadie conoce mejor la importancia de la inmediatez y la claridad que la ejecutiva cinematográfica Sherry Lansing.

> *La argumentación perfecta es apasionada, clara y sencilla, todo en cinco minutos. Cuando yo daba mi anuencia a una idea y quince minutos después seguía hablando la misma persona, me asustaba y pensaba: "Este sujeto ya no me agrada tanto como hace unos minutos; ¡tal vez será mejor no hacer su película!".*

Pero si bien la primera prioridad eres tú, la segunda son los otros para determinar con precisión qué es lo que más le importa a la mayoría. Fred Smith, director general de FedEx, resume a la perfección sus prioridades en una frase: "Si preguntas a un empleado de FedEx qué es la Promesa Púrpura, responderá: 'Volver sobresaliente toda experiencia con FedEx.' Nada de palabrería. Es simplemente lo que todos debemos hacer a diario." ¿La prioridad número uno de Smith? Predecibilidad, casualmente la principal prioridad en Estados Unidos también.

Smith es uno de los directores generales con más presencia pública en ese país, pues con frecuencia aparece en los medios para promover el valor del liderazgo corporativo eficaz. Pero dentro de su compañía, su misión es promover la comunicación efectiva:

> *Gran parte de lo que acontece en el ámbito corporativo es un galimatías. La gente no entiende lo que dices. Por eso, la Promesa Púrpura es una frase perfecta. Lo condensa todo, ya que el púrpura es el color representativo de FedEx. Y hace saber a todos lo que uno quiere. Hay que tener habilidad para comunicarse con claridad. De hecho, quien no puede comunicarse, no lo hará ni dedicará tiempo y esfuerzo a la comunicación, no podrá ser líder en FedEx. No puede ser un gerente de primer nivel. La capacidad de comunicación es esencial. Es una responsabilidad.*

Smith advirtió desde los inicios de Federal Express que priorizar la comunicación efectiva era esencial no sólo para los consumidores, sino también para los empleados.

Puesto que este libro trata de política tanto como de negocios, resulta lógico que nos ocupemos de lo que los estadunidenses más desean día tras día de su economía. La respuesta en la actual situación económica es, por mucho, estabilidad.

LOS ESTADUNIDENSES PIDEN A GRITOS PREDECIBILIDAD

¿Qué de lo siguiente deseas más en tu vida diaria?*
(*Elige dos respuestas*)

Estabilidad	49%
Oportunidad	34%
Revitalización	27%
Vuelta a la libertad económica	27%
Seguridad	22%
Prosperidad	13%
Regularidad	9%
Renovación	8%
Éxito	7%
Nada de lo anterior	5%

*Fuente: The Word Doctors, 2010.

Con todo lo que ha ocurrido en Wall Street y Main Street, la gente desea volver a la normalidad para recuperar parte del control sobre su vida cotidiana. Pero pese a lo importante que la "oportunidad" ha sido para el carácter estadunidense, hoy es un derecho secundario. "Estabilidad", "predecibilidad" y "ausencia de sorpresas" constituyen una gran necesidad emocional articulada a menudo en mis grupos de sondeo, pero rara vez por líderes empresariales o políticos. Dicen que nada es seguro en la vida, pero garantías es lo que hoy imploran millones de estadunidenses. Los individuos y empresas que puedan demostrar que lo que ofrecen allana los altibajos y brinda más certidumbre, hallarán empleados, clientes y accionistas muy receptivos. De hecho, no me cabe la menor duda de que una nueva generación de ganadores habrá de nacer de la escuela de "ausencia de sorpresas" de la mercadotecnia y la comunicación. Ya lo verás.

UN ESTUDIO DE CASO CORPORATIVO

¿Cómo le hace Johnson & Johnson (J&J) –legendaria compañía con ciento veinticinco años de historia y costumbres– para superar sistemáticamente a gigantes innovadores e ilimitados como Amazon, Southwest Airlines y Microsoft entre las organizaciones más admiradas, respetadas y serias del mundo? La respuesta: fija prioridades claramente definidas. Esta empresa sabe qué importa y en qué orden. Y se apega todos los días a sus prioridades, pase lo que pase. La congruencia es la piedra angular de las grandes marcas: genera confianza, ventas y, en definitiva, ganancias. Quizá por eso J&J rebasa sistemáticamente el desempeño del índice bursátil Standard & Poor's (S&P), y ha logrado setenta y seis años consecutivos de aumento de ventas y cuarenta y siete de incremento de dividendos para sus accionistas, aun en periodos de penuria económica.

Todo comienza con su credo. Nótese que, a diferencia de la mayoría de las compañías, no se trata de una visión, de una declaración de misión ni siquiera una misión. Un credo es un sistema de principios o certezas, y eso es lo que guía los actos y decisiones de las ciento catorce mil personas que trabajan en las doscientas cincuenta compañías de este grupo, el cual opera en sesenta países del mundo entero. Ese credo indica a todos, dentro y fuera de la compañía, qué va primero siempre, y puede resumirse así:

> *Creemos que nuestra primera responsabilidad es con los médicos, enfermeras y pacientes, las madres y los padres y todas las demás personas que usan nuestros productos y servicios. Para satisfacer sus necesidades, todo lo que hacemos debe ser de alta calidad.*

Adhiriéndose a este credo, J&J también comunica públicamente las prioridades de su organización en su página en Internet, para que todos las vean. Está muy claro qué es lo que más importa. Cada una de las siguientes "Prioridades de crecimiento", propuestas en 2010 por Bill Weldon, presidente y director general de J&J, se ajusta apropiadamente a al menos una categoría de *Ganar*:

- **Productos innovadores:** Nuestro crecimiento se ha basado siempre en innovaciones científicas que resuelven de modo significativo necesidades insatisfechas de pacientes y clientes. Esto nos ha convertido en líderes del mercado, el número uno o dos, en muchas de nuestras ramas de actividad. Seguiremos atentos a ofrecer productos innovadores, accesibles y efectivos –y modelos de negocios totalmente nuevos– que se encarguen de las imperiosas necesidades de salud del momento. *(Primero la gente)*
- **Conductos firmes:** Debemos identificar, invertir en y gestionar continuamente el desarrollo de un firme conducto de medicamentos, aparatos y productos nuevos. Tenemos planes para utilizar una combinación de fuentes internas y externas para sostener conductos que nos brinden una ventaja competitiva. Suponemos fundamentalmente que los

nuevos productos que hoy emergen de nuestro conducto acelerarán la proporción de nuestras ventas por concepto de productos recientes. *(Pulverización de paradigmas)*

- **Presencia global:** Como líderes mundiales en salud, debemos seguir ampliando nuestra presencia y ejecutando nuestras estrategias en la forma más adecuada para los diversos mercados y clientes. Nuestro enfoque será estratégico, efectivo y rentable para atacar las necesidades locales. *(Priorización)*
- **Personas talentosas:** Nuestra extraordinaria y diversa fuerza de trabajo sigue siendo nuestra piedra angular, así que debemos desarrollarla, retarla, motivarla y recompensarla para que tenga éxito. *(Persuasión)*

¿Cómo ayuda la priorización a J&J a ganar de forma sistemática? Considérese la crisis de Tylenol de septiembre de 1982, cuando siete personas murieron a causa de cápsulas de ese medicamento que contenían cianuro. J&J no se cruzó de brazos ni ignoró las evidencias crecientes de un problema real, como hizo Toyota en el caso de su acelerador en 2009, ni esperó a que la crisis pasara. No se puso a discutir de quién era la culpa, como hizo British Petroleum (BP) en el derrame de petróleo en el Golfo de México en 2010, ni minimizó la preocupación pública. No alegó inocencia ni pretendió ejercer su superioridad en el mercado, como hizo Goldman Sachs, para evitar la condena. En cambio, actuó de inmediato, porque sabía que su "primera responsabilidad es con los médicos, enfermeras y pacientes, las madres y los padres y todas las demás personas que usan nuestros productos y servicios".

Si la responsabilidad personal no hubiera sido motivación suficiente, un descenso de dieciocho por ciento en las acciones de J&J y la creciente demanda de productos de la competencia como Datril y Anacin-3 añadieron urgencia a los actos de la compañía. Ésta retiró al instante de las tiendas *todos* los productos Tylenol, y canceló toda su publicidad. De hecho, aun después de que la Food and Drug Administration (Oficina verificadora de alimentos y medicinas, FDA) determinó que la manipulación del producto se había realizado en una tienda y no en la manufactura, J&J siguió asumiendo la responsabilidad por los consumidores afectados por esta tragedia.

Luego llevó a cabo una triple campaña de respuesta a la crisis. Primero, en vez de mantener a distancia a la prensa, trabajó de cerca con ella para mantener informado al público y disipar rumores antes siquiera de que surgiesen. Segundo, transmitió un único anuncio en el que explicó cómo canjear cápsulas de Tylenol por tabletas o dinero. Por último, para reparar el daño de una tragedia que también lastimó a la compañía, no sólo a sus clientes, en periódicos de todo Estados Unidos ofreció un cupón de descuento de 2.50

dólares sobre todos sus productos Tylenol, para reembolsar a los consumidores las cápsulas de esa marca que hubieran desechado a raíz de la manipulación del producto. Este cupón dio muestras de un sentido de responsabilidad corporativa demasiado escaso en la actualidad, y además concedió incentivos a los consumidores, antiguos y nuevos, para comprar productos Tylenol en diferentes presentaciones.

Semanas después de la crisis, la FDA emitió pautas de presentaciones no manipulables por aplicar en toda la industria de alimentos y medicinas. Con objeto de recuperar la confianza del consumidor, J&J empleó tres capas de protección, dos más de las recomendadas. Apenas unos meses tras el incidente, J&J había conseguido grandes avances en la recuperación de su participación de mercado en analgésicos, y en poco tiempo recobró a más de noventa por ciento de sus clientes de Tylenol. Su estratégica, honesta y abierta gestión de esta crisis valió al entonces director general, James Burke, un lugar en el National Business Hall of Fame (Salón Nacional de la Fama de las Empresas), honor que le fue otorgado en 1990. Burke logró impedir la desaparición de Tylenol porque supo analizar el problema, encontrar una solución y ejecutar, ejecutar, ejecutar.

De hecho, según Michael George, gurú de la eficiencia corporativa y autor de *Lean Six Sigma* (Seis sigma esbelto), exitosa estrategia de negocios para reducir el desperdicio, abatir costos, aumentar los ingresos y potenciar a los empleados, Burke es modelo del ejecutivo de éxito. Explica este autor: "Un ejecutivo de éxito es una persona que analiza un problema, describe como solución un concepto estratégico, tiene colaboradores que traducen las estrategias en tácticas específicas, define los parámetros de desempeño para alcanzar ese objetivo estratégico y se cerciora de que todo se cumpla. Tal vez tenga que despedir a su mejor amigo para lograrlo, pero aplicará todos los recursos necesarios al cumplimiento de ese objetivo."

¡Increíble!, brutal. Cabe insistir en que resulta imposible atacar una crisis como la de Tylenol si no se está dispuesto a hacer lo que sea con tal de remediar la situación. Y gracias a que Burke hizo justo eso, Tylenol sigue siendo hoy en día una de las marcas de confianza en Estados Unidos.

Para desgracia de J&J, la historia se repitió en 2010, cuando esta corporación tuvo que hacer frente a un pueblo angustiado y a una ríspida audiencia en el Congreso a raíz del retiro de cuarenta y tres medicinas para niños que se vendían sin receta, entre ellas presentaciones líquidas de Tylenol, Motrin, Zyrtec y Benadryl. La FDA detectó varias "deficiencias de fabricación" que databan al parecer de tiempo atrás. Aunque no se sabía de ninguna repercusión de salud debida a ese problema de control de calidad, J&J anunció de nuevo el retiro voluntario de todos los productos en todos los países afectados, incluido Estados Unidos. Y de nuevo, la compañía salió ilesa. En la audiencia celebrada el 27 de mayo de ese año ante el Congressional Committee on Oversight and Government Reform (Comisión de supervisión y reforma gubernamental del Congreso), Colleen Goggins, presidenta mundial del Consumer Group (Grupo de productos de consumo) de Johnson & Johnson, exhibió claridad y contrición:

> Los problemas de calidad y proceso que hallamos en McNeil, tanto los que desembocaron en el retiro de mercancía como otros, son inaceptables. A nombre de McNeil y Johnson & Johnson, ofrezco disculpas a madres, padres y cuidadores por la alarma causada, así como por las incomodidades provocadas por el retiro de mercancía. Johnson & Johnson se adhiere a la labor de esta comisión, y espera que la audencia del día de hoy sea un paso importante para favorecer la comprensión pública del retiro de productos.
>
> [...] Johson & Johnson y McNeil toman en serio estos problemas, y se comprometen a dar los pasos indispensables para que las operaciones de McNeil recuperen el nivel de calidad que Johnson & Johnson demanda de todas sus empresas, y que la sociedad tiene derecho a esperar de ellas.

Goggins hizo lo que Lloyd Blankfein, director general de Goldman Sachs, se negó a hacer cuando se presentó ante los representantes electos del pueblo. Comenzó con una disculpa, que personalizó al referirse a "madres, padres y cuidadores". Aún está por verse cómo manejará J&J las consecuencias de este episodio, entre ellas el descubrimiento de una bacteria de *Burkholderia cepacia* en equipo de manufactura. Pero dado su historial de conductas por convicción, prioridades claras y resolución eficaz de crisis, es muy posible que dé a Toyota, Goldman Sachs y BP una lección de comunicación exitosa.

La gente exige perfección y espera prioridad. Cuando cometas un error grave, admítelo. Cuando causes daño, corrígelo, y da después un paso al frente. Entre tanto, podrías terminar adelante de donde empezaste. Pero si le cargas la responsabilidad a otro, da por sentado que la gente no asumirá la suya.

PRIORIZACIÓN DE POLÍTICAS PÚBLICAS Y DE LA POLÍTICA

El reto de priorizar mensajes también ocurre en el campo de la política y las políticas públicas. Tómese como ejemplo el caso de la reforma educativa en Estados Unidos. En encuestas nacionales, los habitantes de ese país otorgan al sistema de escuelas públicas una calificación de B− o C+, difícilmente un resultado sobresaliente. Pero pese a esta evaluación mediocre, nadie ha priorizado con exactitud qué es lo que debe medirse, probarse, valorarse,

LA VERDAD DE LA EDUCACIÓN PÚBLICA
EN ESTADOS UNIDOS

- Los estadunidenses de 15 años ocupan el lugar treinta y cinco entre cincuenta y siete países desarrollados en matemáticas y lengua nacional.
- Treinta por ciento de los alumnos de escuelas públicas no terminan la preparatoria, de la que cada día desertan siete mil jóvenes.
- De los cincuenta millones de alumnos actualmente en escuelas públicas, quince millones desertarán.
- Veinticinco por ciento de los maestros de matemáticas en escuelas públicas no estudiaron esta carrera ni ninguna afín en la universidad.
- Menos de dos tercios de los egresados de preparatoria son aceptados en universidades cada año.
- La mitad de los preparatorianos afroestadunidenses no terminan sus estudios.
- Al llegar a octavo grado, los alumnos estadunidenses están dos grados abajo de sus iguales internacionales en matemáticas.
- El índice de egreso de la preparatoria de los estudiantes latinos/hispanos es de apenas cincuenta y ocho por ciento.
- Quince por ciento de las preparatorias representan cincuenta por ciento de la deserción en todo el país.
- Ochenta y siete por ciento de los estadunidenses adultos poseen certificado de preparatoria, contra noventa y siete por ciento de los coreanos adultos.
- Hoy, sólo diecisiete por ciento de los estudiantes de cuarto grado de bajos ingresos son aptos en lectura, mientras que cincuenta por ciento está por debajo del nivel básico.
- Más de cinco millones de alumnos asisten a más de diez mil escuelas que incumplen la No Child Left Behind Act (Ley contra el rezago escolar).
- Cada veintiséis segundos deserta un estudiante de preparatoria.
- Cerca de cincuenta por ciento de los jóvenes en ciudades grandes no termina la preparatoria.
- Setenta por ciento de los estudiantes de octavo grado no son aptos en lectura, y la mayoría no lo será nunca.
- Cada año deja de graduarse más de un millón de alumnos del último año de preparatoria.

cuantificarse o estimarse para determinar el éxito de esas escuelas. De hecho, este problema se debe en parte a la ubicuidad de los datos: hay estadísticas para probar cada argumento. Permíteme ofrecerte el siguiente ejemplo: considera los datos que aparecen en el recuadro y elige los dos o tres que más te inquieten (sin encerrarlos en un círculo). Es muy posible que no sean los que más inquieten a otro. Haz la prueba.

PRIORIZACIÓN   115

¿Podrías adivinar cuáles de estas vergonzosas estadísticas son las dos más relevantes para los estadunidenses? Quizá no (la respuesta aparece cinco párrafos más adelante). ¿Importa esto en realidad? Desde luego. ¿Cómo resolver entonces aquella pregunta?

El primer paso es abrirse camino en el bullicio. La única manera de superar la hostilidad ideológica incitada por este alud de datos es preparar la conversación mediante áreas de consenso.

Primero, busca los datos o cifras en los que exista acuerdo generalizado —las palabras, frases y mensajes que se imponen sobre el caos, llaman nuestra atención y son fáciles de aprobar—, y desecha todo lo demás.

Segundo, comienza con un enunciado como "Si sólo van a recordar dos cosas de mi presentación, recuerden éstas..." o "El debate sobre la educación se resume en dos datos trágicos...".

Y tercero, simplemente enumera. (Nota: Si lo haces desde el principio de una exposición, es importante que sigas enumerando tus argumentos conforme los detallas. Cumplirás así dos objetivos. Primero, afianzarás tu credibilidad, y segundo, conservarás la atención de tu público, ya que esperará hasta oír tus últimos argumentos.) Si no eres capaz de ordenar por prioridad tus datos para identificar los puntos más destacados, ¿cómo puedes esperar que los demás coincidan contigo y te sigan?

Ahora bien, ¿qué es lo que más preocupa a los estadunidenses en lo relativo a la educación pública? Con base en amplias investigaciones realizadas para la Bill & Melinda Gates Foundation y la Broad Foundation, las dos cifras sobre este tema que más preocupan al mayor número de personas en Estados Unidos y que garantizan el interés tanto de su corazón como de su mente son:

- Setenta por ciento de los estudiantes de octavo grado no son aptos en lectura, y la mayoría no lo será nunca. Para los padres, un hijo que fracasa en el curso de sus primeros diez años, fracasará toda la vida.
- Cada año deja de graduarse más de un millón de alumnos del último año de preparatoria. Todos comprenden las consecuencias del fracaso escolar, y esta cifra cuantifica claramente esa derrota.

Se trata sin duda de estadísticas impactantes. Apuesto que se grabarán en la memoria de todos los padres y madres que lean este libro. Si tú inicias una conversación con dos datos trascendentes, la gente te pondrá atención. Si relacionas un dato con una consecuencia personalizada, el mensaje tendrá eco. Y cuando pases a exponer tus soluciones, la gente te escuchará con interés e incorporará tu mensaje a su perspectiva personal. Esto es justo lo que los ganadores de la comunicación hacen todos los días.

ÉSTE ES MI ARGUMENTO Y ME ATENGO A ÉL

Otro error común en la priorización es cambiar el mensaje una y otra y otra
vez. Esto fue precisamente lo que sucedió en el debate sobre los servicios de
salud en Estados Unidos en 2009 y 2010. El gobierno de Obama no explicó
con claridad desde el principio por qué la reforma de los servicios de salud
era decisiva para el interés nacional. Primero dijo, justo tras la crisis financiera, que ese proyecto era una respuesta necesaria al vuelco económico. La
reforma de salud supuestamente contribuiría a la recuperación económica,
al poner bajo control los exorbitantes costos de la atención médica. Luego
la explicación cambió: había una obligación moral con quienes carecían de
seguro de salud. Posteriormente fue la reducción del déficit. Después... quién
sabe.* Sólo nos dijeron que tenía que hacerse ya. Así, en un momento dado,
la mayoría de las encuestas fijaron el apoyo público a esa reforma en treinta
y siete a cuarenta y dos por ciento, y finalmente se aprobó sin un solo voto
republicano en la Cámara ni el Senado, más cierta oposición demócrata.
Nunca en la historia de Estados Unidos una ley tan relevante había sido
aprobada sin voto alguno del partido de oposición.

Hay una lección importante aquí, más allá de tus convicciones políticas. Desde un principio fue obvio que la prioridad del presidente Obama
—la reforma de salud— no coincidía con la de la población, que, según todas
las encuestas, era el empleo. Claro que gracias a su mayoría en el Congreso
y a su disposición a torcer las reglas de procedimiento, los demócratas lograron sacar adelante su agenda legislativa. No obstante, la argumentación
republicana era mucho más clara ("Di no") y persuasiva ("No permitas que
el gobierno se apodere de los servicios de salud"). Los republicanos recu-
peraron el control de la Cámara de Representantes en noviembre de 2010
gracias a su persistente claridad y oposición. Para los estadunidenses que
apoyaron esa reforma, ha de ser frustrante saber que esa histórica victoria
se logró sin el respaldo de la mayoría de sus compatriotas, aunque hoy comprenden la importancia de priorizar los mensajes. Sin esto, la gente simplemente no oye. Y para los que se opusieron a esa ley, sin duda es una victoria hueca haber triunfado en el tribunal de la opinión pública pero no en la
sala de debates del Congreso.

---

* La justificación dada por el gobierno de Bush a la guerra en Irak padeció el mismo defecto de argumentación caótica y ambigua. Primero se dijo que la causa era la negativa de Irak
a permitir acceso a su territorio a la comunidad internacional y los inspectores de armas.
Después fue la amenaza de armas de destrucción masiva y Saddam Hussein para el pueblo
estadunidense. Luego, el vínculo con Al Qaeda. Finalmente, la liberación del pueblo iraquí
de su dictador. Demasiadas razones y precisión insuficiente, en especial a expensas de vidas
estadunidenses.

LECCIONES DE LUNTZ

CÓMO ESTABLECER LAS PRIORIDADES DE UN MENSAJE

Voy a tomar prestado un renglón de *And the Band Played On (En el filo de la duda)*, libro de Randy Shilts sobre el descubrimiento de la epidemia del sida y la reacción a ella:

"¿Qué pensamos? ¿Qué sabemos? ¿Qué podemos probar?".

Los médicos empeñados en concientizar a la sociedad acerca de este asunto sabían que la tolerancia pública a la verdad sobre el sida era limitada y peligrosa. Por lo que, más les valía poner su mejor cara y sus mejores datos. No había lugar para errores. Si no podían probarlo en forma inequívoca, era mejor que no lo dijeran.

Tú puedes y debes considerar un amplio universo de prioridades de comunicación. Analízalas. Ésta es la parte de "¿Qué pensamos?" y "¿Qué sabemos?". Sí, hay muchas cosas importantes. Considéralas todas. Pero luego concentra tu energía en lo esencial: lo que la gente más desea que puedas *probar*.

Priorizar es identificar el nexo crítico entre tus conocimientos destructores de paradigmas, tu capacidad para probarlos públicamente y el deseo de saber de la gente.

PRIORIZACIÓN DE ACCIONES

¿Qué es exactamente lo que quieres lograr?

Para poder llegar a tu destino, debes saber con precisión cuál es. ¿Cómo es "allá"? La forma más segura de condenar al fracaso un proyecto en ciernes es intentar ser todo para todos. Personas y productos, por el contrario, pueden beneficiarse aún más de su adhesión a lo que hacen excepcionalmente bien. Trátese de las toallas de papel más finas y durables (¡te estoy viendo, Brawny!) o de un infalible pateador de goles de campo (¡y a ti también, Adam Vinatieri!), las personas y los productos más exitosos priorizan lo que quieren hacer y pulen una meta o habilidad específica hasta dominarla por completo.

Basta pensar en el Amazon Kindle, un aparato que no deja de fascinarme. En las entrevistas sobre este tema que se le han hecho al fundador de Amazon, Jeff Bezos, se oye una y otra vez el mismo motivo: el Kindle, en su forma última, tenía que "desaparecer" al igual que un libro al leerlo. En una entrevista con Charlie Rose el día en que salió a la venta el Kindle (19 de noviembre de 2007), Bezos explicó a qué se refería con eso:

JEFF BEZOS: El libro físico ha evolucionado tanto y es tan adecuado a su propósito que resulta difícil mejorarlo. No se parece a ningún otro artefacto, a ningún otro objeto. Es algo muy emocional y personal para la gente. Pero tiene un rasgo que considero difícil de notar, pese a ser el más importante: que desaparece.

CHARLIE ROSE: ¿Qué significa esto?

JEFF BEZOS: Que cuando lees, no prestas atención al papel, la tinta, el pegamento ni la costura.

CHARLIE ROSE: Lo único que importa es el relato.

JEFF BEZOS: Todo eso se esfuma, y sólo permanece el mundo del autor. El lector se sumerge entonces en ese estado de flujo. Esa capacidad del libro de desaparecer fue nuestro principal objetivo de diseño en el Kindle. Porque sabíamos que si no podíamos reproducir ese aspecto, nadie usaría nuestro aparato. Si lo piensas bien, muchas cosas tienen que desaparecer igual, devanecerse para que la gente pueda hundirse en el placentero estado de flujo mental que tanto gusta a los lectores.[1]

Bezos y su equipo en Amazon supieron cómo debía ser el producto final, y lo que tenían que lograr para que fuera un éxito. Por supuesto que habrían podido hacer que el Kindle tocara música, sacara fotos, te despertara en la mañana y te recordara tomar tus medicinas. Pero el problema no era la tecnología, sino proporcionar al cliente una experiencia que no pudiera hallar en ningún otro producto. Ni siquiera todos los timbres, píxeles y espacio de memoria del mundo podrían compensar esa singularidad. Demasiadas funciones restan méritos a la meta clara de productos como el Kindle. Bezos contaba con una comprensión colectiva de lo que hacían –una versión para eBook del iPod–, y todo lo que se interpusiera en el camino a esa meta tenía que desecharse. El Kindle debía "desaparecer" en las manos del lector y convertirse en parte orgánica de su vida, lo cual quería decir que toda la parafernalia que haría de él algo más que un libro tenía que desaparecer también. Si Steve Jobs y Apple se salen con la suya, sin embargo, a la larga el iPad sacará al Kindle del mercado, justo gracias a toda la parafernalia que vuelve tan seductor al iPad.

Piensa ahora en Google. Hubo un tiempo en que era únicamente un buscador y ya. Ni siquiera "el" buscador. Tampoco era un verbo todavía. Hoy Google está literalmente en todas partes. La próxima vez que, estés donde estés, mires al cielo, puede ser que se te tome una fotografía y se descargue en Google Earth. Si esto no es escalofriante, entonces no sé qué pueda serlo. Más aún, pese a que sigue desempeñándose de manera asombrosa, Google podría empezar a sufrir las consecuencias de su pérdida de concentración. Jim Davidson planteó este asunto en nuestra conversación sobre lo que vuelve grandiosa a una compañía, y lo que la hace fracasar. "¿Sabías que Google fue algo así como el vigésimo buscador en inventarse en los años noventa? ¡El vigésimo!", me dijo Davidson, con voz cada vez más enfática.

¿Qué lo hace diferente? ¿Por qué ha tenido tanto éxito como buscador? ¿Por qué otros no? La oportunidad estaba al alcance de todos, cualquiera habría podido lograrlo. Claro que Google tenía un modelo de negocios diferente. Pero ésa no es la razón de su éxito. Overture, que Yahoo! compró, tenía el mismo modelo de negocios, y otras personas contaban con buscadores similares. Google tenía dos ventajas: un mejor buscador, que adoptó religiosamente AdWords, y la disciplina de no buscar por todas partes ni divagar. Sabía dónde poner su atención.

Pero míralo ahora. Google está perdido. Ofrece servicios de voz, hace aplicaciones, enfrenta a Microsoft Office y tiene a Android. Enfrenta al mundo de los teléfonos celulares. Tiende fibra óptica de alta velocidad a los hogares, para tratar de acelerar la conexión de banda ancha en todo Estados Unidos. Enfrenta a China a causa de su censura política. Pero lo que lo hizo mejor que todos fue una tecnología excelente y su religiosa concentración en su modelo de negocios.

Google ascendió meteóricamente porque había algo que hacía mejor que nadie en el planeta: buscar. Eso era lo único que ofrecía, y era magnífico. Pero luego se expandió, y sus clientes se beneficiaron. Y después cotizó en la bolsa, y cientos de personas se volvieron millonarias en un abrir y cerrar de ojos. No obstante, el camino a seguir no es visible aún. Toda compañía encara altibajos, pero el curso de Google ha sido crecientemente volátil, y ya no es tan seguro que vaya a imponerse a sus rivales, como alguna vez muchos creyeron. Días antes de que este libro se entregara a la imprenta, ya era mayor el número de personas que dedicaban más tiempo a Facebook que a Google, y la tendencia favorecía a la primera. Para que Google continúe siendo el número uno durante mucho tiempo, no debe olvidar la razón de su éxito original. Los ganadores siempre recuerdan su primer trabajo, su primer sueldo y su primer revés.

Antes de poner un negocio, promover un producto, crear un blog o lanzar tu candidatura a un puesto de elección popular, tienes que sentarte con tu equipo y definir el éxito. Por definir no entiendo únicamente soltar una afirmación como "Queremos ser los líderes de nuestra industria". Es más que eso. ¿Qué necesidad del cliente satisfarás? ¿Qué productos venderás? ¿A quién se los vas a vender? ¿Cómo serán? ¿Qué sensación causarán? ¿Cómo se desempeñarán? ¿Qué experiencia vas a brindar? ¿Cómo lograrás que la gente quiera comprar tu producto y no uno rival? ¿En qué se diferenciará

–será mejor– tu producto del de la competencia? Este proceso puede ser angustioso y frustrante, pero es ineludible.

Tan larga lista de preguntas podría hacerte creer que este proceso es complicado. Desde luego: no existen respuestas fáciles para triunfar. Pero hay (debe haber) respuestas sencillas. Tú debes encontrarlas y basar tu negocio en ellas. En relación con todas y cada una de las preguntas anteriores (a las que de ninguna manera debes limitarte), fuérzate a escribir una respuesta de una frase. No más. La respuesta –tus prioridades– debe versar sobre atributos, sensaciones y experiencias, no sobre los elementos específicos de tu eventual plan de negocios. Estos principios se convertirán en el fundamento de tu producto.

Hagamos una práctica con lo que tal vez les pasó por la mente a los genios de Amazon.

P. *¿Qué necesidad del cliente satisfaremos?*

R. Volver más fácil y natural que nunca la experiencia de leer, o de lo contrario no fabricaremos el producto en absoluto.

P. *¿Qué productos venderemos?*

R. Uno solo: un lector electrónico en el que no llame la atención su plataforma electrónica.

P. *¿A quién lo venderemos?*

R. A quienes les gusta leer y quieran disfrutarlo más, les agrade la electrónica o no.

P. *¿Cómo será el producto?*

R. Tan simple que ni siquiera se sabrá que está ahí.

P. *¿Qué sensación producirá?*

R. De tan cómodo que parecerá natural en el sofá, la cama y todos los demás lugares ya colonizados por el libro.

P. *¿Cómo funcionará?*

R. Puesto que los libros no pueden fallar, el Kindle tampoco.

P. *¿Qué experiencia brindaremos?*

R. De absoluta facilidad de uso e intimidad total con el relato.

P. *¿Cómo lograremos que la gente desee comprar nuestro producto, no uno rival?*

R. Brindando una experiencia de lectura que convenza por sí misma en menos de tres minutos.

P. *¿Qué nos hará mejores que la competencia?*

R. Ser los primeros, desde la invención del libro, en dar un gran salto en la "desaparición" del dispositivo de lectura.

Estas respuestas no entran en detalle. Y ésa es la cuestión. Poseen, en cambio, mucho significado. Son principios rectores que inspirarán y unificarán a la legión de ingenieros y mercadólogos que habrán de producir y vender en conjunto algo tan revolucionario en propósito como sumamente fácil de usar. La tarea es inmensa; es mejor comenzar con algo sencillo.

Cuando creé mi primera empresa, la Luntz Research Companies, me vi obligado a decidir qué servicios ofrecería. Tuve que definir mi alcance. Podía hacer encuestas tradicionales, grupos de sondeo, estudios etnográficos, asesorías de imagen, pruebas de anuncios, instrucción de medios, lo que se te ocurra: toda la variedad de servicios de investigación de mercado y comunicación. El problema de esta opción es que, como en el caso del bufet, se termina haciendo todo decentemente en vez de hacer una o dos cosas en forma excepcional. Así, preferí optar por concentrar mi tiempo, energía y recursos en una sola habilidad que pocos ofrecieran: la optimización de mensajes. Mi empresa se concentraría en la formulación de mensajes y en el lenguaje, buscando las palabras, frases y articulaciones exactas de ideas que llamaran la atención y entusiasmaran a la gente en referencia a una causa, producto o servicio. Centrándome en un solo elemento de la opinión pública, y perfeccionando después una innovadora técnica de investigación –la sesión global de grupos focales–, me hice fama de "palabrero". Mi empresa imprimió objetividad en lo que era hasta entonces un arte muy subjetivo. Convertí en una ciencia el desarrollo del lenguaje. Y con el paso del tiempo, me volví célebre como autoridad en mensajes gracias a mi experiencia acumulada en ese campo, en vez de dispersarme demasiado en demasiadas disciplinas. Esto me permitió diferenciar mis habilidades en un área con mucho talento competente, pero indiferenciado.

No fue por azar que me volví experto en mensajes y comunicación. Llegué adonde estoy porque el lenguaje, los mensajes, la comunicación y las palabras me han obsesionado desde niño. Aprovechando mis fortalezas y habilidades –trabajando con el lenguaje para hacerlo más eficiente y efectivo–, pude crear un producto sólido y deseable porque nadie más lo ofrecía. Nadie se había concentrado de verdad en el lenguaje de los problemas y la política en el nivel emocional, visceral, granular como yo lo hice. Eso me dejó campo abierto para tratar con los clientes y definir cómo debía ser la consultoría de mensajes. Dejé a otros las encuestas triviales de carreras de caballos. Pero no los subestimes; a ellos les obsesionan los números, a mí las palabras. Saber cuáles son tus fortalezas –y cuáles no– puede ayudarte a determinar cómo debe ser tu producto y qué asistencia necesitas para realizarlo.

La concentración resulta vital para ganar, pero alcanzarla no es tan fácil como parece. Cuando me reuní con Mike Richter y Brendan Shanahan, dos de los mejores jugadores de hockey sobre hielo, fue un alivio saber que se hacían eco de esa misma idea. "La concentración es la tarea más difícil que puedas tener como ser humano. Cualquiera la logra, pero sólo los grandes la mantienen", dijo Richter mientras, en el palco del dueño del equipo, veíamos a los Flyers de Filadelfia remontar una diferencia sin precedente de 3 a 0 para ganar el campeonato de la Eastern Conference (Conferencia del Este) en 2010. Como respondiendo a una señal, Shanahan intervino entonces:

> *Lo frustrante para mí es tomar una mala decisión o cometer un error por no confiar en mi intuición. La mayoría de los atletas profesionales son muy intuitivos. Pero, a veces, cuando haces algo y no te sale bien, te dices: "¡Lo sabía, caray! Pero permití que otros factores me convencieran de lo contrario." Es entonces cuando tienes que concentrarte, no escuchar otra voz que la que realmente conoces y en la que confías: la tuya.*

La concentración te obliga a mejorar, porque te ayuda a eliminar el ruido, las dudas, las voces y distracciones que te impiden conseguir lo que de otra manera podrías lograr. Sin ella, vagarás fácilmente sin rumbo fijo, tratando de enfrentar demasiados retos y de ser todo para todos, lo cual es la receta del desastre.

Uno de los mayores errores que he visto cometer a directores generales y candidatos a lo largo de los años es no reconocer sus debilidades al priorizar sus fortalezas. Si no estás dispuesto a tener una conversación honesta contigo mismo, nunca podrás priorizar correctamente. Esto se aplica en el nivel tanto personal como institucional. A menos que seas un hombre orquesta y te des el lujo de disfrutar de la condición del mérito propio (pese a que aun quien se forja a sí mismo suele depender del apoyo de otros y del trabajo en equipo), es muy probable que tengas que lidiar con una enorme estructura organizacional, y con las ventajas y desventajas que ésta conlleva.

Cuando intento pensar en una compañía que sabe con toda claridad para qué es buena, Walmart me viene a la mente de inmediato. Fundada en 1962 por Sam Walton en Roger, Arkansas, ésta es ahora la compañía más grande de Estados Unidos, con ventas en el año fiscal 2010 de cuatrocientos cinco mil millones de dólares.[2] En 2007, esta megatienda cambió su famoso lema de "Precios bajos siempre" por el de "Ahorra y vive mejor". La intención era

señalar un cambio interno, pero ese eslogan se convirtió en una misión para
la empresa: ayudar a los estadunidenses a ahorrar para que pudieran tener
una existencia mejor. Sencillo. Potente. Eficaz. Walmart se dio cuenta, atinadamente, de que ya no le bastaba con ser la tienda de los precios más
bajos. Pero esto le había funcionado porque supo en qué era buena y capi-
talizó su fortaleza. Ninguna otra tienda en Estados Unidos ha podido igua-
lar los precios de Walmart. Hay que dar crédito a ésta por saber qué puede
hacer bien y por evitar lo que no puede. Y también por permitir que otros
(¡ya los vi, esnobs de Target!) se burlen de ella por lo que no es. Hasta la fecha, Walmart no ha mordido jamás el anzuelo de "subir". En cambio, llega
cada vez más hondo en el corazón de sus clientes.

Entrar a un Walmart es una experiencia espartana. Sí, esta tienda se ha
vuelto un poco más cordial y se ha estilizado en años recientes, pero sigue
siendo una operación relativamente austera. Su razón de ser no es la experiencia de compras, sino la frugalidad agradable. La propia disposición y diseño de la tienda dirige tu atención al motivo de que estés ahí: gastar. Walmart
no pretende ser algo que no es. Y ciertamente no intenta atraer a consumidores sofisticados ofreciéndoles servicios adicionales, como el Starbucks en
Target que ya mencioné. A Walmart se va a ahorrar, no a sorber un mac-
chiato con caramelo. Por priorizar la experiencia de "ahorrar" y convertirla
en el norte que la guía, esta empresa ha tenido que resistir más críticas de
las que merece a lo largo de los años. Cada nuevo almacén de Walmart es
tachado por los críticos como el principio del fin para la desdichada comunidad con la mala suerte de alojarlo. Pero cuando los ahorros mensurables
se vuelven evidentes, es inevitable que las pasiones se enfríen y que la comunidad inmediata se apacigüe.

De hecho, los pasos que Walmart ha dado para ahorrar –como el de pagar a sus empleados menos de lo que muchos críticos y trabajadores que-
rrían– la han vuelto blanco de censuras. Por eso fue un tanto sorpresivo que
Robert Reich, exsecretario del Trabajo de Clinton, hiciera una cuasidefensa
de esta megatienda:

> Condenar a Walmart por no ofrecer a sus empleados mejores salarios y presta-
> ciones de salud puede ser emocionalmente gratificante, pero tiene poco que ver
> con las fuerzas que han impelido a esa compañía a mantener salarios y presta-
> ciones bajos y brindar buenas condiciones a sus clientes e inversionistas. Al igual
> que cualquier otro actor capitalista, Walmart, como he enfatizado, sigue las re-
> glas del juego.[3]

En realidad no sólo eso; también hace que las reglas trabajen a *su* favor.
Comprende que para sus clientes el valor es todo, y ha subordinado a él to-

das las demás consideraciones. En su caso, los clientes son primero, y el resto importa un comino.

En estas circunstancias, eso quiere decir hacer lo que sea con tal de ofrecer a los consumidores los precios más bajos, porque eso es lo que ellos demandan, en especial tras la Gran Recesión y en condiciones de desempleo sin precedente. Parte de esa ecuación ha significado ofrecer salarios bajos y prestaciones poco generosas a los empleados, particularmente a trabajadores de medio tiempo, puesto que los ejecutivos en Arkansas saben que es eso o subir los precios. Cuando una reputación y un modelo de negocios se han basado en ser siempre el más barato, hay que buscar la manera de explotar las fortalezas propias. Hay que atenerse a las armas con que se cuenta aun cuando tal cosa no sea popular entre los críticos, dado que es más importante ser popular entre los clientes.

PRIORIZAR LA COMUNICACIÓN

¿Quién es tu público? Ésta parece una pregunta simple, pero casi la mitad de las compañías y ejecutivos de Fortune 500 con quienes he trabajado ignoran la respuesta.

Para hallar la respuesta correcta, comienza por el "qué" y el "cómo" de tu meta. ¿Qué deseas crear? ¿Y cómo piensas crearlo? Una vez que hayas contestado detalladamente estas interrogantes, podrás empezar a desarrollar una estrategia de comunicación para progresar.

Piensa con todo detenimiento en las personas a las que te diriges. ¿Qué es importante para ellas? ¿Qué las motiva hoy en día? ¿De dónde vienen, geográfica, ideológica y económicamente? ¿Cuáles son sus esperanzas, sueños y temores? ¿Con qué bagaje llegan a la conversación? ¿En qué se diferencian sus experiencias de las tuyas, y cómo influyen esas experiencias en su manera de ver el mundo y de verte a ti? Éste es el tipo de preguntas que debes hacerte para poder desarrollar una estrategia de comunicación.

No cometas el error de pensar que tu único público es tu base de clientes. Si eres el líder de un compañía, tienes un público interno de empleados, a menudo más importante que el de tus clientes externos. Debes atinar en lo interno si pretendes sintonizar con el mercado.

A los empleados no les importan los accionistas, como tampoco las ganancias corporativas, salvo si su falta pudiera provocar recortes de personal. Les importa su trabajo, y a los buenos empleados les importan los clientes. Con demasiada frecuencia, mi empresa se ve en la obligación de hacerles saber a los ejecutivos que deben dejar de explicar sus nuevos objetivos de dividendos trimestrales a empleados que acaban de sufrir recortes salariales. Tras veinte años de hablar con empleados de todas las industrias, puedo decirte con toda certeza que ningún empleado despierta y salta emocionado de la cama para irse a trabajar movido por el deseo de aumentar las ganancias de los accionistas. (Bueno, tal vez lo haga si trabaja en el departamento de finanzas, pero en ese caso los accionistas son sus clientes.) Las cifras no ligadas a una misión y que no indican progresos en prioridades no son motivadoras. Sólo son números. Ser el mejor es importante. La calidad es importante. La satisfacción del cliente es importante. Y, sobre todo, la gente es importante.

Los comunicadores corporativos y asesores de campaña suelen indicar a sus jefes qué decir sin pensar un minuto siquiera en la impresión que su mensaje causará en quienes los escuchen. Si tú no dedicas tiempo a realizar una evaluación precisa de tu público, puedes estar casi seguro de que dirás algo que le moleste. Y créeme, basta con un tropiezo verbal para hundir una línea de productos, una gran idea o una candidatura. Sólo pregúntale a Howard Dean.

Los ganadores aciertan en este orden esencial: lo primero que necesitas es una idea que te distinga y que satisfaga una necesidad humana. *Luego* necesitas un plan de comunicación que tenga eco en el nivel personal. Si primero te concentras en tu fortaleza y después transmites un mensaje *individualizado*, *personalizado* y *humanizado*, conseguirás la credibilidad y lealtad de tu público, primero el interno y luego el externo. Ésta es la diferencia entre ser flor de un día y poseer una presencia duradera y transformadora.

ENUMERA, ENUMERA, ENUMERA

Quizá no te hayas detenido a pensar en esto, pero existe un motivo de que haya tanta enumeración en la Constitución estadunidense, en especial en la Carta de Derechos. A muchos delegados de la convención constitucional les preocupaba que, sin una "carta de derechos" para limitar las dimensiones y alcance del Gobierno Federal, la nueva nación cayera pronto bajo un dominio tiránico igual a aquel del que tan trabajosamente acababa de escapar. Para unir las diversas facciones, James Madison propuso la primera serie de las enmiendas que habrían de componer la Carta de Derechos. Estas enmiendas entraron en vigor el 15 de diciembre de 1791, una vez que fueron ratificadas por las tres cuartas partes de los estados de la Unión.

La Carta de Derechos está numerada para evitar dudas, incertidumbre y confusión. Asimismo, las enmiendas que la integran aparecen en orden de importancia. Y cada enmienda numerada se asocia con un principio. Aunque ninguna de las diez es técnicamente más importante que las demás, la primera –sobre la libertad de religión, prensa, expresión y reunión y el derecho de petición– ha sido fundamental para asegurar la libertad de los estadunidenses desde la fundación de su nación. Las enmiendas sucesivas tratan asuntos diversos, mientras que la décima dice que toda facultad no expresamente concedida al Gobierno Federal en ese documento se reserva a los estados y el pueblo. En otras palabras, si el gobierno quiere hacer algo, esto debe hallarse entre las facultades contenidas en la Constitución. De lo contrario, no podrá hacerlo. Éste fue el intento estadunidense original por exigir cuentas al gobierno.*

El propósito de la enumeración, ya sea en la Carta de Derechos o en planes de negocios de cinco años, es la claridad. Por vigorosa o persuasiva que sea una idea, no servirá de nada si su comunicación no es comprensible. Las extravagancias son peores aún: comunicar tus ideas con perogrulladas te perjudicará en todo momento. Enumerar permite saber a tu público qué tienes en mente. Le permite separar cada idea, contemplar las suyas y asimilar aquélla mientras considera la siguiente. Enumerar genera asimismo una sensación de exigencia de cuentas, lo que facilita a tu audiencia seguir tus logros y, francamente, también tus fracasos. Además de mantener la atención del público mientras hablas, cuando enumeras tus planes o dices: "Voy a cumplir los puntos uno, dos y tres al terminar mi primer periodo en el cargo (o después de cinco años como director general)", invitas a tu audiencia a exigirte cuentas al paso del tiempo, periodo durante el cual mantendrás su atención. Esto señala tu seriedad en el tema y tu compromiso con lo que dices.

Aplica a tu plan de negocios o misión corporativa los criterios de la Constitución estadunidense:

- Pon por escrito las reglas de tu responsabilidad y cúmplelas al pie de la letra. Remite con frecuencia a ellas, y no las tuerzas ni infrinjas sólo porque las cosas se ponen difíciles.

---

* ¿Sabías que la Constitución de Estados Unidos limita la autoridad del gobierno a las cosas específicamente enlistadas en ella? Si es así, felicidades; formas parte de una reducida minoría. Según un estudio de 2010 de la Krieble Foundation, apenas treinta y ocho por ciento de los estadunidenses identificaron correctamente que "el Gobierno Federal sólo puede hacer lo específicamente autorizado en la Constitución. Todo lo demás le está prohibido". La mayoría relativa (cuarenta y tres por ciento) dijo erróneamente que "el gobierno puede hacer todo lo necesario para elevar el bienestar del pueblo, siempre y cuando el Congreso apruebe la ley respectiva y el presidente la firme". Otro veinte por ciento dijo también de manera incorrecta: "La Constitución no especifica las facultades del gobierno. Corresponde al presidente, el Congreso y el pueblo decidirlas." Uno se pregunta cuánto tiempo podrá seguir triunfando Estados Unidos con resultados como éste.

- Limita tu actividad a lo autorizado en el plan, para que años más tarde no te descubras haciendo algo que no haces bien, y contrario a tu misión declarada. Las personas más exitosas son indiscutiblemente las más disciplinadas.
- Fija un umbral alto para *cambiar* las prioridades enumeradas. Escucha a tu público. Somete sus ideas a un sistema de contrapesos para asegurarte de que realmente reflejan lo que quiere. La flexibilidad es importante, pero la coherencia es esencial.

Desde una perspectiva política, dirás lo que quieras de Barack Obama y su equipo de campaña de Chicago, pero supieron mantener su mensaje. En mi larga trayectoria en los negocios y la política, no recuerdo haber visto nunca a una persona u organización tan disciplinada como el equipo de la campaña presidencial de Obama en 2008. El incesante sonsonete de la "esperanza" y el "cambio" caló tan hondo en la psique estadunidense que acabó por filtrarse en las conversaciones casuales, y por integrarse al vocabulario común mucho después del triunfo electoral demócrata. Más allá de lo ocurrido en la campaña, nada pudo sacar al equipo de Obama de su mensaje. De acuerdo, convivió con un aparato mediático dominante más entusiasta que crítico, pero, comoquiera que sea, hizo alarde de disciplina.

De igual forma, las compañías que preservan su mensaje permanecen en la memoria pública más que aquellas que lo cambian sin cesar. Pregunta a los estadunidenses cuál es el lema de Fox News y te dirán "Imparcial y equilibrado" aun si no lo creen. El de Visa, por su parte, siempre ha sido "Está donde quieres". Al enfatizar la comodidad bajo la forma de ubicuidad, tú te sientes reconfortado y seguro como consumidor. Este eslogan promueve la tranquilidad de saber que, dondequiera que vayas, Visa estará contigo... y que siempre tendrás su respaldo. Y, desde luego, Nike sigue implorándonos: "Hazlo y ya." Predicar una conducta proactiva ha ayudado a esta marca a convertirse no sólo en un nombre muy conocido, sino también en el nombre más común entre todas las marcas de ropa deportiva. Siempre se le asociará con la vanguardia en el deporte, la salud y la competencia, gracias a su congruencia y al hecho de nunca alejarse demasiado de sus raíces comerciales.

Existe una razón de que, cada dos años, los estadunidenses se fastidien del mismo anuncio del mismo político en su experiencia de ver televisión entre el Día del Trabajo y el de las elecciones. La razón es que da resultado. Esos anuncios graban un mensaje en el cerebro. Lo mismo que el metal ardiente en la carne de una res, la repetición no es agradable, pero deja una marca indeleble. O que durará al menos hasta el día de la elección, que es lo que los políticos desean.

Los estadunidenses deberían dejar de quejarse de esos anuncios y empezar a aplicar su lección en su proyecto. La simple verdad es que, salvo en el caso de un puñado de marcas muy exitosas, *todos* necesitamos hacer más para recalcar sistemáticamente el ofrecimiento básico de nuestra marca.

LENGUAJE DE LUNTZ: FRASES QUE AYUDAN A PRIORIZAR

Ésta es un área a la que debes dedicar más tiempo a llevar a cabo que a hablar de ella. Algunas de las frases que aparecen a continuación comunican tu capacidad de priorizar. Otras enfatizan cómo hacerlo. Y otras más demuestran que posees las prioridades correctas. Sin embargo, todas tienen algo en común: son palabras que funcionan.

Los principios primero es una manera infrecuente pero eficaz de explicar qué es lo que realmente importa desde una perspectiva filosófica. Noventa por ciento de este libro busca lograr que te concentres en tu público. Ésta es la excepción. "Los principios primero" explica el *quién* y el *porqué* desde tu punto de vista, y genera apreciación, produce credibilidad y establece para tus esfuerzos un terreno común con tu audiencia. Concluye siempre tus intervenciones públicas concentrándote en los beneficios para tu público, pero abre con un relato sobre ti que consolide tu credibilidad.

Lo primero es lo primero se reduce a articular el orden el que algo debe hacerse y el hecho de que sabes qué es lo más importante.

Prevención/protección vincula claramente la profunda ansiedad de la vida diaria con los beneficios básicos de un producto o servicio. Ya no buscamos todas las ventajas que la vida ofrece. Francamente, la exaltación desenfadada de "mantén los pies en el suelo y sigue persiguiendo las estrellas" del DJ Casey Kasem, de American Top 40, ya no atrae a una nación que tiene más probabilidades de responder a las ominosas advertencias de "ten miedo, mucho miedo". Permíteme aclarar que no estoy a favor de priorizar lo negativo. Pero es un hecho que hoy los estadunidenses buscan cosas que les eviten daños y los protejan contra ellos tanto como oportunidades de algo mejor.

Poner nuestra casa en orden podría querer decir simplificar, racionalizar, buscar el tamaño justo o reorganizar, pero indica visiblemente un aspecto positivo del deseo de remediar algo que marcha mal. En consecuencia, debe emplearse en situaciones en las que tu público está consciente de un problema y tu credibilidad depende de reconocerlo. Hoy los estadunidenses creen que las grandes instituciones en las que solían apoyarse ya no son dignas de confianza, y esta frase aborda su profundo deseo de arreglar

FRASES QUE PRIORIZAN

1. Los principios primero
2. Lo primero es lo primero
3. Prevención/protección
4. Poner nuestra casa en orden
5. Si sólo vas a recordar una cosa...
6. Un enfoque sencillo
7. Optimiza (eficiente y efectivo)
8. Escalable
9. Lo esencial

las cosas. El público supondrá que si tú remedias lo grande, lo pequeño se arreglará solo.

Si sólo vas a recordar una cosa... consigue que el oyente o lector ponga especial atención en lo que más te importa a ti. No propongo "sacrificar la introducción", guardar el argumento de mayor peso para la mitad o el final de un discurso o documento. He descubierto que esta frase es particularmente efectiva al preparar informes o presentaciones destinados a un director general. Para poder convencerlos de que lo que les ofrezco vale su precioso tiempo, tengo que atraparlos desde el principio con la lección o recomendación más importante, y concluir mi introducción con **"lo esencial es esto..."**, para pasar al resultado o impacto probable. Si esto encuentra eco en ellos, querrán oír más.

Un enfoque sencillo prioriza el estilo de comunicación, así como el lenguaje. Cuando se les pregunta cómo quieren recibir información sobre lo que les importa, los estadunidenses otorgan a la "confiabilidad" la mayor prioridad. El presidente Obama prefiere la fórmula "Voy a ser claro", aunque la repite tanto que ha perdido atractivo. De hecho, cuando sus compatriotas lo oyen decir eso, suponen que será todo menos claro. Lección para los lectores: hasta las mejores palabras y frases pueden gastarse si se usan indebidamente o en exceso.

Optimiza fue alguna vez "maximiza", pero en el actual mundo digital se necesita una nueva manera de decir que la gente debe aprovechar algo al máximo. "Maximizar" significa más, y "optimizar", mejor. "Optimiza" es particularmente eficaz en una relación entre empresas. Para los consumidores es preferible la expresión personal "más eficiente y efectivo".

Escalable es lo que todo empresario de éxito piensa en relación con cada oportunidad de negocios. Cuando algo es "escalable", significa que cientos pueden convertirse en miles, decenas de miles y hasta millones. "Negocios ilimitados" es otra forma de ver la escalabilidad. Las empresas físicas tradicionales tienden a ser menos escalables, restringidas como están por el tamaño de sus salas de exhibición; sencillamente no pueden crecer más allá de sus límites físicos. A la inversa, las empresas con sede en Internet, como eBay y Amazon, no tienen otra barrera que su capacidad para alcanzar, comunicarse y hacer llegar productos a posibles clientes. Lo que sucede al usar Google y Facebook no tiene nada que ver con sus oficinas y ubicación, y ni siquiera con la hora del día, y todo que ver con su ilimitada capacidad de contenido y conexión. Esto es escalabilidad.

Un último comentario: la esencia de la priorización es que no puedes hacer todo, decir todo ni ser todo para todos, así que no lo intentes. Ésta no sólo es una lección de lenguaje; también es una lección de vida que los ganadores han aprendido una y otra vez.

PERFECCIÓN
Por qué la grandeza no basta

Somos lo que hacemos repetidamente. La excelencia no es un acto;
es un hábito.
—ARISTÓTELES

No temas a la perfección: nunca la alcanzarás.
—SALVADOR DALÍ

La perfección es imposible de atrapar, pero si la perseguimos
podríamos arribar a la excelencia.
—VINCE LOMBARDI

Si alguna vez has tenido la suerte, o la desgracia, de ver al famoso chef británico Gordon Ramsay haciendo lo que le gusta, has visto un dechado de perfección.* Famoso por su mal genio, lenguaje subido de tono y visión culinaria sin parangón en el orbe, Ramsay es una fuerza de la naturaleza. A la fecha es dueño de veintidós restaurantes, de Nueva York a Dubai y Tokio. Con más estrellas Michelin en su haber que aquellas con las que siquiera podría soñar la mayoría de los chefs, es difícil decir que Ramsay no ha tenido un éxito clamoroso. Se ha vuelto un nombre muy conocido, y no sólo entre los sibaritas bien informados y bien comidos.

---

* Para quienes hayan experimentado la cocina inglesa, Ramsay ha logrado refutar por sí solo que el término *chef británico* sea un oxímoron.

Además de crear un imperio restaurantero mundial, en la última década Ramsay se ha convertido en un pilar de la televisión británica y estadunidense. En Estados Unidos, la televisora Fox ha presentado tres de sus programas –*Hell's Kitchen* (La cocina del infierno), *Cookalong Live* (Vida cocina) y *Kitchen Nightmares* (Pesadillas culinarias)– a un público ansioso de impregnarse de su grandilocuente estilo al tiempo que lo oye lanzar improperios contra el infeliz que osa sulfurarlo. Una de las caras más populares de la televisión hoy, Ramsay también ha escrito cerca de veinte libros, desde soliloquios sobre mariscos hasta diatribas contra los postres. Pese a sus defectos, estallidos y expresiones de combate, Gordon Ramsay es uno de los nombres de más peso en el mundo gastronómico actual por una sola razón: cuando el platillo llega a la mesa, procura perfección culinaria.

Pero no se llega al prestigio, éxito y reconocimiento de Ramsay nada más por hacer un buen programa. Sí, su teatralidad seguramente contribuye a sus índices de audiencia en televisión. Pero si se le brindó la oportunidad de ser visto en el mundo entero fue porque ya se había forjado un nombre como uno de los chefs más exigentes del mundo. Su dramatismo lo corona todo; pero sin una atención meticulosa para ofrecer platillos perfectos –en cada ocasión, año tras año–, Gordon Ramsay seguiría siendo un hijo de vecino.

Para él, cada mañana es un nuevo día: un nuevo reto para ser el mejor; para cocinar, servir y brillar más que nadie en la industria. Su insaciable sed de normas supremas lo ha llevado no sólo a preparar algunas de las mejores comidas del mundo, sino también a desarrollar uno de los equipos más talentosos y atentos del planeta. Lo que lo vuelve grande es su implacable búsqueda de la perfección. Esto es lo que hace de él un ganador.

¿Qué puede enseñarnos del triunfo un chef malhablado de la televisión? Mucho. Ramsay no está solo en su cruzada por la excelencia a ultranza. Entre más tiempo paso con directores generales, magnates, políticos poderosos, leyendas del deporte y la elite de Hollywood, más me doy cuenta de que tienen otro rasgo en común: para ellos nada es suficiente nunca. Jamás. Steve Wynn es el mejor diseñador de hoteles del orbe. Creó Mirage, Bellagio, Wynn y Encore, cada cual más espectacular que el anterior. Cabría suponer que se siente satisfecho de sus logros, e incluso orgulloso de ellos. Mas no es así:

Lo mío, el aspecto de la vida que describe mi pasión y me da más placer, es idear cosas. Supongo que se debe a que siempre me he considerado un aprendiz. De modo que cuando termino un lugar, sea el Mirage, el Bellagio, Treasure Island o Golden Nugget, veo los errores que cometimos, o las oportunidades que no aprovechamos del todo. Y me digo: "Ojalá pudiera volver a hacerlo. Me gustaría tener una nueva oportunidad." Porque siempre pienso que si pudiera hacer un hotel más, quizá, sólo quizá, podría hacerlo bien.

Muchos creen, equivocadamente, que el perfeccionismo se reduce a no estar satisfecho nunca con lo que se hace. Pero sería muy raro hallar a un perfeccionista –un artista excéntrico, un escritor diligente, un músico de renombre mundial, una hábil mujer de negocios, un activista político vigoroso– que dijera: "Suficiente." Para estas personas, la palabra *suficiente* no existe.

Cualquiera puede criticar algo, o decir que el trabajo de otros no es lo bastante bueno, o buscar defectos en la labor ajena. Y de vez en cuando estas críticas se justifican y demandan una segunda consideración. Pero lo que vuelve diferentes a los perfeccionistas –y les permite ser ganadores– es que llevan la crítica y la acción un paso más allá. Convierten la excelencia en la norma con la que juzgan su trabajo, a quienes los rodean y aun a sí mismos. Nos acercan al mundo tal como *podría* ser, no sólo como es.

Para mi primer libro, *La palabra es poder*, el general Colin Powell me concedió dos entrevistas, y subrayó en ambas la naturaleza esencial de la perfección en la comunicación. Pese a ello, sus palabras se aplican también a casi todas las demás áreas del empeño humano. "Para poder alcanzar la excelencia en lo grande, hay que desarrollar el hábito en lo pequeño. La excelencia no es una excepción, sino la actitud preponderante." Claro que excelencia no es perfección, pero es lo que te motiva a llegar tan cerca de ella como lo permite el esfuerzo humano. Lo que hace a un ganador no es tanto que sea perfecto; la *imperiosa necesidad* de serlo pone a los ganadores por delante del resto.

Todos conocemos historias de célebres directores generales megaestrellas que trabajan una cantidad infame de horas, exigen a su personal hacer lo mismo y no permiten que la gente se marche a casa hasta que todo esté terminado. En política, la persona más trabajadora que conozco es Newt Gingrich. Cuando se le eligió primer presidente republicano de la Cámara de Representantes tras cuarenta años de control demócrata, Gingrich obligó a su equipo y a todo el personal republicano en el Congreso –miles de personas–, a trabajar de noche, los fines de semana y cuanto fuera necesario para cumplir los compromisos asumidos en el Contract with America (Pacto con Estados Unidos). Muchos trabajaron ochenta horas a la semana o más durante tres meses seguidos para concluir el trabajo. Y en efecto, contra viento y marea, Gingrich salió adelante.

Desde una perspectiva científica, la necesidad de ser perfecto bien podría ser una enfermedad, aunque sin duda existen discrepancias acerca de si la comunidad médica debería diagnosticar como enfermos a quienes persiguen el éxito en forma compulsiva. Lo que sí sabemos es que los perfeccionistas "no sólo abrigan normas de altura poco realista, sino que también juzgan que ellos mismos o los demás no cumplen sus elevadas expectativas", dice el profesor de psicología Gordon Flett, de York University, en Toronto, Canadá. "El perfeccionismo es la necesidad de ser o parecer perfecto. Los perfeccionistas buscan el éxito de modo persistente, preciso y organizado", explica. "Sus conductas varían: algunos pugnan por ocultar sus deficiencias, otros intentan proyectar una imagen de perfección. Pero todos comparten normas muy elevadas para ellos y los demás."[1]

Dado que yo mismo soy perfeccionista, puedo asegurar que eso es absolutamente cierto, como lo deja ver la forma en que modero en vivo grupos de sondeo para la Fox News Network. Salté a la fama en este rubro al fustigar a un participante en un grupo de sondeo que no dijo nada cuando se le interpeló. De hecho, mis camarógrafos disponen de cintas interminables en las que aparezco reprendiendo a participantes en mis grupos por no hablar o hablar demasiado, ser demasiado complacientes o discutir mucho, ignorar algo que yo supongo que todos deberían saber o hablar como expertos de un tema irrelevante para el público. En mi afán de crear una televisión informativa, cautivadora e inevitable, tiendo a regañar a los participantes en mis sesiones, aunque hasta ahora sólo lo he hecho tras las cámaras. Cuando la luz roja se enciende y el productor dice: "¡Adelante!", me convierto en la personificación misma del profesionalismo. Pero antes y después de eso, hasta mi propio equipo insinúa que parezco inconfundiblemente loco. No puedo evitarlo. Me gusta que todo marche a pedir de boca.

Sin embargo, mis peores muestras de perfeccionismo, los incidentes que convencen a mi editora de que no soy emocional ni profesionalmente apto para escribir libros, ocurren siempre al final del proceso, esas últimas horas en las que pulo con frenesí palabras sueltas, añadiendo matices misteriosos e intentando afinar por otros medios un texto ya demasiado corregido y atrasado. En *What Americans Really Want... Really* (Lo que los estadunidenses realmente desean), hice tantas correcciones de última hora que seguía quitando y poniendo palabras, oraciones y párrafos cuando llegó la hora de salida de la camioneta de FedEx en Santa Mónica, California. Ofrecí cien dólares al chofer para que me esperara diez minutos (suponiendo que diez dólares el minuto eran un buen incentivo), pero no aceptó. Tuve que salir corriendo entonces al aeropuerto LAX y suplicar, con un billete de veinte dólares en las manos, que me abrieran la puerta y aceptaran mi paquete, aunque sin haber podido hacer todavía todos los cambios que deseaba. Así que, por dos mil cien dólares, compré un boleto de ida de primera clase en el vuelo matutino de Los Ángeles a Nueva York para poder hacer los últimos ajustes a mi texto, y entregar todavía a tiempo el manuscrito a la editorial. Lo que mi editora juzgaría desidia y absoluta indiferencia por los plazos, fue para mí un compromiso con la maestría. Comprendo que tal vez no la convenza nunca. El perfeccionismo tiene su precio.

POR QUÉ NUNCA ES SUFICIENTE

Procter & Gamble (P&G) ocupa el sexto lugar en la lista de *Fortune* de las compañías más admiradas del mundo, y ha aparecido entre las diez primeras en casi toda la última década. Es la primera en su categoría, la novena en "calidad" y suele aparecer en la totalidad de las listas de corporaciones de prestigio. ¿Por qué gente del mundo entero tiene en tan alta estima a una compañía que vende jabones, champús, pastas de dientes y veintitrés marcas de otros artículos de consumo? Tal vez porque P&G es un ejemplo en el caso de la mayoría de las Pes del éxito en las que se basa este libro. La perfección de esta compañía reside en "la fuerza del propósito", la cual promueve por definición "una sencilla idea para mejorar la vida diaria de consumidores de todo el mundo".

Para P&G, la búsqueda de la perfección es una pasión cotidiana que no conoce vacaciones ni fronteras internacionales.

Sea cual sea el "ramo" en el que te desenvuelves, trátese de las fusiones corporativas o de recuperar la Casa Blanca, todo entorno competitivo fomenta el perfeccionismo. No es de sorprender entonces que este último haya encontrado un hogar en Estados Unidos. Desde la fundación de esta nación, su sistema económico y político se ha basado en gran medida en la idea de "que gane el mejor". Esta noción de desenfrenada competencia impulsó y configuró el espíritu estadunidense a todo lo largo de los siglos xix y xx. La economía de libre mercado, asociada con firmes garantías de la libertad individual, contribuyó a la aparición de la comunidad más rica y próspera en la historia humana, al promover una competencia implacable en una nueva fuerza laboral y en los productos y servicios que ésta genera.

La próxima vez que subas a tu coche, echa un vistazo alrededor. ¿Qué ves? Dependiendo del modelo y su novedad, quizá cuentes con un reproductor de cd, y hasta con un puerto para conectar uno de mp3. Si tu auto es de factura estadunidense, la calidad de los materiales dentro y fuera será muy superior a la de los coches del mismo origen de las décadas de 1980, 1990 e incluso principios de la de 2000. Reproductores de dvd y sistemas de navegación integrados se han vuelto la expectativa, no la excepción. Hoy Ford ofrece vehículos con tecnología sync, desarrollada por Microsoft, que permite operar varias funciones –radio, sistema de posicionamiento global (*global positioning system*, gps), teléfono– con sólo hablar. Esto está al alcance no sólo de los ricos y famosos, sino también de automóviles para la clase media, como el Focus.

Innovadora en tecnología automotriz durante mucho tiempo, General Motors (gm) tiene OnStar, tecnología inalámbrica interactiva que ha salvado miles de vidas desde su lanzamiento en modelos 2004. Bajo el cofre, el rendimiento en millas por galón ha mejorado drásticamente en comparación con los modelos tragones de gasolina de mediados del siglo xx. De 1980 a 2009, el rendimiento promedio de combustible en los vehículos nacionales de pasajeros aumentó en Estados Unidos de 22.6 a 32.6 millas por galón (36 a 52 kilómetros por cada 3.785 litros), y está 5 millas (8 kilómetros) por galón arriba de la norma Corporate Average Fuel Economy (Economía corporativa promedio de combustible, CAFE) del gobierno.[2] El Prius de Toyota —vehículo de motor híbrido que fluctúa automáticamente entre gasolina y electricidad, la que genera y almacena en una batería— salió a la venta en Japón en 1997. Es un coche tan "inteligente" que sabe cuándo usar una u otra forma de energía, lo que reditúa en un consumo de gasolina de alrededor de 50 millas (80 kilómetros) por galón, cerca del doble de la norma CAFE vigente. Desde la aparición del Prius, Toyota ha vendido 1.6 millones de estos sorbedores de gasolina en todo el mundo.[3]

No obstante, una industria automotriz competitiva exigió más de Toyota y sus rivales. A principios de 2010 Nissan lanzó el Leaf, el primer vehículo totalmente eléctrico, que no usa una gota de gasolina. Ni siquiera tiene tubo de escape. Se le carga en casa durante la noche, y se cargará en estaciones por construir para viajes largos. De acuerdo con Nissan, el Leaf recorrerá ciento sesenta kilómetros por carga. Se trata de un paso enorme desde los días del Modelo T.

¿A qué se debe que el automóvil personal haya cambiado tanto en tan poco tiempo? A la competencia. Todas esas innovaciones apuntan a crear el coche perfecto. Por muchas razones, eliminar la gasolina es un paso esencial hacia la perfección. Y por eso hoy todos se pisan los talones, ya que compañías como Toyota, Honda y Ford deben competir por los dólares del consumidor para mantener abiertas sus puertas. Cada año, estas organizaciones gastan miles de millones de dólares en el afán de que sus productos sean más innovadores, eficientes y atractivos para automovilistas del mundo entero. La intensa competencia las fuerza a ser perfeccionistas. Los ejecutivos de Honda saben que si lanzan un producto que no esté a la altura, perderán clientes a manos de Toyota o Hyundai. Esta continua presión competitiva obliga a las compañías a hacer un esfuerzo extra o pagar el precio, que bien podría ser la quiebra.

Más que cualquier otro factor, la realidad, temor y amenaza de la competencia ha inducido a los grandes empresarios, innovadores, atletas y líderes de todo el mundo a buscar la perfección en todo lo que hacen. Por naturaleza, los ganadores están muy al pendiente de sus circunstancias. Siempre están atentos a lo que hacen y a cómo sus homólogos lo hacen con la intención de mantenerse un paso adelante. Piensa en Larry Bird, el Hick from French Lick (El palurdo del Pueblo), por ejemplo. Su sobrenombre es más revelador de lo que parece. Bird era muy talentoso, pese a no tener tantas dotes físicas como algunos de sus contemporáneos. Sin embargo, los superó a todos (salvo a Michael Jordan, el individuo más competitivo de todos los tiempos). Universalmente considerado uno de los mejores delanteros en la historia de la National Basketball Association (NBA), Bird es legendario por su furiosa competitividad en la cancha. Pero también por su ética de trabajo. Es indudable que su niñez en una pequeña ciudad obrera de Indiana contribuyó a su ansia de éxito y a su constatación de que debía trabajar más que sus semejantes. Haber enfrentado una competencia férrea también lo aguijoneó, aun antes de iniciar su carrera en la NBA.

Mucho se ha hablado de la rivalidad entre Bird y Earvin "Magic" Johnson, con quien compitió en 1979 en el campeonato de la National Collegiate Athletic Association (Asociación deportiva nacional universitaria, NCAA). Bird, con raíces en una ciudad pequeña, compitió junto con su equipo, Indiana State Sycamore, contra los Michigan State Spartans de Johnson, procedentes a su vez de una de las conferencias dominantes en el basquetbol colegial, la Big Ten (Diez grandes). Johnson empujó a Bird a esforzarse, luchar y lograr más. Los buenos competidores como Bird se ven en la necesidad de medir fuerzas con algo o alguien. Podría aducirse que, al llegar a la NBA, Bird se sirvió del espectro de Magic Johnson para elevar el rendimiento de sus Boston Celtics. Después de todo, nadie practica quinientos tiros libres al día por meros motivos de salud, ni se obliga a batir a saltadores de nueve metros durante horas enteras sin una chispa competitiva que lo impulsa a vencer.

Bird accedió a concederme una entrevista para este libro, lo cual fue un gran honor para mí. Siempre he creído que las grandes leyendas del deporte tienen mucho que enseñarles a ejecutivos y políticos sobre el arte y la ciencia del triunfo. Normalmente reticente a hablar de su carrera, Bird fue muy franco conmigo sobre lo que lo motivó a esforzarse tanto, a lo que atribuyó casi por completo su éxito. "No me importaba ser sólo el jugador más valioso; quería ser el mejor del mundo", me dijo, con pasmosa naturalidad:

¿Cuántas personas conoces que se les haya considerado las mejores del mundo en su especialidad? Eso era lo que yo quería. Lo que me importaba era el mundo. Por eso jugaba. Porque me gustaba. Me sometí a tantas cosas porque quería alcanzar la mayor meta posible, y que mis compañeros me consideraran el mejor del mundo. Me levantaba a las seis cada mañana sabiendo que tenía que salir a correr ocho kilómetros lo mejor que pudiera. No me gustaba, pero debía hacerlo si quería cumplir mis metas. Quería que Magic Johnson me dijera: "Eres el mejor, el jugador más valioso de este año; para mí, el más valioso de nuestra liga." El mejor de nuestra liga sería el mejor jugador del mundo.

Obtuve uno de los máximos logros —al menos para mí, quizá para nadie más— al cumplir en mi campo la meta que perseguía. Y una vez que lo consigues, quieres hacerlo cada año. Muchos se conformaban con hacerlo una vez. Yo no. Porque siempre pensé que si lo lograba una vez, debía volver a hacerlo; y que si lo conseguía de nuevo, tenía que hacerlo una vez más.

La perfección te incita a trabajar dieciséis horas diarias para leer más, estudiar más, aprender más, producir más, crear más y vender más. Convierte el éxito en algo que *quieres*, no que *debes* lograr. Pero sin pasión —el ardiente deseo de perfección—, sin corazón, no podrás persistir. La perfección nos exige tanto como individuos que necesitamos una fuerza interior inmensa para mantenernos en marcha. Volviendo a mi entrevista con Bird, él dijo algo a este respecto:

Mucho éxito es corazón. ¿Cuánto tienes? ¿De veras tienes fuerza para lograrlo?
    Lo otro es tener mucho orgullo. Si me das un jugador con poca habilidad pero con mucho orgullo y gran corazón, lo acepto, porque sé que mejorará. Quiero alguien que se entregue al máximo, que quiera ser mejor cada día, no sólo cada año. Que haga un esfuerzo por atajar un balón suelto, no que piense: "Ya me llegaron suficientes rebotes esta noche, así que no necesito nada más." Una vez oí decir a un jugador: "Si logro un promedio de veinticinco y quince, los aficionados querrán lo mismo cada noche." Y él podía conseguirlo. Pero añadió: "Haré veinte y ocho, y basta." Lo vi hacerlo. Vi a gente hacerlo. Y eso está mal. Muy mal.

El jugador de hockey Mike Richter estaría de acuerdo con él. De hecho, cree que la pasión puede ser tan importante como el talento:

Nunca he conocido a un ganador sin pasión. Sacar pasión cuando más se necesita es una habilidad. Los ganadores tienen pasión bajo demanda. Conozco a entrenadores que miran a la banca y eligen a un jugador en la cuarta fila cuando realmente importa, y lo arriesgan todo porque tienen pasión. Su disciplina mental les permite perseverar.

Necesitas pasión para rebasar la excelencia y acercarte a la perfección, porque ésta siempre exige mucho más que lo mínimo. Por eso pasión, perseverancia y perfección están inextricablemente unidas.

La razón de que, en 1994, yo haya podido trabajar dieciocho horas diarias, ir y venir por el mundo en avión como si fuera autobús y pasar meses enteros colaborando en la preparación del Contract with America casi sin remuneración fue que esto me apasionó enormemente. Quería que ese

LECCIONES DE LUNTZ

HISTORIA DE DOS COMPAÑÍAS

He aquí a GM en 2008. Luego de décadas de seguir una norma de "nunca es suficiente", esta compañía había declinado. Hacía automóviles de demasiados tipos... y ninguno bien. Se equivocó al creer que la forma de competir con Ford y con corporaciones extranjeras era no competir en absoluto, ofreciendo a las "masas" autos de baja calidad. Pero las masas tenían mejores opciones, y las aprovecharon. Así que cuando el huracán de la Gran Recesión la alcanzó, una GM debilitada fue presa fácil.

He aquí ahora a la GM actual. Ha replantado y recortado las ramas secas. Su nueva misión es la excelencia: aspirar a la perfección. Hace menos, pero lo hace mejor. Y gracias a eso ya pagó los préstamos que le hizo el gobierno.

El asunto es éste: la perfección debe ser siempre tu norma. Aun si apuntas a un sector "popular" (que compra un auto de veinte mil dólares, no de cuarenta mil), debes hacer el *mejor* coche posible. Si no lo haces tú, otro lo hará. Walmart les vende a personas que no pueden excederse de su presupuesto, así que ella misma tiene que exprimir el suyo mejor que cualquiera de sus competidores. Suele hacerlo, y se impone... salvo cuando Costco le gana.

No importa cuál sea tu producto ni a quién se lo vendes; si no haces de la perfección tu norma, quien lo haga te arrollará.

documento fuera perfecto, y nada habría de impedírmelo. No me importó cuántos grupos de sondeo tuviera que sostener, cuántas encuestas tuviera que analizar, cuánto debiera pelear con la gente que no creía en eso o no lo entendía, cuánto descanso habría de sacrificar o cuántos kilos subir: quería triunfar. Que el documento fuera un éxito. Y de hecho, tenía que serlo. Debía ser tan sólido y atractivo que ningún ataque de los demócratas pudiera echarlo abajo.

Más todavía, la verdadera pasión no te permite detenerte nunca en lo suficiente. Cuando algo te interesa tanto que estás dispuesto a ceder la mayor parte de tu vida personal para alcanzarlo, ¿por qué habrías de empeñar sólo la mitad de tu esfuerzo, o aun el ochenta por ciento de él? En mi prolongada trayectoria como consultor político y de negocios, jamás he conocido a un ganador auténtico que no se comprometa "al ciento diez por ciento" en todo lo que hace. Así se trate de Fred Smith, de FedEx y su Promesa Púrpura de "volver sobresaliente toda experiencia del cliente", o del compromiso de Ed Whitacre, expresidente de AT&T y GM, de "diseñar, fabricar y vender *los mejores* vehículos *del mundo*", los líderes corporativos más exitosos no se conforman con menos que la perfección.

Para ser grande, tienes que pugnar por la perfección en cada aspecto de tu empresa y cada elemento de tu vocación. Si lo que haces no te apasiona, la perfección siempre estará fuera de tu alcance.

LA BÚSQUEDA DE LA PERFECCIÓN

Cuando estás viendo la tele y aparece un anuncio de Lexus, es probable que te muestres interesado. Hoy pocas compañías son tan eficaces como ésta para hacerte sentir que saben lo que dicen, y que hablan en serio. El famoso lema de Lexus, "La búsqueda incesante de la perfección", ciertamente no es nuevo. Y cabría imaginar que ha perdido fuerza con el tiempo. Pero cuando pregunto a los consumidores sobre él, casi siempre oigo decir lo mismo, esté donde esté: funciona. Y si cavo más hondo para saber por qué esas seis palabras hacen que la gente respete y admire a Lexus, suelo oír cosas como "Se nota que toman en serio la calidad" y "Lexus es un lujo accesible". Esta marca logró, en efecto, lo imposible: confeccionar un lema que la encarna y que cuenta su historia en forma creíble para la mayoría de los consumidores, aun aquellos que no pueden permitirse comprar un Lexus.

Lo cierto es que un Lexus, BMW o Mercedes-Benz cuesta casi lo mismo. Pero mientras que la gente de mercadotecnia de BMW, "la máquina de manejo suprema", se la pasa hablando de "dicha" y "placer", y los anuncios de Mercedes hablan... bueno... de nada coherente, Lexus te recuerda siempre que puede su "búsqueda de la perfección". ¿Por qué? Porque su mensaje acierta rotundamente en una palabra: *búsqueda*. Nunca ha dicho: "Soy perfecto." En esencia, la perfección es buscarla.

En abril de 2010, Lexus, integrante de Toyota, se convirtió en "la compañía de automóviles de lujo con mayores ventas anuales en Estados Unidos durante diez años consecutivos".[4] Leíste bien. Con más ventas que BMW, Mercedes, Cadillac, Lincoln, Audi y Land Rover. Esto es grandioso, y se consiguió en poco tiempo. Velo de esta manera: cuando se fundó Lexus, el presidente de Estados Unidos era George H. W. Bush (1989-1993). Cuando se fundó BMW, el presidente era Woodrow Wilson (1913-1921). ¿El ocupante del puesto cuando el mundo conoció el primer Mercedes? Grover Cleveland (1885-1889, 1893-1897). Así que si haces cuentas, desde el lanzamiento de Lexus en Estados Unidos, en 1989, hasta que se convirtió en el automóvil de lujo más vendido en ese país, transcurrieron once años. Un poco más de contexto: en el tiempo que le llevó a George H. W. Bush romper su promesa de "ni un nuevo impuesto" y a Bill Clinton hacerse someter a juicio político, la división de lujo de Toyota vendió más que dos marcas alemanas supuestamente intocables en el mercado suntuario.

¿Estás oyendo, Detroit?

El poder de una frase como "La búsqueda incesante de la perfección" es su aptitud para fijar la norma aplicable a todos los demás. Y la perfección es una norma que en realidad nadie puede alcanzar. Así que adoptando ese mantra y fabricando productos que le dan credibilidad, Lexus ha obligado a la vieja guardia de la industria automotriz a jugar según sus reglas, no al revés. Sin embargo, déjame reiterar algo: tú puedes decir que eres perfecto, pero tienes que probarlo. Si quieres descubrir el modo más rápido de perder una venta, diles a tus clientes que eres perfecto, o que tu producto lo es. Por más que lo creas, ellos no. La supuesta superioridad de tu producto no puede basarse únicamente en tus palabras. Tiene que demostrarse. Oír en 2011 un anuncio que dice que un producto es "perfecto" desentonaría tanto como oír hoy un anuncio de la década de 1950 que dijera: "Cuatro de cada cinco médicos fuman Camel." "Nadie es perfecto" es una máxima por una razón. Puedes hablar sobre el trayecto y esfuerzo implicados, e incluso sobre las recompensas de la perfección, pero jamás debes afirmar que ya la alcanzaste. Hacer eso sería conformarse con un resultado, lo que pondría fin a la "búsqueda".

Nunca es fácil conversar con Mickey Drexler, director general de J.Crew, pero es un reto que siempre vale la pena. Drexler me simpatiza porque es un cartel andante y parlante de la pasión. Trata de tenerlo sentado en alguna parte hablando de un tema más de un par de minutos; es imposible. Esta vez acabamos platicando acerca de Levi's, la cual pasó de ser un icono estadunidense a un estudio de caso sobre cómo no dirigir una empresa. "Levi's es la compañía peor guiada del mundo", comenzó Drexler. Pero en vez de vapulearla, la utilizó para ilustrar un valioso argumento: la importancia vital de dirigir la atención al futuro:

Las ventas anuales de Levi's bajaron de ocho mil a cuatro mil millones de dólares, cuando deberían ser de doscientos mil. Es una pesadilla. Levi's simplemente no ve el futuro. Si hoy quieres hacer algo en el mundo, debes ir adonde él va. Ella no. Tan sencillo como eso. Todos los días que venimos a trabajar, mi deber aquí es seguir subiendo la barra. Lo que suceda hoy no es lo mismo que pasará mañana. Me gusta J.Crew porque todos los días cambia. Como quizá ya hayas notado, me aburro muy pronto. Me agradan los líderes que se enojan, que muestran su cólera, que se preocupan, porque eso hace que también las tropas se preocupen.

Levi's perdió el rumbo porque se rindió en su búsqueda de la perfección. Dejó de importarle lo que hacía, a diferencia de sus días de gloria, en los que la supremacía de Levi Strauss era inobjetable. Dejó de prestar atención al futuro, y éste llegó de pronto sin que ella se diera cuenta.

El iPod de Apple es el reproductor de MP3 "perfecto" porque aporta justo lo que la gente quiere –facilidad de uso y sencillez–, no porque sea perfecto en sí mismo. Mi iPod se congela a veces, lo que me obliga a buscar en Google "cómo reiniciar un iPod", porque el procedimiento, aunque simple, se me olvida. Apple no asegura que sus iPods, iPhones o iPads sean perfectos, pero vende el valor que ofrecen –su facilidad de uso– tan intensamente como cualquier otro de sus productos físicos. Desde la perspectiva de la comunicación, la mejor estrategia es reconocer que nada es perfecto, porque esto te otorga credibilidad instantánea, aun si la imperfección es lamentablemente obvia.* La perfección es imposible de alcanzar, pero debería ser nuestra aspiración permanente. Para inspirar a tu público, debes hacerle saber que nunca dejarás de intentar acercarte a ella tanto como puedas.

Y si te equivocas, admítelo. Steve Jobs aprendió esto a la mala. Perfección y expectativas son el doble filo de la misma navaja. Cuando has hecho una carrera espectacular creando algunos de los aparatos electrónicos más asombrosos y vanguardistas del mundo, las críticas se acumulan rápido si no cumples las expectativas. Esto fue justo lo que ocurrió cuando Jobs lanzó el iPhone 4, en el verano de 2010. Algunas personas –por más que hayan sido una fracción reducida del total de usuarios– empezaron a decir que se les cortaba la llamada cuando sostenían sus flamantes iPhones de cierto modo. Para desgracia del empeñoso equipo de Apple, la mayor parte de la información sobre el iPhone 4 se centró en sus problemas de recepción, no en sus increíbles innovaciones.

La blogósfera enloqueció. YouTube se llenó de rudimentarios videos de clientes furiosos. El nuevo iPhone, el más reciente intento de Jobs por ofrecer al mundo un artefacto capaz de cambiar las reglas del juego, no funcionaba. Bueno, no precisamente eso, pero ése fue el argumento que los blogueros querían dejar asentado, y lo hicieron. Un autor, blogueando para breaking globalnews.com, dijo: "Como se ha cubierto ya ampliamente en la red, la recepción del iPhone 4 parece fallar cuando el teléfono se sostiene con la mano izquierda. ¿Cuál es el problema?, preguntó Steve Jobs. "No lo agarren así." Muchas gracias, amigo."[5] Según el *Daily Mail* de Gran Bretaña, la reacción de Jobs no fue tan burda: "Jobs dio un extraño consejo al responder al correo de un usuario en la página de noticias de tecnología Ars Technica, el cual se

---

* Te sorprendería saber cuán a menudo no lo es.

quejó de la pérdida repentina de señal. En forma algo brusca, el señor Jobs replicó: 'No lo sostengas así. Todos los teléfonos tienen áreas sensibles.'"[6]

Luego de tres semanas de atención de los medios, referencias negativas y el surgimiento de "Antennagate", el 16 de julio Jobs dio por fin una conferencia de prensa para tratar el asunto. Sin embargo, los admiradores y apóstatas de Apple sufrieron igual decepción si esperaban una disculpa del icónico y a veces irascible director general de la compañía. La rueda de prensa principió con la "iPhone Antenna Song", éxito en YouTube, cantada por un ridículo defensor de Apple que dijo: "A los medios les encanta un fracaso en medio de una cadena de éxitos." Luego, todo fue de mal en peor. Jobs apareció para ofrecer un montón de datos, cifras y estadísticas que, según él, demostraban que los problemas de recepción no eran exclusivos del nuevo iPhone 4. Presumió que Apple había vendido más de tres millones de unidades tres semanas después de su lanzamiento, y que sólo 0.55 por ciento de los compradores habían hecho contacto con la compañía para quejarse de problemas de recepción. Posteriormente anunció que muy pocas personas habían regresado el iPhone 4, y que su tasa de devolución a AT&T era de apenas 1.7 por ciento, contra seis por ciento del iPhone 3GS. Usando un BlackBerry Bold, un Samsung Omnia II y un HTC Droid Eris, demostró que también otros teléfonos experimentaban los mismos problemas que la gente planteaba sobre el nuevo iPhone. "La mayoría de los teléfonos inteligentes se comportan exactamente igual", afirmó. "Así es la vida en el mundo de los teléfonos inteligentes; no son perfectos. [...] Éste es un reto para la industria telefónica, y todos hacemos nuestro mejor esfuerzo."[7]

He escrito mucho sobre Jobs en este libro porque creo que fue el emprendedor más importante de mi generación. Dentro de cien años su nombre será tan distinguido y apreciado como lo es hoy el de Alexander Graham Bell. Pero semidiós o no, el modo en que el equipo de comunicación de Apple y Jobs mismo manejaron los problemas de antena del iPhone 4 fue, como diría Obama, "un momento instructivo".

Entre las primeras cosas que yo les digo a los comunicadores corporativos cuando algo marcha mal es que deben admitir que algo marcha mal. Punto. Esto es especialmente cierto cuando los hechos son indiscutibles y de conocimiento público. En el caso de Apple, tan pronto como en YouTube proliferaron videos que mostraban claramente dónde y cómo el teléfono perdía la señal cuando se le sostenía de cierta manera, no había otro curso de acción apropiado. Piensa en Bill Clinton clamando inocencia después del vestido azul. Para poder resolver un problema, primero tienes que admitirlo. No puedes remediar algo que para comenzar niegas que existe.

Así que en vez de dar veinte frustrantes pasos agresivos-pasivos para pasar de A a B (diciendo que todos los teléfonos inteligentes tienen esos problemas, que la fórmula del indicador de recepción falló, que se puso un indicador donde su suponía que la gente sostendría el teléfono, que los medios la tomaron contra Apple, etcétera), Jobs pudo haber dado uno solo: "Cometimos un error." Con tres palabras habría podido parar en seco el asunto. El problema de tantos pretextos y confusión es que Apple es Apple. El argumento de "Así es la física" no resulta válido para una de las compañías de tecnología más rentables y exitosas del siglo XXI. Si Jobs hubiera sido más humilde, podría haber evitado que los observadores de la tecnología escribieran diatribas.

Quizá estaba en lo cierto y nunca hubo un "problema". Pero parecía haberlo, y los medios lo reportaban así, de tal forma que lo había. Jobs adoptó un tono defensivo e irritable, cuando debía haber sido comprensivo y empático. Si sencillamente hubiera reconocido el problema tan pronto como empezó a registrarse (no tres semanas después), exponiendo un plan específico de lo que haría la compañía para remediarlo y explicando qué podían hacer los clientes entre tanto, Jobs habría evitado un inmenso y bochornoso dolor de cabeza de relaciones públicas a una compañía que se precia de su grandeza, y el desliz del iPhone 4 habría sido mucho menos dramático.

A nadie le sorprende que Microsoft salga con un nuevo programa que (en un primer momento) decepciona. Todos dan por supuesto que Windows fallará, tendrá errores y contraerá virus. Así son las cosas: mañana saldrá el sol y tu computadora se congelará en el momento menos oportuno, como al escribir este libro. Claro que Microsoft algún día atinará (énfasis en algún día). Pero cuando se trata de Apple, nuestras expectativas son mucho más altas, justo porque esta organización ha dedicado abundante tiempo y dinero a cerciorarse de que sus productos no tengan rival en diseño, innovación, funcionalidad y calidad. ¿Cuándo fue la última vez que te topaste con la pantalla azul de la muerte en tu MacBook? Eso es justo a lo que me refiero.

Cuando llegas a un nivel de éxito en el que los clientes esperan perfección, actúa en consecuencia. En las vertiginosas alturas de la estratósfera de Steve Jobs/Apple, hay que asumir la responsabilidad de casi todo lo que marcha mal, aun si se cree tener la razón. Esto con frecuencia significa aprender frases difíciles de pronunciar, en exóticos idiomas extranjeros, como "Me equivoqué", "Asumo toda la responsabilidad de lo que pasó" y "Lo lamento". También quiere decir no parecer nunca a la defensiva, fastidiado o molesto de que los consumidores se hayan atrevido a quejarse de algo que no satisface del todo sus expectativas. El cliente siempre tiene la razón, aun si no es así. Los ganadores admiten la derrota antes de que ésta los tome por sorpresa. Acepta el fracaso. Asume la responsabilidad. No pongas pretextos.

A continuación aparecen varias características de los directores generales o líderes de negocios. Elige las que te inspiren más respeto.*

	TOTAL
Nunca ponen pretextos. Asumen la responsabilidad de los fracasos y reconocen a los demás por los éxitos.	57%
La capacidad de ver el reto y la solución desde todos los ángulos.	36%
La disposición a fracasar y la fortaleza para recuperarse y volver a intentarlo. Siempre buscan la manera de hacer las cosas.	28%
La capacidad de sintonizar con los demás y producir una química de equipo perdurable.	27%
La capacidad de avanzar cuando a su alrededor todos se atrincheran o retroceden.	24%
La capacidad de ver lo que todavía no existe y darle vida.	21%
La capacidad de captar la dimensión humana de toda situación.	21%
La capacidad de distinguir entre lo esencial y lo importante.	20%
La capacidad y motivación para hacer más y mejor.	20%
La capacidad de comunicar su visión en forma apasionada y persuasiva.	17%
La capacidad de saber qué preguntas hacer y cuándo hacerlas.	15%
Curiosidad por el futuro y lo desconocido.	5%
Amor a la vida.	5%
Pasión por las aventuras de la existencia.	5%

*Fuente: The Word Doctors, 2010.

En *La palabra es poder* escribí brevemente sobre Steve Wynn, diciendo que en ese entonces treinta por ciento de los estadunidenses reconocían su nombre y sabían que significaba calidad certificada y garantizada. Puedo asegurarte que hoy ese número ha aumentado. ¿La razón? He aquí una explicación mejor que la que yo podría escribir, procedente de un artículo aparecido en *BusinessWeek* dos semanas *antes* de que Wynn Las Vegas abriera sus puertas (y mucho antes de que empezaran a ponerse los cimientos de Encore):

Wynn es famoso por su obsesión por los detalles. Daniel R. Lee, alguna vez director financiero de Mirage Resorts, de Wynn, y quien [dirigía] Pinnacle Entertainment Inc., recuerda que aquél lo criticó una vez por un informe anual que él creía muy bien hecho. "Me dijo que había un infinitivo con adverbio inter-

calado en la página 23", señala, y que tuvo que corregir su error de inmediato, a un costo de nueve mil dólares. Cuando se lo hizo saber a Wynn, el jefe replicó: "Si estás a un paso de la perfección, ¿por qué no tratar de alcanzarla?".[8]

A Wynn lo precede su fama de perfección. Su nombre significa calidad, sofisticación y detalle. Está tan cerca de la perfección como puede estarlo un mortal en este mundo. Así que bautizando con su apellido su hotel más emblemático y asegurándose de que Encore mantenga normas iguales, Wynn incorpora valor intangible a su producto mediante el uso de cuatro simples letras.

PERFECCIÓN: DIRIGIR CON EL EJEMPLO

Entre todos los errores que he visto cometer a directores generales y líderes de negocios a lo largo de los años, no dirigir con el ejemplo suele ser uno de los más graves y perjudiciales. A diferencia de una imprecisión financiera u otros actos de malversación en las alturas, decir una cosa y hacer otra es uno de los medios más rápidos de aniquilar la moral y hacer que se evapore el respeto de los empleados por su líder. Después de todo, cuando los trabajadores saben que su gerente, supervisor o director general exige nada menos que lo mejor –siempre–, esta mentalidad termina por imponerse al paso del tiempo. Para aquellos a quienes les importa, así como para los empleados interesados en la compañía y su causa, tu compromiso con la perfección se convertirá a la larga en el suyo. Tienes que dirigir con el ejemplo.

Así seas líder de una docena de personas o de ciento veinte mil en el mundo entero, es tu deber fijar la visión estratégica de tu división, tu campaña, tus electores. El camino a la perfección te obliga a crear esa visión, estableciendo normas y expectativas. Esto te permite definir lo que tu organización postula y lo que esperas que todas las personas inscritas en la nómina te ayuden a cumplir. Para Virginia Airlines, significa desarrollar y mantener un equipo de sobrecargos que no sólo comprendan, sino que también den vida a la misión corporativa de prestar el servicio más atento y distintivo de la industria. Seamos honestos: ofrecer barra libre en los aviones debería ser razón suficiente para seguir al fundador de Virgin, Richard Branson, hasta los confines mismos de la Tierra.

La perfección posee un poder más sutil que impulsa a los empleados a hacer lo mejor para la compañía aunque esto signifique tantas salidas tarde que ya no sepan cómo son las ocho de la noche (si bien esto no quiere decir que así es como deben trabajar o vivir tus empleados). Déjame explicar primero cómo funciona esto. Quizá hace uno o dos años hayas visto cierto comercial de Liberty Mutual, la tercera aseguradora inmobiliaria y contra accidentes de Estados Unidos en 2009.[9] Lo resumiré lo más que pueda, aunque me interesa que entiendas qué sucede en él para que puedas apreciar el mensaje. Esto es genuina perfección publicitaria.

Un hombre baja de la banqueta y de una carriola ve caer el osito de una niña.
Se agacha, recoge el muñeco y vuelve a ponerlo en la carriola.
La madre, ocupada en un teléfono celular, le da las gracias y sigue su camino.
En la siguiente escena, la misma madre está en una cafetería y ve que una taza de la mesa vecina está muy cerca de la orilla, así que la empuja para que no se caiga. El hombre frente a la taza sonríe y se muestra muy agradecido.
Afuera de la cafetería, un sujeto ve a la madre mover la taza: atestigua su acto de amabilidad. Al seguir su marcha bajo el aguacero, ayuda a un hombre que ha resbalado y caído en el pavimento mojado.
Otro individuo ve este favor, que lo motiva a detener la puerta del elevador en un edificio para que una señora, que se acerca corriendo, pueda abordarlo.
En la escena siguiente, un desconocido que estuvo en ese elevador golpea la ventana trasera de un coche para avisar al conductor que está a punto de chocar con una motocicleta.
Una mujer que pasa caminando con una bolsa de compras del súper ve esto, y a continuación aparece en su oficina deteniendo a un compañero a punto de caer de espaldas en su silla mientras habla por teléfono.
Otra compañera presencia ese favor casual, que la inspira a empujar a un hombre para que no le caiga una pila de cajas encima.
Alguien nota al pasar ese acto de valor, que lo insta a ceder el paso a otro coche en la salida del estacionamiento, pese a la lentitud del tráfico.
El último individuo en ser amable pasa al trote junto a otra niña cuyo osito se ha caído de la carriola.
El corredor se detiene, recoge el osito, lo devuelve a la carriola y sigue su camino.
El padre de la niña resulta ser el hombre del principio del comercial, el que recogió el osito para la madre que hablaba por teléfono.

Fin.

Aparte de la necesidad de poner Velcro en los ositos de los niños, ¿qué adviertes en este comercial? ¿Cuál es su tema recurrente? Que la amabilidad es contagiosa. En cada escena, el casual acto cortés y la responsabilidad de alguien inspiran a otro a devolver el favor. Es un círculo virtuoso.

Lo mismo puede decirse de la perfección y su inserción en tu cultura. Entre más vean cobrar vida tus empleados, socios y colaboradores a tu dedicación a la perfección, más dispuestos estarán a abrazarla. Al igual que la bondad, el entusiasmo y la pasión por lo que haces son contagiosos.

Cuando entrevisté a Marc Cherry, creador y productor ejecutivo de la exitosa serie de televisión *Desperate Housewives* (*Esposas desesperadas*), descubrí que se trata de un líder apasionado que practica lo que predica. Le pedí que me explicara cuándo es correcto ceder y cuándo es suficiente. "Tienes que escuchar la voz en tu interior que dice: 'Si cedes en esto, vivirás para lamentarlo'", me explicó.

> *Pero también tienes que escuchar a tus entrañas cuando dicen: "En este caso, creo que puedes vivir con una componenda." Para mí, todo se reduce a hacerle caso a esa voz interior. Porque a veces he transigido a sabiendas de que no debía hacerlo, aunque lo hice porque estaba cansado, o por conveniencia. Y luego me doy de topes en la sala de edición al ver en la pantalla el resultado de mi componenda, y que yo tenía razón, y que los demás estaban equivocados. Pero el único culpable entonces soy yo, por haber permitido que eso sucediera.*

Mientras más capaz seas de mostrar tu compromiso con la excelencia y la perfección como Marc Cherry, más infundirás en quienes trabajan para ti una sensación de perfección alcanzable. No hay un solo ganador, campeón o caso de éxito que no haya dedicado tiempo, esfuerzo y persistencia a buscar la perfección.

PALABRAS PERFECTAS

He aquí los diez términos que comunican la búsqueda de la perfección:

DEMOSTRAR PERFECCIÓN

1. Sin pretextos
2. Extraordinario/excepcional
3. Mejora continua
4. Sin sorpresas
5. Sin complicaciones
6. Sin preocupaciones
7. Flexibilidad sin igual
8. En tiempo real
9. Soluciones permanentes
10. Satisfacción total

Comienzo con *Sin pretextos* porque es una expresión que simboliza la búsqueda de la perfección mejor que cualquier otra. Entre todas las frases que he puesto a prueba para atacar la falta de confianza en las empresas, la política, los medios y las demás instituciones que rigen a Estados Unidos, no hay otra que capte mejor que ésta lo que el pueblo de ese país realmente quiere de sus diversos líderes. "Sin pretextos" no garantiza la perfección ni el éxito, pero transmite buenas intenciones y el propósito de hacer el máximo esfuerzo. Claro que si dices "Sin pretextos", tienes que cumplir.

Extraordinario/excepcional son los términos que mejor describen los productos y servicios que rebasan lo habitual. Las referencias a los ganadores incluidos en este libro, y a la forma en que ellos mismos describen lo que hacen, suelen contener estas palabras, porque muestran vívidamente la diferencia entre los esfuerzos de esos individuos y una actitud más ordinaria y tradicional.

Mejora continua ocupa un sitial más alto que "el mejor en su tipo", porque articula esfuerzo e intención tanto como resultado. Los ganadores se centran en el futuro, no en el pasado ni el presente. Para ellos, tener éxito este año no indica que el próximo vaya a ser mejor, o siquiera igual. "El mejor en su tipo" es una frase estática. A los consumidores no les gusta que te duermas en tus laureles, aun si eres el mejor en determinado momento. Quieren saber que el producto que compran este año es mejor que el del año pasado, y estarán dispuestos a volver a comprarlo el próximo si la mejora es comprobable.

Sin sorpresas es, otra vez, un enfoque negativo para una población negativa, pero comunica justo lo que los estadounidenses quieren en sus productos y servicios. Se trata de una locución similar a "Nosotros estamos detrás de nuestro [completa aquí con el nombre del producto]" para asegurar que las cosas funcionarán exactamente como se prometió. Para ser franco, casi ninguno de los ganadores entrevistados para este libro usó "Sin sorpresas" para describir lo que hace o cómo lo hace; pero como se trata de un atributo tan deseado por los consumidores, merece un lugar en esta lista.

Sin complicaciones se ha hecho un sitio en la última media década en el vocabulario de negocios de Estados Unidos, a medida que cada vez más compañías se dan cuenta de que los consumidores están dispuestos a pagar un poco (hasta quince por ciento) más con tal de evitar las diarias molestias de la vida. "Sin complicaciones" es "No tienes que armarlo" y un instructivo de una o dos páginas, no un libro. Significa que enciendes el aparato, el que sea, y te sigues. De hecho, hoy un porcentaje creciente de estadounidenses consideran un "estilo de vida "sin complicaciones" como una de sus prioridades principales.

Sin preocupaciones fue en un principio una expresión de uso común en Australia para concluir una conversación, como los estadunidenses dicen: "Que tengas buen día." Pero en años recientes ha visto enriquecer su significado como medio para comunicar la confiabilidad a largo plazo de un producto o servicio. Si "Sin complicaciones" atañe a las dificultades diarias, "Sin preocupaciones" alude al panorama general. Hace saber que el coche arrancará así haga frío o calor, que la televisión encenderá por vieja que esté y que el refrigerador no se descompondrá aun si los niños azotan la puerta o lo dejan abierto.

Flexibilidad sin igual toma dos atributos esenciales y los combina en una característica muy deseable. Si "personalizado" es la manera de comprar un producto perfecto, "flexibilidad sin igual" es el modo de usarlo.

LECCIONES DE LUNTZ

LAS REGLAS PARA TU BÚSQUEDA INCESANTE DE LA PERFECCIÓN

1. **Perfección = cada experiencia, cada momento, es mejor que el anterior**
   No necesitas tener la vena teatral de Gordon Ramsay en la pantalla para buscar la perfección. Pero sí su dedicación tras bastidores, en la cocina, para conseguir productos siempre en pos de la perfección.

2. **Cada ganador busca la perfección *de manera diferente;* más que la naturaleza de la acción, lo que importa es la potencia del estímulo**
   Tu pasión puede manifestarse en quieta intensidad o actividad audaz. Lo importante es que sepas cómo canalizarla, y que no dejes de hacerlo jamás.

3. **Nunca es suficiente**
   No importa a quién o qué vendas; si quieres vencer a tus competidores, busca la perfección. Sin tregua. Si tú no lo haces, ellos lo harán.

4. **La perfección te distingue**
   Los consumidores reconocen la búsqueda de la perfección cuando la ven. Y aun si no la ven, pueden *sentirla*... en el modo en que se cierra de golpe la puerta del carro. O al experimentar una dicha pacífica en un hotel de cinco estrellas. Presta atención a todos los detalles, y obtendrás la atención que mereces.

5. ***Dirige* con el ejemplo el camino a la perfección**
   Como mínimo, tus empleados esperan que practiques lo que predicas. Si no estás con ellos en las trincheras, no te seguirán en la batalla. Pero no se trata de hacer lo mínimo; la perfección jamás lo es, y los ganadores no lo hacen nunca. La *mejor y más alta* razón para dar ejemplo es inspirar a otros a dar lo máximo, como tú.

En tiempo real es la nueva forma de llamar a lo que antes era "casi ins-tantáneo", y la manera en que un creciente número de nosotros vive, así como lo que esperamos de lo que usamos. La definición de perfección es "lo que queremos, cuando lo queremos", y "en tiempo real" es la mejor descrip-ción de cuándo lo queremos. La Nielsen Company, en esencia una firma de encuestas y medición, se ha vuelto la más profesional del mundo en la in-vestigación en tiempo real, pues ha desarrollado tecnología para brindar co-nocimientos instantáneos (no sólo números) a miles de clientes, entre ellos la mayoría de las personas entrevistadas en este libro.

Soluciones permanentes es como los ganadores definen el resultado de su labor. No hacen, ni es su intención, cosas que funcionen un rato. No quieren venditas para un sistema inoperante. Hacen cosas duraderas. Éxito es crear algo que la gente necesita, que perdure. Un ganador no sólo crea ese producto, sino que también perfecciona un sistema de producción. Por eso "Soluciones permanentes" y "Escalable" se oyen tan a menudo en una mis-ma conversación.

Satisfacción total ha remplazado a "Satisfacción garantizada o la devo-lución de su dinero" como el resultado deseado por los clientes. ¿Por qué? Si alguien necesita que le regresen su dinero, es obvio que algo marchó mal. Presumir la calidad de un servicio de reparación equivale a reconocer que el producto fallará. A la inversa, "Satisfacción total" significa que no tendrás que preocuparte por reembolsos o reparaciones, porque estarás completa-mente satisfecho a todo lo largo de la vida del producto, justo lo que los ga-nadores aspiran a ofrecer.

7

PARTICIPACIÓN EN COMÚN
Alínea palabras y actos

Si vi más lejos que otros es porque me paré en hombros de gigantes.
—ISAAC NEWTON

Juntarse es el principio; mantenerse unidos, progreso; trabajar juntos, éxito.
—HENRY FORD

Observa, escucha y aprende. No puedes saberlo todo. Quien cree lo contrario está destinado a la mediocridad.
—DONALD TRUMP

Hace mucho tiempo —en el año 1624 para ser exactos–, el escritor inglés John Donne se recuperaba de una grave enfermedad. Dedicó entonces su tiempo a contemplar su mal. Se puso a escribir, y veintitrés capítulos después el mundo recibió *Devotions upon Emergent Occasions* (Plegarias para ocasiones imprevistas). Cada capítulo estaba dividido en tres partes: una meditación, una reconvención y una oración.[1] De éstas, la más famosa es la Meditación 17. Quizá ya la conozcas, y es muy probable que la hayas visto citada en parte:

Nadie es una isla; cada cual compone una pieza del continente, una parte del todo. Si un terrón es arrastrado por el mar, Europa se reduce, como si fuese un promontorio, como si la heredad de tu amigo o la tuya propia lo fuera; la muerte de quienquiera me disminuye, porque estoy ligado a la humanidad, así que no mandes nunca a saber por quién doblan las campanas; doblan por ti.[2]

Es increíble que muchas veces nos baste con volvernos a los pensadores del pasado para tener una mejor idea de cómo mirar al futuro. La versión de Twitter en 2011 podría ser algo más acorde con esto:

@DonneFan92: N vays slo. Ncsits gte p/llgr. To2 vmos jtos. #doblancmpnas.

(Lo único que reconozco a Twitter es que obliga a la gente a ser concisa, aun a expensas de la claridad. Puede ser difícil meter hondas ideas en un máximo de ciento cuarenta caracteres, pero al menos se hace hincapié en la eficiencia.)

En su libro más reciente, *Guerra*, el afamado periodista Sebastian Junger hace una versión actualizada del argumento de Donne a través de la lente del combate moderno. "El combate es una serie de decisiones rápidas y actos precisos, [...] más parecido al futbol que a una pelea entre pandillas", escribe. "La unidad que mejor coordina sus acciones suele ganar. [...] La coordinación requiere siempre que cada hombre tome decisiones no con base en lo mejor para él, sino para el grupo. Si todos lo hacen así, la mayoría sobrevive. Si nadie lo hace, la mayoría muere. Esto es en esencia el combate."

Lo que Donne escribió hace casi cuatrocientos años es tan relevante como lo que Junger escribe hoy. "En esta nueva ola tecnológica, no puedes hacer todo tú solo. Tienes que hacer alianzas." Lo dijo el principal ganador de 2010, Carlos Slim Helú, el hombre más rico del planeta. Los ganadores entienden que necesitan a los demás para cumplir lo que se proponen. Que no lo saben todo. Que quizá no sean los más inteligentes en la sala, aun si nunca lo admitirían. Pero, sobre todo, que el todo suele ser mayor que la suma de sus partes. Y ésta es la fuerza que impulsa a algunas de las asociaciones más poderosas y exitosas que el mundo haya visto.

Las mejores compañías son conducidas por líderes que saben que ellas existen gracias a un pacto con sus clientes, empleados y las comunidades en que operan. Se trata de un banco de cuatro patas que no podría funcionar de otra manera. Destruye una pata de ese pacto y destruirás toda la empresa. Los ganadores siempre recuerdan una cosa: no ofender a quienes más necesitan a su lado.

Alguien debería habérselo dicho al alto mando de British Petroleum (BP). El 20 de abril de 2010, once hombres murieron en una gran explosión en la plataforma petrolera Deepwater Horizon de esa compañía en el Golfo de México. Un mes después, el entonces director general, Tony Hayward, se disculpó con el pueblo estadunidense por el daño causado. Pero renuente a dejar las cosas así, decidió meterse en camisa de once varas. "Nadie desea más que yo que esto termine", explicó, con un tono nostálgico, casi sombrío. "Quiero recuperar mi vida."[3]

En un nanosegundo, Hayward se convirtió en el enemigo público número uno de Estados Unidos, el director general más odiado del mundo y símbolo vivo y palpitante de lo que no está bien en las corporaciones estadunidenses. Inmediatamente después del peor desastre ambiental en la historia de ese país, casusado por una compañía petrolera extranjera (para muchos el mal encarnado) y en el que murieron animales, se perdieron empleos, se paralizaron sistemas económicos y se arruinaron vidas en cantidades imposibles de contabilizar, ¿el demasiado bien remunerado director general de BP casi lloraba –ante las cámaras– por querer recuperar *su* vida? Sencillamente de no creerse.

Para no quedarse atrás de la burda exhibición de gimoteo pueril de Hayward, el presidente de esa misma corporación, Carl-Henric Svanberg, dijo apenas dos semanas después: "He oído decir que las grandes compañías petroleras son codiciosas o indiferentes. No es nuestro caso. Nos importa la gente menuda."[4] Aquélla fue una mañana ideal para comprar acciones de Lowe's, donde, según me dicen, se pueden comprar antorchas para hordas enfurecidas a precios de descuento.

En defensa de Svanberg, hay que señalar que es sueco. Es obvio que el inglés no es su lengua materna. Y es probable que no haya querido insultar a todos los seres humanos de la región del Golfo; es más, estoy seguro de que no quiso hacerlo. El hecho es que eso no importa. Recuerda que la gente no escucha (ni ve) lo que tú dices, sino lo que ella oye (y ve). Los altos ejecutivos de BP parecían aturdidos por tanto enojo y frustración a causa de un "pequeño" derrame de petróleo. Hayward tenía fiestas en yates a las que asistir, y todo ese alboroto de limpiar trastornaba su calendario social. ¿Los pescadores de Louisiana no entendían eso?

La lección aquí es simple: cuando te comunicas con la gente (o sea siempre), recuerda que te comunicas con personas. Sobre todo si has hecho algo malo, como destruir una masa de agua completa y los ecosistemas circundantes, no conviertas el problema en un contratiempo para ti. Tú no existes. Tu único deber es remediar el problema. Así hayas vendido productos defectuosos o mantenido cinco horas en la pista un avión lleno de pasajeros, por lo que respecta a tus comunicaciones, tu vida es insignificante. El cliente –o la parte molesta– es lo único que importa. Ponte en sus zapatos. Que la comunicación trate de ti, a menos que hables de cómo *los* vas a ayudar, sólo eclipsa cualquier indicio de sinceridad o credibilidad en tu favor.

Considera el siguiente intercambio entre Hayward y el representante de Florida Cliff Stearns durante la declaración rendida por aquél ante el Congreso tras el derrame de petróleo de BP:

REPRESENTANTE CLIFF STEARNS: ¿Sería apropiado decir que el derrame de petróleo en la costa que me reporta el pueblo de Florida se debió a una imprudencia de BP? ¿Sí o no?

TONY HAYWARD: Es consecuencia de un gran accidente.

REPRESENTANTE CLIFF STEARNS: No, ¿sí o no? ¿Imprudencia o no?

TONY HAYWARD: No hay pruebas de imprudencia.

REPRESENTANTE CLIFF STEARNS: ¿Así que usted afirma hoy aquí que BP no cometió ninguna imprudencia? ¿Es ésa es su posición?

TONY HAYWARD: No hay pruebas de imprudencia.

REPRESENTANTE CLIFF STEARNS: No, ¿sí o no? Usted dice que BP no cometió ninguna imprudencia, eso es lo que nos está diciendo.

TONY HAYWARD: Yo no he visto pruebas de imprudencia.

REPRESENTANTE CLIFF STEARNS: Está bien. Usted afirma oficialmente que no hubo imprudencia. ¿Alguien en BP ha sido despedido a causa de este incidente? ¿Cualquier persona?

TONY HAYWARD: No...

REPRESENTANTE CLIFF STEARNS: ¿Sí o no?

TONY HAYWARD: Hasta ahora no.

REPRESENTANTE CLIFF STEARNS: No se ha despedido a nadie. Entonces usted, el capitán de la nave, choca con Nueva Orleans, arroja todo ese petróleo, causa todos esos daños en Alabama, Mississippi, Florida, Louisiana ¿y no despide a nadie?

TONY HAYWARD: Nuestra investigación está en proceso.

REPRESENTANTE CLIFF STEARNS: Supongamos que su investigación dura tres años. ¿Esto quiere decir que usted no despedirá a nadie?

TONY HAYWARD: Cuando la investigación llegue a conclusiones, tomaremos las medidas necesarias.[5]

Puedes ver este intercambio en YouTube, aunque prepárate para sentir pena ajena. En defensa de Hayward, postura que me cuesta trabajo tomar, hay que reconocer que un equipo de abogados le dijo lo que podía y no podía admitir, comentar y decir. Si hubiera respondido directamente, habría aceptado la culpabilidad legal de BP sobre todas las repercusiones de la explosión, aun si la causa hubiera sido una parte defectuosa fabricada por un tercero. Pero

más allá de cualquier imprudencia real de BP, una explosión en una plataforma petrolera que quita la vida a once personas y vierte millones de galones
de petróleo a las aguas del Golfo es una imprudencia para cualquiera, sobre todo si la playa en tu patio trasero está a punto de ser destruida por un
Armagedón engrasado. Las equívocas palabras de Hayward no funcionaron.

En términos generales, a los estadunidenses no les agradan ni se identifican en particular con los directores generales. En especial con los directores
generales extranjeros. En especial con los directores generales de compañías
petroleras extranjeras. Dada esta condición preexistente en la psique estadunidense, Hayward optó por hablar como sospechoso versado en leyes, a su
cuenta y riesgo (y de BP). Anduvo con evasivas. Se negó a contestar aquellas difíciles preguntas porque entendió que el representante Stearns le estaba dando cuerda suficiente para ahorcarse solo. Pero aunque no mordió
el anzuelo, se las arregló para echarse la soga al cuello y volcar la silla. Habría podido decir: "Si imprudencia es ser indiferentes a las repercusiones
que enfrenta la gente y la región, no, no hemos sido imprudentes. Estamos
muy preocupados...". Pero no lo hizo. Peor aún, cuantas veces habló, ante el
Congreso o en un anuncio en la televisión nacional, pareció reservado. Distante. Atrapado en el centro de un drama humano, con todo y muertes, de-
vastación y una muchedumbre enojada, Hayward prescindió de su capacidad
y disposición a comunicarse como un ser humano. Se volvió robótico, dogmático y, peor aún, arrogante.

En un nivel más práctico, ignorar el aspecto humano de la comunicación
en casos como éste ofrece a tus competidores y críticos una línea de ataque
que de otro modo no tendrían. Al hacer comentarios públicos tan evidentemente torpes e insensibles, ambos jefes de BP se expusieron, más de lo que
ya estaban, a que los críticos trataran de pintar a su compañía como indife-
rente al sufrimiento humano en el Golfo. En términos generales, BP acabó
reaccionando bien, asumió toda la responsabilidad y dejó en claro que apor-
taría los recursos indispensables para resolver el problema, sin importar el
tiempo que esto tardara. Se asoció con la comunidad local, y dijo e hizo lo
correcto. Pero bastó con un par de pifias memorables para que los buitres se
abalanzaran sobre su presa. Sin estos comentarios —y con la adición de una
pizca de sentimiento o compasión en las declaraciones públicas de los ejecutivos—, las notas de los medios sobre BP habrían sido mucho menos negativas. La reputación de BP en Estados Unidos habría podido salvarse de
la completa aniquilación. Y Tony Hayward habría conservado su empleo.

Creo que el mundo de los negocios tiene mucho que aprender del de los
deportes, y por eso estas páginas contienen tantas referencias a grandes

atletas de la era moderna. Las estrellas del deporte dan por descontados principios de la victoria que el resto de nosotros aún debemos aprender. El comentarista deportivo Jim Gray ha sido durante tres décadas un sagaz observador del comportamiento de los atletas. Para él, lo que convierte a los grandes jugadores en ganadores es la participación en común, el trabajo en equipo. Dice Gray:

> *Eres tan bueno como tu eslabón más débil. Michael Jordan no se limitaba a presentarse en un partido. No podía pasarse el balón a sí mismo. Tenía que pasárselo a otro para que se lo devolviera. Sabía que de no ser por Phil Jackson, Frank Hamblen, Tex Winter y Jim Cleamons, que ponían a las personas correctas en los lugares indicados defensiva y ofensivamente; que de no ser por el entrenador que le vendaba los tobillos y la secretaria que se cercioraba de que el avión lo llevaría a tiempo a su destino; que de no ser por toda la confluencia de sucesos que implica ganar, él no ganaría. ¿Habría sido grande? Sí. Pero no habría podido hacerlo solo.*
>
> *LeBron James es grande, pero ¿ha ganado un campeonato? No. ¿Por qué? Porque quienes lo rodean no cumplen sus expectativas ni son capaces de elevarlo donde él podría estar, pues no hacen su trabajo tan bien como deberían.*
>
> *Tienes que confiar en la gente, tienes que permitirle hacer su trabajo y tienes que colocar a la mejor gente en un puesto para poder tener éxito como líder. Si no cuentas con elementos valiosos a tu alrededor y crees que todo se debe a ti, serás el primero en darte contra la puerta. Muchos que llegan cerca de la cima no comprenden que no fue sólo gracias a ellos, sino también gracias a todo lo que los demás hicieron por ellos.*

Las celebridades deportivas empezaron a prestar su popularidad a ciertos productos hace casi un siglo, pero los tratos de negocios entre deportes y marcas rara vez duraron, y a menudo sólo implicaron viajes y cosas gratis. La televisión volvió mucho más valiosa la relación para ambas partes, pero pocas marcas de consumo estaban dispuestas a soltar grandes cantidades para las estrellas del momento o a mantener más allá de unos meses una campaña de mercadotecnia. Todo eso cambió cuando un golpeado y maltrecho "Mean Joe" Greene lanzó su sucio jersey de futbol americano contra un chico anonadado antes de zamparse una Coca-Cola. Aún considerado uno de los mejores anuncios de todos los tiempos, ese comercial cambió la imagen del jugador y el producto y dio un gran empujón a la asociación deportes-productos. Años después, la cerveza Miller llevó a un nuevo nivel su marca Miller Lite al poner de relieve la colaboración jugador-producto. Más de una docena de leyendas del deporte, como John Madden, Red Auerbach y Yogi Berra, aparecieron en televisión para declarar "Sabe rico" o "Llena menos". El forcejeo verbal duró años, lanzando incluso la carrera artística de personalidades deportivas relativamente desconocidas como Bob Uecker y "Marvelous" Marv Thorneberry. Esto dio evidente notoriedad a Miller Lite.

Pero ninguna compañía lo ha hecho mejor que Nike. Ve cualquier encuentro deportivo del mundo y percibirás de inmediato una semejanza en todos. Del críquet en Asia (proveedor oficial del equipo nacional indio) al futbol europeo (patrocinador de casi todos los principales equipos y jugadores), el basquetbol estadunidense (Kobe Bryant, ¿quién más?) y Tiger Woods, el logo de Nike está ahí. No es casual que gente en todo el mundo quiera usar Nike: está dondequiera que mire. Pero hace treinta años, asociaciones como éstas estaban lejos de ser la norma. Todas se han basado en la madre de todas las relaciones, la de Nike y un basquetbolista flacucho y engreído de Carolina del Norte llamado Michael Jeffrey Jordan.

Fundada en 1964, esta compañía fabricante de calzado deportivo tardó sólo dieciséis años en apoderarse de la mitad del mercado estadunidense. Pero eso no fue suficiente para su fundador, Phil Knight. Cotizó su compañía en la bolsa en 1980 y comenzó a publicitarla en la televisión nacional en 1982, pero quería más. Años antes, la gente de Nike había firmado un contrato con el caprichoso tenista Ilie Nastase (una señal de los extravagantes gustos de la compañía), pero esta vez quería hacerla en grande, y Michael Jordan, de 21 años, era la estrella deportiva que buscaba. Había un problema, sin embargo. Converse era la primera opción de Jordan, y Adidas la segunda. Pero como Converse ya tenía a dos de los mejores jugadores de la liga (Larry Bird y Magic Johnson) e inexplicablemente Adidas no mostró interés, se abrió una oportunidad para Nike. Después de firmar con Jordan uno de los acuerdos promocionales más lucrativos de la liga, Nike emprendió una campaña para fortalecer su marca en torno a la naciente superestrella.

Conoces el resto de la historia, ¿verdad? Jordan se convierte en el principal atleta del planeta, y Nike vende decenas de millones de tenis. Pero espera. Quizá no sepas que en 1986, apenas dos años después de haberse firmado un contrato de cinco, Jordan quería zafarse. Para sorpresa de todos, la serie Air Jordan no se vendía, pese al éxito de Jordan en la cancha. Las pocas ventas se debían en parte a que el precio del producto al público era exorbitantemente alto, pero también a que faltaba algo en el proceso de diseño. Nike ignoró algo que hoy todos los miniexpertos en espectáculos deportivos dan por sentado: la colaboración entre los diseñadores y las estrellas.

Antes de Jordan, las compañías diseñaban su calzado deportivo pensando en lo que creían que se vendería, y los atletas lo usaban gustosamente, felices del ingreso extra y los zapatos gratis. Jordan y Nike cambiaron esta dinámica. El diseñador Tinker Hatfield, recién nombrado responsable de la línea Jordan de Nike, llevó a Michael a las oficinas generales en Portland para pedirle ideas de diseño. Para Jordan, ésta fue una suprema señal de respeto y lealtad, y lo convenció de quedarse con la compañía. Para Nike fue el comienzo de algo grande. Jordan participaría en adelante en el diseño de todos los productos con su nombre, y cada modelo que "su Aireza" ha creado se ha vendido como agua Evian en el Sahara. Mucho después de terminada la carrera deportiva de Michael, los Air Jordans siguen ocupando un lugar elevado entre las marcas de más alto precio en el mundo de los tenis, a veces de hasta más de ciento setenta dólares, para no hablar de lo que los fanáticos irracionales son capaces de pagar por pares originales de colección.

Hoy casi todos los atletas prometedores firman jugosos contratos de calzado casi inmediatamente después de hacerse profesionales, y los mejores, como LeBron James y Tiger Woods, participan en muy alto grado en el desarrollo de sus marcas personales. Este tipo de sociedades participativas entre Nike y sus atletas le han permitido convertirse en la primera y a menudo única escala para todas las estrellas ya consumadas o en ciernes, y durante décadas ha obligado a sus competidores a jugar a empatar.

Pero Nike no ha limitado sus asociaciones a patrocinios individuales. De hecho, algunos de sus más audaces pasos de negocios han consistido en adquirir marcas iconoclastas como Converse, Umbro, la compañía de calzado de lujo Cole Haan (que ha hecho pasar el término *tacones altos cómodos* de oxímoron a realidad gracias al acojinamiento de Nike Air) y la compañía de tablas para surfear Hurley. Así, ha desarrollado una cartera de colaboraciones de modas capaz de ofrecer a los clientes casi lo que quieran. Para hacer aún más explícito su dominio, la fusión en 2005 de Reebok y Adidas, los principales rivales de Nike, les rindió apenas veinte por ciento del mercado estadunidense. Ella controla treinta y tres por ciento.

Por lo que toca a las asociaciones en la industria del vestido deportivo, Nike pone la norma. Su capacidad para ver antes que nadie la importancia de la colaboración ha desempeñado una función integral en su ascenso. Sin Michael Jordan, Nike no se habría convertido en una de las marcas más reconocidas del planeta. Sin Nike, Jordan sería considerado quizá el mejor basquetbolista de todos los tiempos, pero no sería un icono global. Trabajando juntos, han ganado miles de millones de dólares y generado miles de millones de clientes leales.

QUÍMICA

Una asociación eficaz es aquella en la que el resultado combinado de las partes es muy superior al de las partes mismas. Algunos conocidos ejemplos podrían ser: macarrones y queso, Lennon y McCartney, Procter & Gamble,

Will & Grace y Siskel & Ebert. Pensarás que bromeo, pero no. Juntos, lo que los integrantes de estos pares han conseguido ha sido mucho más grande que lo que habrían hecho por separado. En una asociación positiva, cada parte trabaja para complementar, apoyar y beneficiarse de las fortalezas de la otra. Esto se llama química, y los ganadores saben cuánto importa para su eventual éxito.

Por ejemplo, cuando entrevisté a Mort Zuckerman, saltó a la vista su enorme respeto por su socio, Edward Linde, con quien ha trabajado durante más de cuarenta años, lo que sin duda tiene algo que ver con su inmenso éxito en común. Su compañía, Boston Properties, sobrevivió a varias crisis inmobiliarias para convertirse en una de las principales propietarias y promotoras de espacios para oficinas clase A en Estados Unidos. "Mi socio y yo la pasamos de maravilla en el ramo inmobiliario, gracias a que ambos éramos irreverentes", me dijo, con una sonrisa añorante. "Creo que para eso fue muy útil no tomarnos demasiado en serio. Nos divertíamos trabajando, y la gente sentía que, de una forma u otra, eso contribuía a nuestra credibilidad. La pasábamos muy bien. Nos burlábamos el uno del otro, y de todos. Volvíamos divertido lo que hacíamos y nos divertíamos con lo que hacíamos. Así que todo era muy alegre."*

El problema de la química es que resulta difícil definirla, y más difícil todavía producirla. Permíteme usar como ejemplo a un icono de la televisión estadunidense. Bob Newhart no tuvo una, sino dos de las diez series más vistas, dos álbumes cómicos de gran venta y sigue llenando salas en todo el país luego de cincuenta años de funciones porque, bueno, tiene química. Le pedí que me explicara por qué había podido sobrevivir tanto tiempo en la cumbre de su especialidad. Y me encantó su respuesta (en parte porque, a su muy peculiar estilo, tardó tres minutos en dármela):

Química es que ambos se caigan bien. Lo que pasó en los dos programas [The Bob Newhart Show y Newhart] *fue que mi pareja y yo nos caíamos bien. La pasábamos fabuloso. Reíamos mucho. En el trabajo no parábamos de reír, y de alguna manera eso pasa por la cámara y llega hasta la gente en casa. El público tiene derecho a decir quién entra a su casa y quién no, y lo hace. Dos veces decidió: "Me gusta. Él puede entrar a mi casa."*

No siempre tuve éxito. En la temporada 1961-1962 hice un programa que obtuvo un Emmy, un Peabody y una notificación de despido de la NBC. *A partir de entonces, siempre pensaba: "¿Esto va a funcionar?". Cuando hice* Newhart,

* Vuelve a aparecer aquí la palabra *divertido*. Es casi imposible hallar a un ganador que considere de otra manera semanas laborales de setenta horas y los altibajos de los negocios. Si tu trabajo no te divierte, quizá no estés en la situación indicada para ser un ganador.

le dije a Mary [Frann]: "Hacer de mi esposa será para ti el trabajo más difícil del mundo, porque Suzie [Suzanne Pleshette] y yo hacíamos química, y la gente te va a comparar con ella. No será fácil." Ahí está. Pero nos respetábamos uno a otro, y eso se notaba. Supongo que le simpatizo a la gente. No la hago sentir nerviosa. Jerry Seinfeld tenía esa cualidad, sea cual sea, y ojalá yo estuviera a su altura.

En realidad, la química tiene que ver con el equilibrio. Si uno de los socios es creativo y desmesurado, el otro debe ser organizado y disciplinado. No puedes tener un socio que sea un desastre de organización sin alguien que tenga todo alineado, apuntado y listo para usarse. Así es como se hacen las cosas. Los ganadores lo saben. "Lo único que sabía era que yo no era un buen gerente desde el punto de vista de los detalles. Así que en cuanto pude, contraté a alguien para que administrara la empresa", me dijo John Sperling, el multimillonario fundador de la University of Phoenix, cuando le pregunté sobre el valor de las asociaciones apropiadas.

Me veía a mí mismo como el tipo de afuera. Era el responsable de las macrocondiciones: sociales, económicas y políticas. El que hacía la politiquería, el cabildeo y la negociación. Los gerentes se quedaban en casa y no se preocupaban por esas cosas. Yo decía: "Me encargaré de los problemas de fuera. Ustedes concéntrense en los de adentro." Se acostumbraron a eso, y yo les decía: "Los protegeré." Así que se sentían protegidos contra las adversidades que tiene que enfrentar la educación de paga, y podían concentrarse en su trabajo. Sin embargo, no soy un gran creador de asociaciones, a menos que sean de utilidad inmediata. La mayoría de los directores generales son gerentes. Proceden de la cadena gerencial, y lo que hacen es ser obsequiosos con todos. Quien llega como emprendedor no tiene tiempo para eso. Hay que pelear sin cesar, así que sencillamente no hay tiempo para ser amable con la gente, a menos que se le necesite de inmediato. En consecuencia, las asociaciones que formo son efímeras.

El equilibrio produce sinergias; el desequilibrio conduce al fracaso. Si no tienes equilibrio, no estás en la asociación correcta. Cuando la balanza se inclina demasiado hacia un atributo particular (agresividad, obstinación, seguridad en uno mismo o amabilidad, por ejemplo), los socios terminarán enfrentándose entre sí y, en definitiva, con sus clientes.

EL PODER DE LA PARTICIPACIÓN EN COMÚN

Así como un gran pinot asociado con el queso Reblochon preciso, el emparejamiento correcto puede ser tanto delicado como divino. Las asociaciones adoptan varias formas, pero pueden agruparse en tres categorías principales: asociaciones personales, asociaciones institucionales y aval de terceros.

Las asociaciones personales son las que ocurren, como es lógico, entre dos o más sujetos. El Clinton Bush Haiti Fund, por ejemplo, se formó poco después del devastador terremoto de Puerto Príncipe, Haití, de principios de 2010. Su meta fue unir a estadunidenses de las más diversas convicciones políticas para que donaran dinero, ropa, comida –lo que se te ocurra– para el pueblo de Haití, el cual sufría dificultades extremas tras la peor calamidad en su tempestuosa historia. Los expresidentes Clinton y Bush unieron fuerzas y fama en un intento no partidista por llevar ayuda humanitaria donde y cuando más se necesitaba. Clinton habría tenido mucho éxito solo, entre un amplio aunque no universal segmento del pueblo estadunidense. Lo mismo Bush. Pero al *combinar* su fama y atracción, su impacto se *más que duplicó*. Cuando archirrivales políticos dejan de lado sus diferencias para ayudar a la humanidad, se abre la puerta a un grupo entero de donadores que no habrían contribuido con alguno de ellos en lo individual. De este modo, las asociaciones personales son ideales para alcanzar el ya mencionado objetivo de "El todo es mayor que la suma de sus partes".

Un buen ejemplo de asociación institucional es la sostenida entre Apple y Nike. Estas dos compañías formaron una sociedad para aumentar las ventas de sus iPods y línea Nike+, respectivamente. Dicha sociedad ha sido relativamente exitosa, conforme la gente sigue integrando la tecnología en su vida. Esta asociación se basó en una premisa simple: a la gente le gusta oír música mientras hace ejercicio. Así que Nike y Apple trabajaron para integrar la experiencia de oír música con la de ejercitarse. El resultado fue la tecnología Nike+, que sigue digitalmente el avance de una persona al hacer deporte. Ésta puede sincronizar su equipo Nike+ con su iPod que, mientras ella corre, genera listas de canciones con base en su velocidad y distancia. Al llegar a las regaderas, el aparato ya subió los resultados a Internet, para poder verlos y compararlos con otros. Esta asociación unió a dos de las compañías más grandes y exitosas del mundo en el cumplimiento de una meta común. No es de sorprender que ambas hayan reportado aumentos en sus ventas de productos Nike+ gracias al éxito de su colaboración.

Las asociaciones eficaces motivan a ambos socios a lograr más de lo que podrían por separado. Es extraño oír al director general de un conglomerado global de comunicaciones admitir abiertamente que un joven de 22 años le ayuda a mejorar su empresa, pero eso es justo lo que hizo Tom Harrison, presidente y director general de Diversified Agency Services, el componente más grande de Omnicom, gigante mundial de mercadotecnia. De hecho, Harrison presume de ello. Es refrescante oír a un individuo tan exitoso hablar con tal franqueza de la necesidad de grandes asociaciones, más allá de quién sea el socio.

> *Un chico de 22 años me da las buenas y las malas. "¿Qué estás haciendo? Sigue el atajo", me dice. Lo que hacen estos obsesos de la informática —Geek Squad les llaman, atinadamente— es mostrarnos, con base en su conocimiento del entorno digital, hacia dónde debemos evolucionar. Porque están en la vanguardia. Conocen el medio. Son innovadores. El director general de una de las grandes compañías de mercadotecnia del mundo es aleccionado por un joven de 22 años.*

Al mismo tiempo, este muchacho obtiene conocimientos y experiencia invaluables de uno de los gigantes de los negocios. Éste es un ejemplo de asociación casi perfecta, porque ayuda a ambas partes a hacer más. Cuando se da la combinación perfecta, los resultados pueden ser exponenciales.

En pocas cosas los estadunidenses son tan enfáticos e inquietos como en su seguridad personal. Una de las pocas facultades explícitamente otorgadas a su gobierno en la Constitución es la de "aportar la defensa común". La intención original no fue pedir al gobierno hacer demasiado, pero mantenerlos vivos y seguros estuvo evidentemente al principio de la lista. Hoy, el debate consecuente adopta dos formas: el muy discutido problema de la seguridad nacional y el relativamente ignorado de la seguridad interna, el cual tiene que ver principalmente con aspectos de control carcelario como financiamiento, sobrepoblación y seguridad. Una reciente asociación que ha contribuido a cumplir el programa estadunidense de seguridad interna combina las fortalezas de los sectores privado y público para ofrecer lo mejor de ambos mundos. Representa asimismo un buen estudio de caso sobre la formulación de mensajes eficaces.

Primero las estadísticas: según el *New York Times*, "el número de presos federales en cárceles privadas en Estados Unidos se ha más que duplicado, a 32 712 en 2008 de 15 524 en 2000. El de presos estatales en cárceles privadas ha aumentado a 93 500, de 75 000 en el mismo periodo".[6] Muchas de esas cárceles privadas pertenecen a la Corrections Corporation of America (CCA), "el cuarto sistema de reformatorios más grande de Estados Unidos, sólo por debajo del Gobierno Federal y dos estados",[7] y también cliente mío.

La CCA fundó la industria de administración de reformatorios privados hace más de veinticinco años. Se especializa en el diseño, construcción, expansión y administración de prisiones, cárceles y centros de detención. Para decirlo llanamente, cuando hay que encerrar a los malos por mucho menos de lo que los gobiernos gastan en hacerlo, la CCA es la compañía a la que se busca. Si visitas su página en Internet, verás algo interesante. Su lema es "Líder estadunidense en reformatorios en sociedad". ¿Reformatorios en sociedad? Esto es nuevo. Y también muy eficaz, porque esa empresa entendió lo que el resto de las compañías de Estados Unidos no ha comprendido aún: que el concepto de "privado" no siempre es posible.

En efecto. Sólo una palabra puede transformar la discusión nacional a este respecto. Para algunos, *privado* es sinónimo de *utilidades*. Para otros, significa exclusivo, privilegiado y a menudo irresponsable. El actual debate sobre las cárceles —y sobre muchas otras áreas en que el gobierno y la empresa se cruzan— opone a quienes depositan su fe en el mercado con quienes la depositan en el gobierno. Ésa es hoy en Estados Unidos una división por la mitad (de odio por ambos). Nadie confía en que las empresas privadas se vigilen solas y sirvan al interés público. Y tampoco en que el gobierno sea capaz de operar con eficiencia o gastar con prudencia los dólares de los contribuyentes. Aquí es donde entra en juego el concepto de asociación. Lo que la CCA ofrece es lo mejor de ambos mundos.

"Asociándose" con el gobierno, la CCA brinda a la gente las ventajas de cada una de esas perspectivas y minimiza sus desventajas. Si estás tomando apuntes o subrayando secciones de este libro, la siguiente cita de la CCA es una lección de lenguaje para todo tipo de negocios: "Ofrecemos la supervisión y responsabilidad del gobierno junto con la eficiencia y rentabilidad de una empresa." Éste es un mensaje que la gente entiende, y que resuena hoy más que nunca. En la actualidad, los presupuestos familiar, estatal y nacional se estiran lo más posible, el desperdicio del gobierno está fuera de control y muchos creen que el libre mercado nos ha defraudado. Garantizar seguridad y eficiencia no debe ser una propuesta de "uno u otro". La CCA ha descubierto un lenguaje creíble y convincente, gracias al cual ya no hay motivo para estancarse en la falsa opción entre cárceles privadas eficientes y cárceles públicas seguras. Las cárceles en sociedad pueden ser ambas cosas.

El actual uso por la CCA de la frase *asociación pública-privada* funciona muy bien porque encarna la colaboración, la cooperación y la inclusividad. Le quita filo a *privado* mientras que da eficiencia y efectividad a *público*. Esta combinación es triunfadora porque posee atractivo en todo el espectro político.

AUMENTO DE LA CREDIBILIDAD

Las asociaciones suelen ser un ejercicio de aumento de la credibilidad. Cuando entras a una página en Internet con una barra de búsqueda en la que se lee "Operada por Google", sabes lo que obtienes. Y además, es probable que no temas usarla. El nombre Google da credibilidad a la función de búsqueda de esa página. Google obtiene a cambio parte de los ingresos generados por el uso de la barra de búsqueda. De igual forma, cuando ves una calcomanía de "Intel Inside" en una laptop o PC, sabes que cuenta con un procesador de Intel, el nombre más confiable en computación. De hecho, Steve Jobs anunció en junio de 2005, en la Apple Worldwide Developers Conference (Conferencia mundial de desarrolladores de Apple), que su compañía dejaría de usar sus chips en sus computadoras en favor de los de Intel, porque

> *cuando examinamos a Intel, descubrimos que, aparte de un gran rendimiento, sus chips tienen algo muy importante para nosotros. Tan importante como el rendimiento es el consumo de energía. Y la forma de analizar esto es rendimiento por watt. Por un watt de potencia, ¿cuánto rendimiento se obtiene? Al ver los planes proyectados a mediados de 2006 y más allá, la PowerPC nos da quince unidades de rendimiento por watt, mientras que Intel nos da setenta, lo que nos indica qué tenemos que hacer.*[8]

Jobs se tragó su orgullo y admitió que Intel era superior.* Este paso permitió a Apple concentrarse en la creación de tecnologías pioneras en vez de aferrarse a sus procesadores. Para Intel significó asociar sus chips con una de las marcas más fuertes y admiradas del mundo. Apple se benefició, Intel se benefició y, sobre todo, los clientes se beneficiaron. Carambola de tres bandas.

Una compañía que habla mucho de sustentabilidad, específicamente del tipo ambiental, es eBay. Su página en Internet se ha vuelto algo más que un sitio para conseguir dispensadores Pez de colección o una fuente de anécdotas descabelladas, como la de la madre de Arkansas que subastó los derechos legales para decidir el nombre de su hijo por nacer, o la del británico que ofreció en venta a su esposa afirmando que ella tenía un romance. La primera venta de esta página (conocida entonces como AuctionWeb), la cual ocurrió el 3 de septiembre de 1995, fue de un puntero láser descompuesto, por 14.83 dólares. Pierre Omidyar, fundador de eBay, se comunicó entonces con el comprador para recordarle que el puntero no servía. El cliente contestó: "Colecciono punteros láser descompuestos."[9]

Hoy, eBay cuenta con quince mil empleados y afirma tener ingresos anuales por ocho mil setecientos millones de dólares. Y al ampliar sus búsquedas,

---

* Me gustaría ver algo así en YouTube. Oír admitir a un director general que la competencia es mejor ocurre con casi tanta frecuencia como con la que Ozzy Osbourne hila una frase coherente.

hizo lo mismo con sus labores de asociación con organizaciones comprometidas con la responsabilidad social. Desde hace unos años promociona su capacidad para hacer que la gente reutilice bienes y reduzca la cantidad de papel que emplea en sus transacciones, y también pone de relieve el hecho de que no depende de espacios o recursos físicos: sus bodegas son las casas y cocheras de la gente.

> En eBay concebimos la sustentabilidad en forma un poco distinta. Desde promover el uso de productos ya existenstes hasta pagar sin un cheque de papel, todas nuestras actividades motivan a la gente a hacer más con menos. [...] Uno de los mayores impactos ambientales de nuestro modelo de negocios ocurre en el embarque entre vendedores y compradores. Así, en 2007 trabajamos en común con el United States Postal Service (usps) para introducir el nuevo embalaje Priority Mail, inofensivo para el medio ambiente. Este embalaje de doble marca está certificado por Cradle-to-Cradle y se consigue gratis en el centro de embarque del usps en eBay.com.[10]

Esto suena muy bien en una página en Internet, claro, pero yo sencillamente no podía imaginar a eBay como una compañía comprometida con la sustentabilidad ambiental. Me pareció un truco.

Pero no hace mucho compré algo en eBay y vi que está asociada con Conservation International (ci), agrupación no lucrativa de defensa del medio ambiente con sede en Washington, D.C. Esto me llamó la atención. En la caja se me pidió donar un dólar para apoyar los esfuerzos de ci por sostener nuestro planeta y su biodiversidad. De pronto, gracias únicamente a ese solo ejemplo de asociación, todo alcanzó veracidad: es cierto que a eBay le interesa el medio ambiente. Además de copatrocinar embalajes inofensivos para la naturaleza, ayuda a un grupo como ci a recaudar fondos para limpiar y proteger el entorno.

¿Por qué ese cambio? Siendo honestos, para eBay no es un sacrificio ofrecer una liga con ci. Pero para mí eso la volvió creíble, porque supe que ci no se habría involucrado con eBay si ésta no fuera seria. Éste es el poder de la "certificación" que se desprende de asociaciones creíbles.

ASOCIACIONES Y TRANQUILIDAD DE CONCIENCIA

Hay tres organizaciones estadunidenses con las que asociarse significa tranquilidad automática: la American Automobile Association (Asociación automovilística estadunidense, aaa), *Good Housekeeping* (Buena administración del hogar) y *Consumer Reports* (Información para el consumidor). aaa significa asistencia nacional universal. *Consumer Reports* comunica lo bueno, lo malo y lo feo en productos y servicios. Y el "Good Housekeeping Seal of Approval" ("Sello de aprobación") es la definición misma de "tranquilidad". A los miembros de la AAA, una cuota anual de cincuenta a sesenta dólares por el servicio básico, dependiendo de dónde vivan, les reporta beneficios adicionales como guías de caminos, publicaciones de viajes, calificaciones de hoteles y restaurantes y hasta descuentos en lugares que hubieses creído imposibles. Pero si preguntas a los socios por qué se afilian, te dirán que por la tranquilidad de tener el servicio de Roadside Assistance (Asistencia vial). Todos los miembros de la AAA saben que si a su coche se le acaba la batería o se le poncha una llanta, o ellos olvidan las llaves dentro del auto, les basta con hacer una llamada telefónica para recibir ayuda. Así que es perfectamente lógico que muchas compañías se asocien con la AAA, para tener acceso a sus más de cincuenta millones de miembros en Estados Unidos y Canadá.[11]

Fundada en 1855 por Clark Bryan, el propósito de *Good Housekeeping* es ser una "publicación para la familia interesada en una vida mejor en el hogar". Bryan aseguró asimismo que esta revista tenía una "misión por cumplir en partes iguales en el sector público y la empresa privada [...] para producir y perpetuar la perfección por obtener en el hogar".[12] Para 1909, esta publicación ya contaba con el Good Housekeeping Institute, en Springfield, Massachusetts, para probar y reseñar productos de consumo de interés para sus lectores. En diciembre de ese año presentó la lista de productos que ostentarían el Good Housekeeping Seal of Approval, lo cual quería decir que habían cumplido rigurosas normas y satisfecho todas las afirmaciones de sus fabricantes. En ese número se enlistaron veintiún productos de consumo, entre ellos varios electrodomésticos, como lavadora, refrigerador, estufa de gas y plancha eléctrica. Para fines de 1910 ya eran casi doscientos los productos seleccionados para el Seal of Approval.[13] El Good Housekeeping Institute prueba actualmente más de dos mil productos al año, y desde su aparición ha otorgado el Seal of Approval a cinco mil.[14]

Hoy, con una circulación de más de cuatro millones y medio de ejemplares, *Good Housekeeping* tiene más lectores que *Martha Stewart Living* (En la sala de Martha Stewart) y *Family Circle* (Círculo familiar) juntas. La mayoría de sus lectores son mujeres de entre 45 y 50 años de edad que viven en la región media de la costa atlántica, el medio oeste y los estados del sur.[15] Pero lo que la vuelve tan poderosa es su Seal of Approval, único que implica una garantía limitada de dos años:

> *Desde 1909 hemos seguido la política de respaldar los productos a los que concedemos nuestro sello. Los que se han hecho merecedores del Good Housekeeping Seal o del Green Good Housekeeping Seal son respaldados por la garan-*

tía limitada independiente de dos años de Good Housekeeping: *si uno de ellos presenta un defecto en menos de dos años después de su compra,* Good House-keeping *reembolsará su dinero al consumidor, o reparará o remplazará el producto. Hasta donde sabemos, ninguna otra publicación, página en Internet o emblema de terceros respalda productos con una garantía propia.*[16]

Éste es un lenguaje eficaz, aunque no en este caso por la selección de palabras. Lo es por la fuerza de la asociación detrás de esas palabras. Esto es poner la *acción* al frente y en el centro.

El último integrante del Trío de la Tranquilidad es *Consumer Reports*, publicación editada por la Consumers Union, "organización independiente no lucrativa cuya misión es trabajar en pro de un mercado imparcial, justo y seguro para los consumidores y facultar a éstos para protegerse".[17] Esta organización se creó en 1936, cuando apenas se iniciaba la publicidad en los medios de comunicación masiva, y los consumidores tenían pocas fuentes de información confiable a las que recurrir para distinguir entre afirmaciones infundadas y objetivas y entre buenos y malos productos. Desde entonces, la Consumers Union ha ejercido su papel de analista objetivo ofreciendo una amplia gama de datos de consumo y evaluaciones de productos. Para preservar su independencia y neutralidad, esta agrupación nunca ha aceptado publicidad externa ni muestras gratuitas de productos en pruebas. Emplea asimismo a cientos de "compradores sorpresa" y expertos para adquirir y comprar los productos que evalúa.[18]

Consumer Reports prueba todo lo que te puedas imaginar, desde videocámaras hasta coches. Y cada abril publica un número sobre automóviles nuevos, el cual puede determinar, casi por sí solo, la suerte de diversos modelos, dependiendo de la calificación que reciban. Para millones de estadunidenses, *Consumer Reports* es el evangelio: todo lo demás es meramente apócrifo.

Pero también lo que *Consumer Reports* no dice significa mucho. Evitar las críticas de *Consumer Reports* no basta. Para que un producto tenga éxito, los estadunidenses esperan que reciba elogios de esa revista. Si ésta no recomienda una lavadora, muchas personas no la comprarán. Si no recomienda cierto tipo de horno, muchos no lo adquirirán.

Sin embargo, las cosas pueden ser peores todavía. Toyota, la marca automotriz más popular del mundo, detuvo su producción e hizo retirar un modelo calificado por *Consumer Reports* como "No se compre". Es muy raro que la revista emita esa calificación; pero cuando lo hace, es el beso de la muerte. Por el contrario, si recomienda una televisión o computadora nueva, las ventas de ese artículo pueden experimentar un incremento sustancial. Pero lo mismo que el ejemplar de *Good Housekeeping* en la sala de espera de un consultorio o la tarjeta de miembro de la AAA en una cartera, lo más valioso que ofrece *Consumer Reports* es tranquilidad. Y en el mundo de hoy, la tranquilidad es inestimable.

PALABRAS POR USAR

Si el lenguaje de la perfección atañe al producto, el de la participación en común alude principalmente a las personas. He aquí las diez palabras y frases que los ganadores incluidos en este libro usan con más frecuencia para describir lo que hicieron, cómo lo hicieron y las relaciones que establecieron para hacerlo:

EL LENGUAJE DE LA PARTICIPACIÓN EN COMÚN

1. Totalmente alineado
2. Inclusión (más que diversidad)
3. Unidos
4. Un método fresco (más que reorganización)
5. Criterio propio
6. Certificación independiente
7. Tranquilidad
8. Resultados mensurables (más que productividad o parámetros)
9. Centrado en los empleados
10. Responsabilidad personal

Totalmente alineado puede tener un dejo de escuela de administración, pero es la manera en la que los individuos de más éxito en los negocios describen el estilo gerencial de sus compañías. Todos los ganadores toleran el desacuerdo, y algunos incluso lo alientan, pero entran a la batalla totalmente alineados.

Inclusión es la forma en la que las empresas de éxito deberían describir sus programas de "diversidad", aunque la mayoría no lo hace. A los empleados suele enorgullecerles que su compañía busque expandir su reserva de talento en las comunidades menos favorecidas. Pero surgen problemas cuando algunos, en particular hombres blancos de edad madura, sienten que la "diversidad" se cumple a sus expensas. La "inclusión" se considera una adición, el traslado de más personas a una mesa en expansión, mientras que la diversidad es percibida por algunos como la promoción de algo a costa de otros.

En las compañías que presentan una significativa rotación de mandos, *unidos* es como los empleados quieren ver a sus directivos. Comprenden que las divisiones en la dirigencia suelen producir caos en las filas inferiores. Saber que el Consejo de Administración está "unido" en su elección de un nuevo director general o que la alta dirección está "unida" en su visión del futuro infunde una sensación de tranquilidad entre los empleados.

Un método fresco es como los ganadores acostumbran describir lo que hicieron para conseguir una gran ventaja estratégica o un gran avance en un producto, pero muy pocos usan esta expresión en su diaria comunicación con sus empleados o clientes. A inversionistas y accionistas les agrada esta frase, porque sugiere "nuevo" y "diferente" sin ser alarmantemente radical. A la inversa, la palabra *reorganización* se entiende como corrección de un error burocrático o pretexto para despedir gente, ninguno de los cuales es un resultado particularmente atractivo.

Criterio propio es un atributo esencial en las personas que los ganadores contratan. Los individuos incluidos en este libro poseen sin duda una voluntad recia, y son implacables, resueltos y obstinados (tres palabras que funcionan) en su búsqueda de la excelencia, pero valoran y se rodean de personas que ofrecen otros puntos de vista. Convencer de que tienes criterio propio es un buen medio para ser contratado por un ganador.

Certificación independiente es el mejor término para generar confianza y seguridad entre empleados y clientes. Queremos y exigimos verificación de fuentes independientes de que lo que se afirma es verdad: "No me creas a mí. Pregúntales a [blanco por llenar]." Revistas como *Consumer Reports* y *Good Housekeeping*, organizaciones como la AARP y la AAA y compañías como Amazon.com, FedEx e Intel son universalmente conocidas y poseen un atractivo universal. Son los certificadores independientes ideales.

Tranquilidad es lo que las asociaciones están destinadas a proporcionar. Aunque esta frase da resultado en muchos niveles, la he aplicado aquí por el valor que confiere a toda relación de negocios. La mejor ilustración de esto son las sociedades de beneficencia de Bill Gates y Warren Buffett. Cuando ambos anunciaron su proyecto conjunto, la gente se enderezó en su asiento y tomó nota. Quería decir que, cualquier cosa que hicieran, se haría con un mínimo de desperdicio y resultados máximos, y que los donadores tendrían la tranquilidad de saber que esos dos titanes de los negocios estaban directamente involucrados.

Resultados mensurables es lo que inversionistas y accionistas, así como consumidores y empleados, esperan de una asociación. Seguramente has oído la frase "Para saber si está bueno, prueba el budín", la cual se remonta a principios del siglo XVII. "Resultados mensurables" es el equivalente del siglo XXI, pues demuestra con evidencias, no con meras afirmaciones, que un esfuerzo ha surtido efecto. De hecho, la mejor manera de presentar "resultados mensurables" es con estadísticas "basadas en evidencias" o "basadas en hechos". Claro, la gente espera asociaciones efectivas que conduzcan a mayor "productividad", pero esta palabra hace pensar en utilidades a expensas de la gente, mientras que "resultados mensurables" da a entender un beneficio para todos. Los frecuentemente usados "parámetros" se perciben como fríos y desprovistos de componente humano.

Centrado en los empleados describe a casi todos los ganadores incluidos en este libro. De hecho, uno de los rasgos más importantes de los ganadores es su atención y apoyo a quienes trabajan para ellos y con ellos. Es casi imposible llegar a la cima sin capacidad para crear un equipo sólido de altos ejecutivos y mandos medios. Si tu lenguaje y esfuerzos están "centrados en los empleados", tienes lo necesario para vencer.

Responsabilidad personal es lo que todos esperan de los que mandan. El reto es comunicar la necesidad de la responsabilidad personal a los empleados de los niveles inferiores. Todos mis entrevistados asumen responsabilidad personal por lo que hacen, pero su éxito depende de que otros se comprometan por igual a rendir cuentas.

8

PASIÓN
El poder de la intensidad

No hay pasión en jugar por poco, en conformarse con una existencia por debajo de la que eres capaz de vivir.
—NELSON MANDELA

Si lo puedes soñar, lo puedes hacer. Casi es divertido hacer lo imposible.
—WALT DISNEY

¿Sabías que Walt Disney hipotecó todo lo que tenía, hasta su seguro personal, para financiar la construcción de Disneylandia, con un costo de diecisiete millones de dólares? ¿O que Oprah Winfrey, hija de madre soltera adolescente, fue sexualmente agredida cuando tenía nueve años? ¿O que Steve Wynn aún estaba en la universidad cuando tomó el mando del negocio de lotería de su padre, a causa de la súbita muerte de éste? ¿O que Stan O'Neal, el exdirector general de Merrill Lynch, nació en la mayor de las pobrezas y de niño pizcaba algodón para que su familia pudiera sobrevivir?

¿Qué tienen en común estos y otros ganadores? Primero, que todos han tenido que hacer frente a grandes obstáculos. Segundo, que han fracasado muchas veces. Y tercero, que por grave que se haya puesto su situación –y vaya que se puso para algunos de los individuos incluidos en este libro–, nunca se dieron por vencidos. Nunca. ¿Por qué? ¿A qué se debió que hayan estado dispuestos a empezar desde abajo, trabajar dieciséis horas diarias y pasar gran parte de su vida en la cuerda floja? Con dinero suficiente, puedes comprar casi todo: información e influencia, acceso y aclamación. Pero nunca triunfarás sin pasión, así tengas todo lo demás.

Las personas que entrevisté para este libro se percatan de todo. Notan que hay polvo en los rincones, un foco fundido en lo más recóndito del techo, un gancho vacío a la espera de producto. Mickey Drexler, de J.Crew, me dio un paseo por su nueva tienda para novias de dos pisos en Madison Avenue, en Manhattan. El grado de detalle incorporado a los productos y a la disposición de los exhibidores es inconcebible. Nada está fuera de lugar, y todo existe en ese espacio por una razón. La atención de Drexler por los detalles es impresionante, pero es su pasión y audaz visión tras casi cuarenta años en la industria del vestido lo que ha hecho de J.Crew una potencia en el ramo.

Se obtiene inspiración de muchas partes. Yo la obtuve de Benetton en Europa. Solía ir de compras ahí por mi hijo, y era muy fácil: elegía el color, la talla y estaba fuera en diez minutos. Lo pequeño es fantástico en cualquier sector. Lo puedes controlar. No hay que oír sólo a los peces gordos de las compañías. También a los empleados modestos pero con un historial increíble, personas tan creativas y detalladas que no se les va una. Te hacen sentir lo que hacen y cómo lo hacen. Poseen intuición y la siguen.

Déjame empezar definiendo lo que no es pasión. Si tú eres como muchos estadunidenses, entonces vives a menos de treinta kilómetros de una tienda Walmart. De hecho, si vives en una ciudad pequeña o en una comunidad rural, es probable que Walmart sea una de las principales fuentes de trabajo —si no es que *la* principal— en tu zona. A los directivos de esta cadena de tiendas les apasiona que éstas sean las más baratas de cada ciudad y tengan el mayor número de productos: zapatos, Cheerios, lentes de contacto, aceite para motor, rifles (si lo piensas bien, venden todo lo que un general podría necesitar para dar un golpe militar). Pero aunque sienten pasión por los precios y las utilidades, en todo lo demás —tiendas, empleados, productos— son absolutamente desapasionados. Todo, desde pelotas de plástico hasta suavizante de telas, se revuelve como si se tratara de artefactos llegados de fábricas asiáticas, carentes de significación personal, toque artesanal o identidad individual.

Ahora bien, entra a cualquier Costco en Estados Unidos y quizá encuentres a un señor de 74 años recorriendo los pasillos, elaborando un inventario mental y haciendo a los empleados cientos de preguntas sobre precios y líneas de productos, vestido con prendas iguales a las que inspecciona una y otra vez en la sección de ropa. No es un anciano cazaofertas a la espera de hallar una bolsa de cacahuates de dieciocho kilos o unos pantalones de marca a menos de la mitad del precio que conseguiría en tiendas departamentales. Es uno de los hombres más innovadores y poderosos en la historia del comercio.

Jim Sinegal, cofundador y director general de Costco, visita cada año la casi totalidad de las más de cuatrocientas tiendas de su compañía, a fin de que, al menos en teoría, todos los empleados tengan la oportunidad de conocer al director. Hace veintisiete años, Sinegal y su socio, Jeff Brotman, decidieron poner en marcha una cadena de grandes tiendas para ofrecer a los clientes precios imbatibles. Literalmente imbatibles. Dice Sinegal sobre esto: "Siempre buscamos la forma de aumentar la diferencia entre la competencia y nosotros. Así que los competidores terminan diciendo: '¡Al demonio con ellos! Están locos. Competiremos en otra cosa.'"[1]

Sinegal no aprendió de tiendas ni adquirió su picante lenguaje en aulas universitarias. Obtuvo su educación profesional a los 18 años descargando colchones y empacando productos en bolsas en una de las tiendas de descuento originales del sur de California, Fed-Mart. Inició Costco a los 47, luego de llegar a la cima corporativa en Fed-Mart. Con pasión por el aprendizaje, se involucra ansiosamente con sus empleados y participa de modo personal en todos los aspectos de la empresa. Como él mismo explica: "Minorismo es detallismo. Enséñame a alguien interesado en grandes panorámicas y te demostraré que está fuera de foco." Y habla en serio. Su oficina siempre está abierta para el personal que quiere hablar con él. No emplea a nadie en relaciones públicas, suele contestar él mismo el teléfono y todos los días lee cientos de correos de consumidores, no precisamente la norma entre los directores generales, mucho menos de una gigantesca y multimillonaria cadena de tiendas.*

Sinegal también está a años luz del orden establecido en el campo de la satisfacción del cliente, y por eso Costco disfruta en el comercio de una fama sin igual. "Muchos comerciantes examinan un artículo y dicen: 'Vendemos esto a diez dólares. ¿Cómo podemos venderlo a once?'. Nosotros lo vemos y decimos: '¿Cómo podemos venderlo a nueve? ¿Y luego a ocho?'. Es al revés de como piensa un comerciante, que es ver cuánto más puede ganar."[2] Sinegal se niega a aumentar el precio de un artículo más de catorce por ciento, lo que a veces enfurece a analistas y accionistas, pero esta política permanente ha vuelto a su compañía la reina de las tiendas de descuento. Costco ocupa sistemáticamente el lugar más alto, o casi, del índice estadunidense de satisfacción del cliente, lo cual resulta muy útil cuando una tienda depende casi por entero de la recomendación verbal como fuente publicitaria.

---

* El director general de Lowe's, Robert Niblock, difunde en Internet su número telefónico y dirección de correo electrónico para ponerlos a disposición de cualquier persona. Sí, empezarás por su secretaria; pero si explicas bien tu caso, no tendrás ningún problema para hablar directamente con el principal jefe de la compañía.

De hecho, los socios de Costco son más apasionados todavía que el director general. Más de cincuenta y cinco millones de personas pagan entre cuarenta y cinco y cien dólares al año sólo por el derecho a comprar ahí. Estas personas están dispuestas −y hasta seguras de que será así− a esperar pacientemente en una fila que con frecuencia puede tardar veinte minutos o más en llegar a la caja registradora. Pero esto no les incomoda. Pese a la espera, el valor, servicio y calidad de las mercancías son muy elevados. ¿Puedes imaginar esta misma paciencia y lealtad en otra parte?

A diferencia de la comunicación eficaz o la habilidad en el arte de la persuasión, la pasión es una emoción difícil de adquirir, desarrollar y, ciertamente, falsificar. Claro que, de ser preciso, puedes fingir interesarte en algo. Y también hacer creer que tu trabajo te apasiona (en especial en las revisiones anuales). Pero la verdadera pasión es una de esas raras emociones humanas imposibles de falsear. La pasión sencillamente es.

En este capítulo aprenderás a expresar pasión y a aprovecharla al máximo. Si aspiras a triunfar, sigue las instrucciones simples de este apartado, e inspirarás a otros a seguirte.

COMPRENDER EL PAPEL DE LA PASIÓN

Los ganadores comen, respiran, hablan, duermen y viven pasión. Su trabajo forma parte de ellos, y en agunos casos los define totalmente. Los ganadores persiguen la perfección porque los mueve algo más fuerte y profundo que el mero interés o curiosidad. Nunca dejan de buscar el modo de hacer mejor las cosas, y dónde pueden hacer más, dónde pueden realizar un esfuerzo extra −y más que eso− para rebasar expectativas y superar a otros.

Los mejores anunciantes conocen la pasión. La producen en fragmentos de treinta segundos que atrapan nuestras emociones y nuestros recuerdos. De hecho, los lemas que enfatizan la pasión se cuentan entre los más memorables. Permanecen en ti mucho después de aparecidos los comerciales que los presentaron. Ve cuántos de los ejemplos que siguen aún recuerdas.

Tres elementos distinguen a los verdaderos ganadores de quienes juegan por jugar:

La *emoción* sin visión es sólo la forma en que el corazón hace un berrinche sin motivo.

La *visión* sin emoción no te lleva a ningún lado, porque no tiene empuje; no hay razón para seguir luchando.

Y el *compromiso* sin visión carece de sentido, porque sin una dirección precisa no sentirás haber logrado nada cuando consigas algo.

LOS LEMAS Y ESLÓGANES PUBLICITARIOS MÁS APASIONADOS

1. Nike: Hazlo y ya
2. Lexus: La búsqueda incesante de la perfección
3. Visa: Está donde quieres
4. BMW: La máquina de manejo suprema
5. FedEx: Cuando debe llegar ya
6. *The New York Times*: Todas las noticias que merecen estampa
7. Hallmark: Cuando te importa enviar lo mejor
8. Ejército estadunidense: Sé todo lo que puedes
9. Wheaties: Desayuno de campeones
10. De Beers: Un diamante es para siempre

Gran parte de la comunicación corporativa y política está desprovista de pasión porque no establece ningún vínculo con personas reales. He pasado la mayor parte de mi vida regañando a directores generales, vicepresidentes de mercadotecnia, senadores y congresistas por su sosa recitación de datos, cifras y estadísticas sin sentir para nada el dinamismo de los seres humanos. Esto es justo lo que más les critico a las compañías estadunidenses, y es lo que distingue a los ganadores de quienes se contentan con sobrevivir. Algunos directores generales lo entienden, y también se exaltan ante la falta de pasión de sus contemporáneos. Mickey Drexler, de J.Crew, me contó de un director general que al parecer sufría ausencia de pasión en todas las partes de su ser. "Llevaba treinta años conduciendo su compañía, y si lo veías, no lo contratabas ni para podarte el pasto", me dijo, con una sonrisilla de desdén. "Cero pasión. Era insípido. Podías verlo todos los días en su trabajo: se aburría. Nada de creatividad ni curiosidad. Quien no es curioso no puede tener éxito, principalmente en un ramo en el que todo se vuelve obsoleto en cuestión de meses." Esto resume muy bien el problema.

Quizá te sorprendería saber cuáles son las compañías estadunidenses más apasionadas. Cuando Ben Cohen y Jerry Greenfield abrieron su primera nevería, en 1977, en una antigua gasolinera en Vermont, querían hacer algo distinto. Esperaban edificar una empresa lucrativa, pero más que nada querían influir en su mundo. Querían devolver a su comunidad parte de lo que ésta les había dado. Comenzaron con algo modesto, organizando una feria local y regalando conos de helado. Al crecer su negocio extendieron sus esfuerzos, y donaban un insólito porcentaje de utilidades a obras de beneficencia, se asociaban con proveedores de minorías y desarrollaron envases inofensivos para el medio ambiente.

La pasión de Ben y Jerry por la responsabilidad social determinó todos los aspectos de su empresa. Del desarrollo de productos a mercadotecnia, recursos humanos y operaciones, el impacto social de sus esfuerzos guió cada uno de sus pasos, aun si éstos significaban márgenes de utilidad un poco más estrechos. Los resultados fueron notables. La firma iniciada en una vieja gasolinería en Vermont vendía en helado cientos de millones de dólares al año, y *Forbes*, *Fortune* y *The Wall Street Journal* la reconocieron entre las compañías estadunidenses más respetadas antes de que Cohen y Greenfield la vendieran a Unilever en 2000.

PASIÓN A TREINTA Y NUEVE MIL PIES

¿Te asombraría saber que los pasajeros de líneas aéreas son hoy los consumidores más insatisfechos, frustrados y furiosos en Estados Unidos? Tal vez no. El 2008 University of Michigan American Customer Satisfaction Index (Índice estadunidense de satisfacción del cliente de la Universidad de Michigan 2008) otorgó a esa industria sesenta y dos de cien puntos posibles. Para contextualizar este dato, debes saber que el Internal Revenue Service (Dirección de Impuestos, IRS) recibió en ese mismo estudio una puntuación de sesenta y cinco.[3] Algo debe estar muy mal para que una industria obtenga un resultado inferior al del IRS.

Según ese estudio, la insatisfacción del cliente es producto de "los mismos problemas que han reducido la satisfacción de los usuarios de líneas aéreas en los últimos años: desencanto laboral, costos crecientes de combustible, quiebra y, ahora, niveles récord de equipaje perdido, demorado o dañado". Ten en mente que esta encuesta se llevó a cabo antes de que al ingenioso contador de una aerolínea se le ocurriera la brillante idea de cobrar por el equipaje. Por si fuera poco, al menos una compañía piensa cobrar también por el equipaje de mano.*

Hay una excepción, una compañía que da ejemplo de verdadera pasión (incluso a las siete de la mañana, cuando la mayoría de la gente normal apenas está despertando): Southwest Airlines. Año tras año, esta empresa ocupa el número uno en satisfacción en su industria. En 2009 obtuvo ochenta y un puntos en este rubro, diecisiete arriba del promedio del sector y mucho más que grandes competidores, como USAir, mi favorita en sobrecargos malhumorados y equipaje perdido. ¿Cómo le hace Southwest? ¿Qué la

* Una aerolínea británica quiere cobrar incluso por usar sus baños. De persistir esta tendencia, pronto tendrás que llevar tu propio papel higiénico, ¡y te cobrarán por cargarlo!

vuelve mejor que el resto? La respuesta: la exigencia de cambio y la motivación para ganar.

Rollin King y Herb Kelleher decidieron hacer una línea aérea de otro tipo, para el hombre común. Iniciaron Southwest con una noción simple: llevar a su destino a los pasajeros en tiempo y al menor precio posible, y cerciorarse de que pasen entre tanto un momento agradable. Simplificarían y estandarizarían las operaciones, usando por ejemplo aviones de una sola configuración, lo que les permitiría racionalizar costos, agilizar los periodos de ascenso y descenso de pasajeros y ofrecer precios sumamente bajos. Y contratarían a personal joven y vigoroso, seguro de sí, orientado al trabajo en equipo y con sentido del humor para brindar un servicio amable, rápido y confiable. Y esto es justo lo que han hecho en treinta y siete años. Southwest Airlines empezó a operar, en 1971, con cuatro aviones que daban servicio a tres ciudades (el Triángulo de Texas: Dallas, Houston y San Antonio), así como con ingresos de dos millones de dólares. Pese a la avalancha de batallas legales de sus grandes y poderosos competidores, prevaleció, y abrió los cielos a millones de personas que antes juzgaban demasiado caro viajar en avión. La aerolínea de ciudades pequeñas de Texas se ha convertido en una de las principales corporaciones aéreas de Estados Unidos. Hoy, cien millones de pasajeros vuelan cada año en Southwest a sesenta y seis ciudades de ese país.

Y los clientes no son los únicos en mostrarse agradecidos. Al elaborar una nota para CBS News, un reportero observó a los empleados de esta empresa y descubrió algo "inusual" en ellos. "Todos están contentos. Se besan y abrazan", incluso el director general, Gary Kelly. Este último dice que la diferencia entre su compañía y otras es sencilla: "Gente que trabaja en común, que se quiere, que se respeta."[4] No es de sorprender que los logos de Southwest incluyan un corazón. De hecho, es un recurso acertado. Para esta compañía, volar es realmente cuestión del corazón. De amor. De pasión. Y lo mismo puede decirse de cada empleado con el que se trate. Libby Sartain, vicepresidente de personal de Southwest, busca empleados cuyo compromiso con el cliente y la compañía se traduzca en "una sensación de misión, de que 'la causa' está antes que las necesidades propias".[5] Todos, desde los altos ejecutivos hasta los cargadores de equipaje, están en libertad de tomar decisiones al momento. Se alienta a los trabajadores a ser creativos e "influir con originalidad" en su labor. Así, hacen mejoras por iniciativa propia, atienden a los clientes a su muy peculiar manera —cantando, bailando y contando chistes— y evitan expresamente la rígida formalidad de sus competidores. Puedes verlo en sus ojos y sonrisas. De verdad *quieren* estar ahí, y *te hacen* quererlo a ti también, o al menos en contraste con otras aerolíneas. En otras, los empleados *tienen* que estar ahí.

La pasión empieza por arriba, y comenzó desde el primer día. Kelleher, comparable por igual al empresario sensacionalista P. T. Barnum y al multi-millonario Warren Buffett, rechazó de plano el acartonado estilo corporati-vo que había imperado desde los hermanos Wright. Southwest imprimió a su trabajo una grata sensación de diversión que fluye por toda la compañía. En 1972 las sobrecargos llevaban pantalones ajustados para llamar la aten-ción, no uniformes de estilo militar. En 1992, en vez de pelear en los tribu-nales los derechos sobre el lema "Viaja con inteligencia", Kelleher accedió a arreglar el asunto con un muy publicitado y reportado duelo de vencidas con fines de beneficencia. Lo perdió, pero de todas formas recibió los de-rechos sobre su lema, junto con la buena voluntad de sus empleados, clien-tes y pasajeros, algo imposible de cuantificar en pesos y centavos. Sólo en un vuelo de Southwest Airlines oirás a los sobrecargos rapear frente a ti las características de seguridad del avión. Y si prefieres la música country, hay sobrecargos cuyas canciones country de factura casera describen los bene-ficios de Southwest justo antes de despegar. Ninguna otra compañía cuen-ta con videos producidos por sus empleados, que suelen recibir cientos de miles de visitas en YouTube.

Pero detrás de esa naturaleza de espíritu libre de la compañía y su líder se halla un ejecutivo listo e innovador dispuesto a hacer sacrificios persona-les con tal de ver avanzar a su firma. Southwest fue la primera línea aérea en simplificar su programa de viajero frecuente para conceder crédito por viaje, no por kilómetros recorridos. También fue la primera en brindar pa-saje sin boleto y descuentos a ancianos, Fun Fares (Viajes divertidos), Fun Packs (Paquetes divertidos) y servicio de entrega de carga aérea el mismo día. Y cuando necesitó que su sindicato de pilotos aceptara congelar sala-rios durante cinco años, Kelleher se aplicó esa medida, ganándose el respeto de los empleados por no pedirles nada que no estuviera dispuesto a hacer él mismo. Calculó que esto tendría para él un costo de setenta y cinco a cien millones de dólares en compensaciones, pero le ganó la confianza de todos y cinco años de paz laboral. Y mientras el resto de la industria sigue buscando maneras de atraer a consumidores de bajos recursos, la campa-ña publicitaria de Southwest se basa en algo que antes se daba por sentado: equipaje gratis en todos los vuelos. En más de cincuenta aviones se pega-ron calcomanías con el lema "El equipaje viaja gratis aquí". Y siendo que yo vuelo más de cuatrocientos mil kilómetros al año, puedo asegurarte que los pasajeros notan la diferencia.

Southwest también se diferencia por algo más, aparte de ser la línea aé-rea accesible, confiable y divertida. Es rentable. Durante treinta y siete años consecutivos ha reportado ganancias anuales. Pese a los exorbitantes aumen-tos en el precio del petróleo y la contracción del mercado del transporte aéreo, rinde utilidades, mientras sus competidores no. Año tras año se forra de verde, al tiempo que la competencia sangra. La pasión resultante de respetar a los empleados, tener visión de negocios y satisfacer al cliente ha hecho de Southwest Airlines uno de los líderes de su industria y un ejemplo para miles de compañías deseosas de incrementar la productividad de sus trabajadores y su rentabilidad.

Como ha demostrado Southwest, la pasión puede ser contagiosa, pero tienes que verla y sentirla para vivirla. Ni siquiera la mayor coerción inspirará a otros a seguirte. Volver contagiosa la pasión requiere traducir tu emoción, visión y compromiso a un idioma que los demás entiendan y quieran oír.

QUE DUERMAN LOS MUERTOS

Te presento a Stephen Cloobeck, la personificación misma de la pasión. Hace cinco años dirigía una empresa de inmuebles vacacionales con una sola sede: Las Vegas. Hoy encabeza la segunda compañía privada más grande del mundo en ese ramo: Diamond Resorts. Lo que hace le inspira tanto compromiso, dedicación y pasión que sus tarjetas de presentación (con el dato de su correo electrónico personal) se exhiben destacadamente en la recepción de sus más de cien hoteles alrededor del mundo. A veces su Blackberry zumba en la mesa diez minutos seguidos, recibiendo comentarios, solicitudes y peticiones, hasta el último de los cuales él dedica tiempo a responder.

La pasión de Cloobeck por la satisfacción y el servicio al cliente, sostenida por una energía ilimitada, lo impulsa a sorprender a su personal, visitando sin previo aviso todos sus resorts. Se empeña en conversar personalmente con dueños y miembros, y sus charlas telefónicas a altas horas de la noche pueden durar horas. Aparece inesperadamente en la recepción, pide diez llaves y él mismo inspecciona la limpieza, condiciones sanitarias y decoración de cada cuarto, para cerciorarse de que su cuidado y mantenimiento sean incomparables. Se pone a trabajar donde va y hace de todo, desde doblar toallas hasta modificar libretos de ventas. Ataca cada día según los husos horarios, comenzando antes del amanecer con llamadas a Europa y terminando después de medianoche con telefonemas a Hawai. Destina tiempo a aprender el nombre propio de sus empleados, quienes saben por su parte qué se espera de ellos. Como él mismo dice, "ya dormiré cuando muera".

Es evidente que Cloobeck ama lo que hace. Asegura: "¡Soy como un niño en una dulcería!".* Su empuje instintivo, asociado con una familia cariñosa,

---

* Varios de los entrevistados en este libro usaron la analogía "niño en dulcería" para describir lo mucho que disfrutan lo que hacen. Casi ninguno habló de "trabajo", "empleo" o "carrera".

un firme programa de ejercicios y la capacidad de operar a todo vapor sin dormir mucho, le concede la energía que necesita para ser un líder resuelto.

Lo mejor de todo es que su pasión es contagiosa. De hecho, infecciosa.

Como parte del proceso de gestión de nuestra marca, buscamos formar un grupo muy motivado con un mandato básico —la atención al cliente—, que siempre espero que todos adopten a conciencia. Nos dedicamos a brindar a los clientes experiencias vacacionales relajadas, cada año mejores. Por buenos que seamos en eso ahora, queremos mejorar mañana. Me niego a la parálisis. Quiero saber qué más puedo hacer por ti.

Cloobeck desarrolló una teoría administrativa que pronto revolucionará la industria hotelera. La llama "El significado del sí", y se basa en el principio de que el cliente siempre debe recibir afirmaciones y muestras de respeto. Está escribiendo un libro sobre el tema y no pretendo robarle su mensaje, pero el "significado del sí" es pasión en el más alto de los sentidos.

Si eres dueño de una compañía con oficinas en casi todos los husos horarios y crees tu deber contestar pronto todos los correos electrónicos y llamadas telefónicas que recibes, necesariamente tienes que estar comprometido. Eso es lo que hace la pasión. Convierte el deber en placer. La carga en jauja. Y esto es lo que te mantiene de pie a las dos de la mañana, cuando los demás ya se han rendido.

Así que cuando pienses en los *grandes* ganadores, personas como Welch, Iacocca, Gates, Jobs, Dell y Trump —protagonistas de tan grandioso éxito que no necesitan nombre propio—, pregúntate qué fue lo que los mantuvo en marcha. Antes de que triunfaran en grande y se vieran nadando en dinero y poder suficientes para ruborizar a un rey, ¿qué los movió a perseguir una nueva visión, a asumir un nuevo compromiso? De todos ellos, quizá fue Donald Trump quien lo dijo mejor: "Sin pasión no tienes energía, y sin energía no tienes nada." Una cosa es cierta: no es sólo dinero lo que impulsa a estos casos de éxito a salir adelante.

Aunque este libro se ha centrado sobre todo en Washington y Wall Street, algunos individuos muy apasionados viven y trabajan en Hollywood. Pese a que se estrenó hace más de treinta años, *Apocalipsis ahora*, la película épica estadunidense de 1979 ubicada en la guerra de Vietnam, ilustra a la perfección lo que alguien está dispuesto a hacer cuando le apasiona un proyecto. En particular, la pasión y persistencia de Francis Ford Coppola para ver cumplido un sueño que había gestado casi una década antes a fin de cuentas fructificaron, aunque no sin robarle el juicio, la condición física y (casi) la vida al afamado cineasta.

Se suponía que las cosas serían distintas. De hecho, tras grandes éxitos consecutivos para Coppola (*El padrino* y *El padrino, segunda parte*), parecía que *Apocalipsis ahora* era pan comido. Aun así, hubo palpables avisos de dificultades desde el principio, empezando por el reparto. Steve McQueen era la primera opción de Coppola para interpretar al capitán Benjamin L. Willard, el protagonista, veterano oficial que había servido en Vietnam tres años. Pero McQueen no aceptó, pues no quería ausentarse diecisiete semanas de Estados Unidos. El papel le fue ofrecido entonces a Al Pacino, pero tampoco él quiso ausentarse tanto tiempo del país y temía enfermarse en la selva, como le ocurrió en la República Dominicana durante el rodaje de *El padrino, segunda parte*. Se buscó asimismo a Jack Nicholson, Robert Redford y James Caan para que personificaran al coronel Walter Kurtz (finalmente interpretado por Marlon Brando) o al capitán Willard. El papel se le otorgó por fin a Harvey Keitel, aún muy joven, pero días antes de la filmación Coppola viajó a Los Ángeles y lo reemplazó por Martin Sheen.

Tal vez estés pensando: "¿Qué tan difícil puede ser ganar millones de dólares y estelarizar una película?". Pero en este caso, el trabajo fue muy estresante. He aquí sólo algunos de los problemas que Coppola tuvo que sortear para hacer de su película la obra maestra que es:

- A media filmación, un tifón alcanzó a Filipinas, destrozando sets, interrumpiendo la producción y dejando varados a actores y técnicos en lugares distintos.
- Pese a la presencia de vigilantes las veinticuatro horas, un día fue robada toda la nómina.
- Martin Sheen sufrió un infarto y tuvo que arrastrarse cuatrocientos metros para pedir ayuda.
- El gobierno filipino, encabezado por Ferdinand Marcos, combatía a rebeldes en el área de rodaje, y confiscaba helicópteros y pilotos de la producción justo cuando se les necesitaba para filmar escenas de batallas.
- Brando apareció en el set excedido de peso, lo que hizo decir a Coppola que no disponía de final, porque aquél era "demasiado gordo para hacer las escenas según el guión".

Un proyecto que en teoría tardaría diecisiete semanas tardó en realidad dieciséis meses en la inhóspita selva filipina, para no hablar de los tres años enteros de edición. El costo inicial de catorce millones de dólares terminó siendo de más del doble (treinta y un millones –piensa en lo que *Avatar* habría costado en los años setenta), lo que puso al director y a los estudios en grave riesgo financiero. Y Coppola bajó cincuenta kilos, en virtud del sudor y tensión de todo el proceso (lo que quizá no haya sido tan malo, al menos respecto a los cuarenta primeros kilos). Aun así, no se dio por vencido.

Pese a todos esos reveses, *Apocalipsis ahora* ganó la Palma de Oro en Cannes, fue nominada al Óscar a la mejor película, obtuvo el Globo de Oro a la mejor cinta dramática y aparece en docenas de listas de la "mejor película" del siglo. Fue asimismo el primer filme estrenado en Estados Unidos en película de 70 mm con Dolby Stereo y sonido cuadrafónico, tecnología que más tarde revolucionaría a la industria. Sin su incansable empeño de vencer crecientes obstáculos y adversidades inconcebibles, Coppola nunca habría concretado su visión de la historia que quería contar; su epopeya habría sido sencillamente otro épico fracaso de Hollywood.

PASIÓN VISUAL

Comunicar tu pasión es un acto tan visual como verbal. Lo que haces mientras hablas es tan importante como lo que dices. Señales visuales equivocadas pueden socavar por completo tu mensaje, porque contradicen tus palabras o impiden que la gente te preste total atención.

Cuando fui profesor adjunto en la University of Pennsylvania, jamás empleé escritos ni apuntes para dar clase. Me interesaba hacer contacto visual con los alumnos en todo momento. Nunca di cátedra desde el atril. Prefería pasear entre las filas para que los estudiantes del fondo del salón se sintieran tomados en cuenta e involucrados. Aún conservo esta práctica, porque parte de la pasión que pones en algo se dirige a lograr que tus oyentes quieran ocupar las sillas de hasta delante y pender de la orilla de su asiento, literal o figuradamente. Todos sabemos que quienes se sientan en las primeras filas en clases o presentaciones son las personas más interesadas, y por tanto las que más aprenden. Es difícil mostrarse apasionado frente a trescientos estudiantes, sobre todo si están a treinta metros de ti. Pero si te lanzas al ruedo —justo arriba o junto a ellos—, tu proximidad e intimidad serán tus mejores amplificadores.

Mis presentaciones en el Congreso estadunidense son iguales. Siempre me desplazo por la sala, caminando deliberadamente de un lado a otro. No me gusta dar a los congresistas la oportunidad de distraerse, lo cual hacen a menudo si hay un correo o llamada telefónica a la espera de respuesta. Una vez que se distraen, pueden seguir oyendo, pero ya no *escucharán*, lo cual quiere decir que no aprenden. Y la culpa de esto es del maestro, no del alumno. La pasión es deber de un comunicador eficaz. Francamente, por eso es que admiro tanto el método socrático. Cuando hago una exposición, una parte de mí desea que el público me siga por temor, con miedo a que me apersone frente a él y lo desafíe. Así es como sé que se colgará de cada una de mis palabras. Para lograrlo, hago contacto visual con varios de los presentes, a fin de establecer con ellos un vínculo significativo. Es raro que un discurso verdaderamente apasionado se pronuncie de cara a un guión. Resulta imposible suscitar emociones intensas –aquellas que verdaderamente levantan el ánimo– cuando tienes que ocuparte en dar vuelta a la página.

Poco después de los acontecimientos del 11 de septiembre de 2001, George W. Bush escaló una pila de escombros humeantes en la Zona Cero. Llevaba un altavoz en una mano y rodeaba con la otra los hombros de un rescatista que había estado buscando sobrevivientes entre los escombros. El presidente se dirigió entonces a la multitud reunida en torno suyo, para darle apoyo y aliento en un momento de inconcebible dolor y desolación. Cuando empezó a hablar, un hombre gritó en medio de la muchedumbre: "¡No se oye!". Bush hizo una pausa y replicó: "Yo sí te oigo. También el resto del mundo te oye. ¡Y quienes derribaron estos edificios oirán hablar de nosotros muy pronto!".[6]

Independientemente de lo que hayas pensado de Bush entonces, o de lo que pienses de él ahora, es probable que tengas un buen recuerdo de ese momento. Él captó lo que los estadunidenses querían sentir y oír en esas circunstancias críticas. Aquél fue uno de esos raros episodios en la vida de los estadunidenses en que su comandante en jefe ha sido capaz de inspirarlos, tomar su pasión y emoción y transformarlas en palabras verdaderamente conmovedoras. Si esa frase hubiera formado parte de un texto preparado, habría parecido artificial. Tenía que ser improvisada, espontánea e inesperada. Tomó a todos por sorpresa, y les permitió verse reflejados en las palabras de Bush como éste no había logrado hacerlo antes, ni después. Fue un momento imponente y apasionado, que hasta hoy sigue teniendo eco en los estadunidenses.

El lenguaje corporal es otro de los componentes visuales clave de la pasión. La manera en que mueves los brazos y las manos, la forma en que recorres la sala y el modo de pararte contribuyen por igual a dotar de pasión tu mensaje, y a suscitarla en los demás. No puedes ser apasionado si llevas metidas las manos en los bolsillos o cruzas los brazos. Estas posturas erigen murallas, y alejan a la gente de ti cuando lo que necesitas es que se acerque y escuche.

Esto es particularmente problemático en la comunidad empresarial. Muchos directores generales tienen un lenguaje corporal terrible, que usan para dejar en claro que son ellos los que mandan, no al revés; creen mostrar control por ese medio. Lo que no entienden es que de este modo socavan su credibilidad entre la gente, alzando barreras entre ellos y todas las personas en la sala. Esta desconexión suele manifestarse en las sesiones de preguntas y respuestas, usualmente el mejor momento para exhibir pasión, por tratarse de la oportunidad de comunicación espontánea uno a uno. Pero tan pronto como los ejecutivos cruzan los brazos, la receptividad del público se evapora. Ésa es una postura defensiva. Un lenguaje corporal que dice: "No te atrevas a retarme." Fritz Henderson, exdirector general de General Motors (GM), era un líder y comunicador sólido, pero cada vez que cruzaba los brazos, la gente veía a un hombre a quien no le importaba lo que los demás pensaban. Sin darse cuenta, hacía que la gente se distrajera. Al encerrarse en él mismo y desviar la mirada, muchos pensaban que mentía, cuando no era así.

Otra cosa visual que no debe hacerse es reprender con el dedo. La próxima vez que enciendas la televisión y veas a un político hablando en un podio, ve qué tan a menudo reprende con el dedo mientras ve a la cámara. Eso no es pasión; es sermón. Las personas apasionadas —aquellas a las que realmente les importa lo que dicen y creen en ello— no sólo usan los dedos cuando hablan. También mueven variadamente las manos, para contribuir a la clara exposición de su caso. Y abren los brazos con las palmas hacia arriba, porque esto indica aceptación, levanta el ánimo y confiere autoridad. Producen un incitante efecto visual, que te atrae y hace que prestes atención.

Al usar imágenes en tus mensajes, el elemento básico es el cañonazo visual, un cuadro visceral que provoca instantáneamente una reacción emocional tan intensa que la gente no puede dejar de verlo. Piensa en imágenes de la población de Nueva Orleans tras el huracán Katrina, y de la de Haití luego del terremoto —el sufrimiento, la desdicha, el agobio—, dicho todo a través de una cámara, una lente, un ángulo, una persona. Esas imágenes hacían querer entrar en acción. Hyperion, la editorial que publica mis obras, hizo una portada para un libro sobre Darfur, Sudán, en la que el rostro perturbador de una mujer de brillantes ojos verdes se tendía de un extremo a otro de la cubierta. Esa foto ejerció en mí un efecto visual tan hipnotizante que llevé el libro de una mesa a otra, para preguntar a la gente qué le impactaba más: si el título, *Not on Our Watch: The Mission to End Genocide in Darfur and Beyond* (Mientras podamos evitarlo: la misión para terminar con el genocidio en Darfur y más allá), o la portada. La respuesta fue unánime: la portada. La pasión que infundía a quienes la veían los instaba a querer ayudar a esa mujer y otras como ella. Despertaba un vínculo emocional y era un llamado a actuar. Qué cierto es que una imagen vale más que diez mil palabras.

A la inversa, las que dan muestra de mínima pasión visual son las organizaciones que publican anuncios con listas de personas que respaldan una declaración, compromiso o causa. Los has visto: son los así llamados anuncios de directorio telefónico, con docenas de nombres sin rostro que nadie lee nunca, salvo las personas cuyos nombres se reproducen. Déjame ser claro: una lista de nombres que parece de lavandería no es pasión.

LECCIONES DE LUNTZ

EL PERFECTO RECURSO VISUAL APASIONADO

1. Menos es más. Una foto puede ser mejor que un montaje.
2. Te es imposible dejar de verlo. Es tan impactante que demanda atención y concentración.
3. Te interpela tanto emocional como intelectualmente.
4. La imagen comunica un mensaje sin necesidad de una sola palabra.
5. Las pocas palabras añadidas hacen que quieras saber más y hacer más.
6. Las imágenes en blanco y negro son tan eficaces como las de color.

PASIÓN PERSONIFICADA

La diferencia más importante entre los ganadores y los demás está en el modo en que comunican su pasión a quienes los rodean. Desde que empecé a trabajar y conversar con los más exitosos políticos, directores generales, líderes de negocios y magnates del entretenimiento en Estados Unidos, hace cerca de veinte años, he comprobado que lo único igual de sistemático que su pasión es su capacidad para inspirarla en las personas en torno suyo.

Uno de mis clientes más apasionados es Lowe's Home Improvement (Remodelación del hogar). En 2008 fui invitado a la convención anual de gerentes de tiendas de esa cadena, en el ostentoso Mandalay Bay de Las Vegas (¿quién puede rechazar un viaje a Las Vegas?). Asistieron a ella todos los altos ejecutivos, gerentes regionales y distritales y los más de mil quinientos gerentes de tiendas. La energía en la sala era palpable. Fue un espectáculo fascinante. Cada sesión se iniciaba con la porra de Lowe's (con la que también empieza cada jornada en las tiendas de la cadena; si llegas temprano, la oirás a través de la puerta), ¡y ése era el momento menos animado del día! Piensa en el impacto emocional de oír a más de dos mil personas gritando las letras de la tienda, y bajando el puño cerrado y subiendo el codo entre bufidos, en representación del apóstrofo. Parecía un picnic de los Vaqueros de Dallas más que un seminario corporativo. Luego se invitó a varias personas a pasar al estrado para recibir premios por sus logros. Se premió a gerentes por más ventas, más mejoras en la tienda, más satisfacción del cliente, más ahorros en tienda, etcétera. La razón de esa contagiosa energía era que cuando alguien ganaba, todos ganaban. Fue imponente de verdad. Parecía que la sala levitara.

Lowe's hace contagiosa la pasión. Al seleccionar a una escasa docena de ganadores y elogiarlos por sus éxitos, volvía ganadores a los tres mil asistentes, creando una experiencia compartida con la que todos en la sala podían vincularse. Y a diferencia de muchas otras compañías que realizan convenciones anuales en Las Vegas sólo para ir a jugar, la gente de Lowe's fue a trabajar. Llegaba temprano a la reunión y no se iba hasta bien entrada la noche. No había apuestas, fiestas hasta la madrugada ni paseos. Estaba ahí por un motivo: fortalecer a su equipo, fomentar su pasión comunitaria y potenciar a todos los presentes para que la compañía —y ella misma— siguiera creciendo y obteniendo logros.

Lo que vuelve a Lowe's y firmas similares tan buenas para transmitir su pasión es que son eficaces narradoras de historias. No te dicen que lo que haces es importante. No te piden trabajar lo más posible ni emiten el exasperante reto de "hacer más con menos". No te piden confiar en que cambiarán la manera en la que la gente remoza su casa. Y no lo hacen porque limitarse a *decirle* algo a la gente no da resultado. Para motivar de veras a tu fuerza laboral a fin de que se interese en lo que te interesa a ti, tienes que darle razones que cobren sentido para *ella*, no sólo para ti. Debe experimentar una reacción emocional, no únicamente racional, a lo que dices.

Otra compañía que domina el arte de la pasión es Amway. Podría afirmarse, de hecho, que sin su mezcla de pasión y patriotismo, quizá Amway no existiría más. Su fundador, Richard DeVos, me contó la siguiente historia que resume cómo utilizar la pasión para unir a tu gente. Explica DeVos:

En 1959, Castro tomó el poder en Cuba. Por lo tanto, acaba de cumplir cincuenta años ahí, los mismos que nosotros, y en ese entonces prevalecía en nuestro país el mismo estado de ánimo que tenemos hoy. La libertad y la libre empresa se habían evaporado, el capitalismo había desaparecido y el socialismo era la ola del futuro. Recuerda que esto acontecía a principios de la década de 1960. Era un momento de cambio. Y nosotros decidimos que no estábamos de acuerdo; que eso no nos gustaba. Así que hicimos de Amway un centro de lucha por la libertad y la libre empresa. Todos mis discursos de esos días trataban de Estados Unidos, y de por qué nuestro sistema era mejor. Yo preguntaba a nuestros distribuidores cuando viajaba para charlar con ellos: "¿Quieren que hable sobre Amway?", y me respondían: "No, hable de por qué tenemos que luchar por la libertad y el sistema de la libre empresa." Así, todos mis discursos trataban de por qué la libre empresa da resultado, porque eso era lo que los motivaba, les hacía sentir que formaban parte de algo para preservar y proteger a Estados Unidos.

Y creo que la razón de que eso haya funcionado es que a la gente le gusta pertenecer a una causa. Siempre he dicho que una empresa es tan buena como lo que representa. Necesitas algo por lo cual luchar. Para que una compañía

sea grande en verdad, debe tener una razón de existir más allá de la de obte-
ner ganancias. Nuestra pasión venía del deseo de luchar por la libertad. Pero
también consigues pasión cuando reúnes a la gente. Es difícil sentirte apasiona-
do estando solo, pero cuando tienes una sala llena de gente que vitorea y todos
sienten lo mismo que tú, tu pasión se enciende. Es como estar en un estadio;
no gritas tan fuerte en casa frente a la televisión, pero cuando estás en un esta-
dio la pasión te atrapa.

Ésa es la pasión que convierte a empresarios ordinarios en luchadores
extraordinarios por un futuro mejor.

La pasión nos sostiene. La lógica, por poderosa que sea, no lleva muy
lejos a la gente. A la larga, todas las personas racionales hacen un análisis
mental básico de costo-beneficio. Inevitablemente se preguntan: "¿Qué beneficios directos me reporta esto?". Puedes pedirles que renuncien en gran
medida a su tiempo personal, su tiempo en familia e incluso su estabilidad
financiera… ¿para qué? ¿Para tu descabellada visión de reinventar la computadora personal o de lograr que un millón de personas firmen una petición?

Pocas personas están dispuestas a decirse: "Hasta las últimas consecuencias…". Pero quienes lo hacen, pueden cambiar literalmente el mundo. Si no
me crees, pregúntale a Rupert Murdoch. "Pusimos mucha pasión en llevar
The Wall Street Journal al iPad y hacer que luciera como ningún otro", me
contó. "Tuvimos a siete u ocho técnicos trabajando dieciocho horas diarias.
Llegaron a la ciudad, se alojaron en un hotel barato, no se afeitaban, no se
bañaban, no hicieron más que trabajar durante tres semanas, dieciocho horas diarias, y el resultado fue excelente. Sin duda, mejor que cualquier otro."
Digan lo que digan, nadie trabaja dieciocho horas diarias durante tres semanas únicamente por dinero.

Rendirse –y perder– forma parte de nuestra naturaleza y echa raíces en
nuestra composición genética. Frente a una situación estresante o peligrosa, estamos biológicamente programados para "luchar o huir"; para mantenernos en pie y controlar la amenaza, o para volvernos y salir disparados.[7]
Elegimos una de esas reacciones con base en un rápido cálculo de los riesgos y recompensas implicados: "¿Podré vencer a este sujeto o él me vencerá
a mí?". Lo mismo ocurre en situaciones que nos abruman o amenazan profesionalmente: "¿Voy a perder todo aquello por lo que tanto he trabajado a
causa de esa gran apuesta de otro?". Si la respuesta es sí, prepara tu carta de
renuncia y la mudanza para salir corriendo de la ciudad.

Por eso, ser capaz de contar la historia dentro de ti, el argumento de lo
que te mueve a creer con tal firmeza en lo que haces, es crítico para hacer
de otros genuinos creyentes. Sin una historia que sirva como nuevo marco de
referencia, no hay de dónde agarrarse. No hay visión, emoción ni compro-

miso que empuje en dirección a la gran victoria. Como cualquier romántico irremediable podría decirte, el corazón suele ser más fuerte que el cerebro, lo que conduce a los sonetos a medianoche al pie del balcón que a nadie en su sano juicio sorprenderían recitando. Lo mismo puede decirse de la pasión y la lógica, los negocios y la política.

Pero otra vez, no me creas sólo porque lo digo yo. Tuve la oportunidad de entrevistar para este libro a Arnold Schwarzenegger, y la aproveché, desde luego. La verdad es que lo seguí hasta un pequeño restaurante en Brentwood, la sección de elite de Los Ángeles, y le pedí que me concediera cinco minutos. Me otorgó mucho más, y no sólo en tiempo, sino también en lucidez. Sabes que triunfaste cuando la gente empieza a decir que debería reformarse la Constitución para que algún día puedas contender por la presidencia. En la que resultó ser una de mis entrevistas más interesantes y cautivadoras, Schwarzenegger fue muy franco al explicar que la pasión le había ayudado a lograr tantas cosas y lo ha llevado adonde está hoy. A continuación reproduzco, sin editar, gran parte de lo que me dijo sobre este tema, porque creo que hay mucho que aprender tanto de sus retos como de sus logros:

La pasión es algo que viene de dentro. Es algo que dices: "Lo quiero, lo necesito, lo deseo y no puedo vivir sin eso." Yo supe que si quería ser campeón, mi potencial estaba en las pesas, porque cuando hacía pesas, mi cuerpo respondía muy rápido. Supe que tenía potencial para ser campeón mundial. Así que me apasioné por eso, y me agradaba ir al gimnasio. Me gustaba hacer pesas, me gustaba la forma en que mi cuerpo respondía y me gustaba aprender.

Luego empezó a apasionarme la actuación, y me inscribí en una escuela. Aparte tomaba clases privadas. Tomaba clases para quitarme el acento. A la gente le asustaba mi acento, porque parecía malévolo. Así que tuve que tomar clases de dicción y todas esas cosas para eliminarlo; no tanto para quitármelo, sino para moderarlo, y que me entendieran mejor.

Me abrí paso con mucho esfuerzo en la profesión actoral. Tenía una visión muy clara: quería ser como Clint Eastwood, como Charles Bronson, estar en la cima. Pensaba que la escala estaba vacía en la cumbre y llena en la base. ¿Por qué competir en la base cuando la cima estaba mucho más vacía? Y había mucho espacio para otra persona ahí.

Puse el cien por ciento de mis habilidades de mercadotecnia en la promoción de mi físico y de mis películas, para que la gente las aceptara. Sabía que era distinto tener a Joe Namath en una película; él ya tenía un nombre. Yo tenía que hacérmelo primero, pese a que fuera campeón mundial de fisicoculturismo. Por eso hice Pumping Iron *(Haciendo pesas),* Stay Hungry *(Sed insaciable) y películas de ese tipo, que dependían del cuerpo. E incluso la película* Conan, el Barbaro, *todas esas cintas dependían de mi cuerpo. Pero luego pasé*

*a cosas más sustanciosas, para que el cuerpo fuera secundario, como Termina-
tor, Comando, películas en las que el físico ya no era tan importante. Importaba mucho más la habilidad actoral. Así fue como transformé mi carrera. Tenía
mucha pasión, mucha determinación, y el fracaso no era alternativa.*

*Mi tercera carrera fue la política. Sentí que mi ciclo como actor había ter-
minado. Quería enfrentar otro reto. Por eso, cuando llegó la oportunidad, dije:
"Es el momento indicado." Así, decidí presentarme en Tonight Show (Esta noche) para anunciar que contendería por la gubernatura de California. No tenía
equipo ni nada, pero ésa era mi nueva meta. Y me lancé a eso con la misma
pasión, no tanto para ser gobernador, sino pasión por el servicio público.*

*Lo que me convirtió en un éxito fue la pasión y el gusto por lo que hago. No
verlo nunca como "Dios mío, es trabajo". Siempre era un placer hacer algo, lo
que fuera. Siempre un fuego dentro, nacido de crecer en la pobreza y sin nada,
y de querer hacer algo en la vida, de querer más que todo.*

Sé qué estás pensando: ¿Arnold moderó su acento? ¿Quién iba a decirlo? Pero lo más importante es saber que su vida ha estado definida por la
pasión, en cualquier fase y ante cualquier desafío. Aprende de él. Combate
el impulso a rendirte. En algún momento, los meros mortales habrían tira-
do la toalla. Para citar a Jimmy Dugan en *Un equipo muy especial*: "Debe ser
difícil. Si no lo fuera, todos lo harían. Lo difícil es lo que lo hace grandioso."

CUANDO LA PASIÓN ES CONTRAPRODUCENTE

He dedicado gran parte de este capítulo a explicar por qué la pasión es tan
importante para los ganadores y cómo logran transmitirla a otros. Pero, como
el éxito mismo, o como los bufets de "Coma todo lo que pueda", la pasión es
una espada de doble filo. Si se le suelta la correa y se le permite llegar demasiado lejos, suceden cosas malas. Esta pasión puede minar tus esfuerzos,
y hasta destruir tu carrera.

El 19 de enero de 2004, la campaña presidencial de Howard Dean sufrió un golpe inesperado cuando un repunte de última hora de sus rivales,
John Kerry y John Edwards, lo depositó en el tercer sitio en las asambleas
demócratas de Iowa. Dean, quien llevaba varios días agripado, asistió a un
mitin nocturno de sus voluntarios en el Val Air Ballroom de West Des Moi-
nes, Iowa. Ahí pronunció un encendido discurso de aceptación de su derrota, con objeto de reanimar a los asistentes, pero se le pasó la mano. Se puso
a gritar en medio de los vítores de sus entusiastas; pero como su micrófono eliminaba el ruido de la multitud, lo único que los televidentes oían eran

sus exhortaciones a voz en cuello. Para quienes estaban en casa, dio la impresión de que Dean alzaba la voz empujado por una emoción excesiva (e injustificada). Aquello era también una pesadilla visual. Dean inició su discurso con la cara roja y apretando los dientes, al tiempo que se subía las mangas y se ponía a explicar a grito pelado por qué aquella noche no representaba una derrota total.

Entonces llegó el "grito" que se transmitiría repetidamente los días y semanas siguientes:

¡No sólo iremos a New Hampshire, Tom Harkin! ¡También a Carolina del Sur y Oklahoma y Arizona y Dakota del Norte y Nuevo México, y a California y Texas y Nueva York...! ¡E iremos a Dakota del Sur y Oregon y Washington y Michigan, y luego a Washington, D.C., a recuperar la Casa Blanca! ¡¡¡Sí!!!

Ese último "¡Sí!" fue un alarido particularmente inusual que Dean después atribuyó a que se le había quebrado la voz, de por sí ronca. Este incidente se conoce ahora en la jerga política estadunidense como el "grito de Dean", o el discurso "Tengo un grito". Dean admitió que su discurso no proyectó la mejor imagen posible, llamándolo en broma "loca perorata de rubor" en el *Late Show with David Letterman*. En una entrevista concedida esa misma semana a Diane Sawyer, dijo estar "algo avergonzado... aunque no arrepentido". (Grave error: a los individuos apasionados les está permitido pasarse de la raya de vez en cuando, en tanto ofrezcan después una disculpa.) Sawyer y muchos otros en los medios informativos nacionales expresaron luego cierto pesar por la forma en la que cubrieron el episodio. De hecho, CNN emitió una disculpa pública, y aceptó en una declaración que tal vez había "exagerado" el incidente. La incesante repetición del "grito de Dean" provocó un acalorado debate sobre si el precandidato demócrata había sido víctima de sesgo mediático. La escena del grito apareció más de seiscientas veces en noticieros de la televisión abierta y de paga en apenas cuatro días, sin incluir programas de entrevistas y noticieros locales.

Pero lo importante es esto: quienes acudieron al evento insisten en que no supieron del infame "grito" hasta que regresaron a su hotel y lo vieron en televisión. Dean dijo después de las elecciones generales de 2004 que su micrófono eliminador de ruido había captado sólo su voz, no los estruendosos vítores del público. Pero el público que importaba era el de la televisión. Mientras que expertos en los medios hicieron su agosto en la televisión nacional analizando la mutación de Dean en Hulk el Increíble, lo que el pueblo estadunidense vio fue peor todavía. Vio explotar pasión en un despliegue espantoso de aparente locura, momento a partir del cual la campaña de Dean estuvo en terapia intensiva.

EL VOCABULARIO DE LA PASIÓN

1. Imagina
2. Déjame luchar por ti
3. Cree en algo mejor
4. Celebra
5. Libertad
6. La vida es una aventura... ¿Me acompañas?
7. Nada es más importante que _____

El "grito de Dean" es relevante porque ejemplifica pasión desbordada. La combinación de elementos visuales (cara roja, cabello desordenado, multitud que coreaba, etcétera) y verbales fue demasiado para muchas personas. Asómate a YouTube a ver ese video cuando tengas oportunidad. Es una lección de lo que no se debe hacer.

La pasión es como el fuego: puede calentar tu casa o incendiarla. Represímela y estás acabado. Pero captúrala y canalízala a tus metas y podrás lograrlo todo. He aquí una lista de qué decir –y hacer– para ganar.

PALABRAS QUE FUNCIONAN

Ésta es mi lista de palabras favoritas, por estimulantes e inspiradoras. Estos vocablos definen realmente la diferencia entre ordinario y extraordinario.

Imagina permite al oyente pensar en la vida después del cambio de paradigma en sus propios términos, y al orador pintar vívidas imágenes de la vida nueva. Cuando pides a alguien que imagine algo, estás a medio camino de lograr no sólo que lo desee, sino también que lo haga suyo.

Déjame luchar por ti demuestra que eres un defensor y un realizador. Es la manifestación de un extraordinario compromiso personal que genera un vínculo humano inmediato, y a menudo inquebrantable. Hace unos años, esta frase habría sido demasiado fuerte y, francamente, poco creíble. Hoy, en cambio, vemos con agrado que haya empresas dispuestas a arriesgarlo todo por nosotros.

Cree en algo mejor es una frase de James Murdoch, presidente y director general en Europa y Asia de News Corp., sobre los productos y servicios de Sky, el proveedor de televisión vía satélite más innovador del mundo. Se trata de un rechazo abierto al orden establecido, a favor de la mejora garantizada, y es uno de los lemas corporativos más eficaces que conozco.

Celebra constituye una forma relativamente novedosa de comunicar apreciación. Transmite un mensaje visual tanto como verbal de aprobación y gratitud. Es también una manera innovadora de decir que algo es grandioso. "Celebramos la inclusión", por ejemplo, significa no sólo que creemos en ella, sino también que la defendemos.

Libertad ya no es exclusivo de la política. Apelar al deseo de libertad de la gente, en particular cuando, como ahora, tantos creen que sus libertades se reducen, es un modo efectivo de poner de pie a la gente para que exija algo mejor. La libertad es más que sólo un valor estadunidense básico. Es parte de lo que somos como individuos, y todo lo que la promueva –en la política, los negocios o la vida diaria– generará una respuesta apasionada.

La vida es una aventura… ¿Me acompañas? es un buen ejemplo de un llamado específico a la acción, enfoque que emplean prácticamente todos los ganadores. Aunque algunos prefieren *descubrimiento*, "aventura" produce

LECCIONES DE LUNTZ

PASIÓN EN UNA PRESENTACIÓN

1. **Explica por qué**
   Comienza con una serie de preguntas retóricas ideadas para provocar una reacción emocional, y explica por qué los demás deberían compartir tu misión en la vida.

2. **La expresión física es tan importante como el mensaje verbal**
   No uses podios; levantan una barrera visual. Extiende los brazos para abrazar y envolver visualmente al público. Nunca mantengas las manos en los bolsillos. No uses un texto preparado; que sean sólo el público y tú, unidos por tu voz y presencia.

3. **Variar el volumen de la voz es esencial**
   Las presentaciones apasionadas pueden ser inesperadamente serenas. Baja la voz cuando tu mensaje aumente en importancia, y súbela *in crescendo* para indicar el fin de una idea. No grites; es pasión falsa.

4. **El habla debe tener cadencia**
   Trátese de palabras que riman o de igual número de sílabas, o de la repetición tres o más veces de un término específico, emplea medios retóricos para atraer y motivar a tu audiencia.

5. **Cuenta una historia**
   La pasión requiere algo más que solo principio, mitad y fin. También ilustración verbal y metáforas. Necesita contexto humano.

una respuesta más favorable, porque transmite entusiasmo y sorpresa. Pero es la invitación personal a experimentar algo nuevo lo que vuelve tan eficaz a esta frase para generar pasión.

Nada es más importante que ____. Esta frase no puede usarse caprichosa ni frecuentemente. Pero en el contexto adecuado, transmite la intensidad de tu pasión por un tema.

9

PERSUASIÓN
Hazte fama y genera confianza en la política
y los negocios

Dime y olvido. Enséñame y recuerdo. Involúcrame y aprendo.
—BENJAMÍN FRANKLIN

Taw, con su amable persuasión, es más poderoso que Tor con su martillo.
Uno ablanda, el otro rompe en pedazos.
—HENRY DAVID THOREAU

Las palabras tienen poder. Pueden golpear como un puño...
sobre todo si las escribes en tu puño.
—STEPHEN COLBERT

LA PERSUASIÓN ES UN ARTE

Aprendí a persuadir de mis padres. Más precisamente, aprendí a persuadir gracias a mis padres.

Mi mamá es la tradicional madre judía en todos aspectos. Durante mi infancia, ella se preocupaba por mí a toda hora todos los días: ¿comía lo indicado, hacía mi tarea, mis amigos eran una buena influencia para mí, dormía lo suficiente? Ningún detalle de mi vida era demasiado insignificante para que ella se obsesionara con él, y nada escapaba a su control. Alumna de puros dieces en la preparatoria y la universidad, renunció a la que habría sido una satisfactoria carrera en los negocios para dedicarse a hacer de mí un adulto de éxito. Yo nunca habría escrito libros de no haber sido por ella. Escribir no me es fácil, y he hecho un gran esfuerzo en cada página. Pero me dediqué a esto porque mi madre me infundió la pasión no sólo de aprender, sino también de explicar y educar.

Mi padre era justo lo contrario. Si mi madre era seria, él era gracioso. Si ella era inflexible, él era relajado. Si ella era todo conocimiento y cultura, él era todo diversión con su hijo. Mi deseo de divertir viene de él, lo mismo que mi inclinación a hacer diabluras. Una vez conté un mal chiste en vivo en Fox News para conmemorar el aniversario de su muerte, porque sabía que, dondequiera que estuviera, se estaría riendo.*

Te he hablado de mis padres no porque ellos describan inmejorablemente quién soy, sino porque son la razón de lo que hago. Pronto descubrí que si pedía dinero a mi madre para comprar palomitas, dulces, tarjetas de beisbol o cualquier otra cosa de interés, la respuesta sería no. A la inversa, que si quería acostarme tarde para poder ver en la televisión un programa de política o historia, mi padre me diría que le preguntara a mi madre. Para lograr lo que quería, me bastaba con saber a cuál de los dos recurrir (nunca a ambos) y qué explicación dar.

No soy el único en haber aprendido de sus padres el arte de la persuasión. Dice Steve Wynn:

Mi padre tenía un salón para jugar lotería. A eso se dedicaba. Cada verano desde mis 16, trabajaba ayudándolo. Cuando crecí, empecé a cantar la lotería. Mi padre era muy bueno para eso, y un excelente orador improvisado. Me enseñó a hablar frente a mil personas y a imprimirle ritmo a mi voz, porque los jugadores de lotería juegan con ritmo. Y si no tienes ese ritmo, se enojan.

Mi padre también me enseñó la importancia de enfatizar algo. Me decía: "El único medio para enfatizar, Steve, es hacer una pausa antes y después de lo que vas a decir. No alces la voz. Si algo es realmente importante, bájala, y haz una pausa antes y después." La gente pone más atención cuando hablas en voz baja. Entre más fuerte hablas, más se resiste a escucharte.

Lo mismo puede decirse del diseño. Tienes que dejar espacio alrededor de algo si quieres que sea hermoso y se le aprecie. Si quieres que la gente vea algo, debes darle espacio para respirar. Las lecciones que aprendí de niño diciendo números en un salón de lotería son muy pertinentes para la composición de imágenes y la forma de hablar con la gente, la forma de comunicarse.

Quizá sean contraintuitivas, pero las tres reglas de la persuasión verbal y visual de Steve Wynn son ciertas:

1. El silencio dice más que el ruido.

---

* "Si Hillary Clinton hubiera ganado en 2008, no habría sido la primera presidenta estadunidense. Jimmy Carter fue nuestra primera presidenta." Este chiste me valió mi única reprimenda en Fox News... hasta ahora.

2. El ritmo es más efectivo que hablar al azar.

3. El espacio abierto te permite ver más que el apiñamiento.

En su obituario, Roger Ailes será celebrado por haber creado y dirigido la red informativa por cable más exitosa en la historia de la televisión, pero también por haber escrito el libro fundamental sobre la comunicación pública: *Tú eres el mensaje*. Profundo conocedor de los medios, Ailes guió a tres candidatos a la presidencia estadunidense, desde sus apenas 26 años de edad. Es muy crítico de las elites de su país por su incapacidad para hablar o dirigir, y muy claro en su explicación:

> *Algunos directores generales son buenos comunicadores, pero se asustan. No les pagan por hablar. Les pagan por pensar y ganar dinero, así que nunca han prestado atención a la expresión oral como requisito para su sueldo o sus bonos. Tienen que cumplir una serie de cifras. Si las cumplen, ganan; si no, no. Buenas palabras no pueden ocultar un mal desempeño.*

Las personas de más éxito no se proponen comunicar. Se proponen motivar. No quieren cambiar tu opinión. Quieren cambiar tu vida. No quieren seguidores. Quieren discípulos. Esto es particularmente evidente en el mundo del comercio, y ninguna compañía proyecta más pasión e intensidad que Amway. Con trece mil empleados y tres millones de dueños de empresas independientes (*independent business owners*) que operan en docenas de países, Amway es un gigante de la venta al detalle. Su fundador, Rich DeVos, explica que el secreto del perdurable éxito de esta compañía, fundada hace más de medio siglo, es su capacidad para "instruir" acerca de su atractivo universal:

> *Nunca lograrás nada si no aprendes a explicar qué haces. Así es como todos aprenden, así es como mueves a la gente, y ésa es la única manera en que puedes hacer algo. Nosotros quisimos hacer nuestra empresa de tal forma que cualquiera pudiera hacer la suya y enseñar a su vez. No aprendes hasta que enseñas.*
>
> *Cuando instruyes a alguien en algo, terminas por saberlo mejor. Ya eres responsable de alguien, una persona que te admira; eres líder, y de repente tienes más responsabilidades en tu vida. Siempre es así: capacitar. Quien te instruye es responsable de ti, tu motivador personal, tu asesor personal, y te alienta. Yo siempre buscaba a alguien que tartamudeara, que no usara el mejor traje, que no fuera el mejor hablando, y todos decían: "Si él puede hacerlo, yo también." La gente duda mucho de lo que es capaz de hacer, es muy insegura. Nosotros generamos seguridad.*

¿Cómo confluyen entonces la perfección y la persuasión? Los ganadores no triunfan diciéndole a la gente: "Así es esto" o "Así será". Nos convencen de que lo que dicen es cierto, de que podemos confiar en ellos, para seguir voluntariamente su ejemplo. Gracias a su capacidad para persuadir, Winston Churchill convenció a los británicos de que necesitaban estoicismo y determinación para vencer a la Alemania nazi. Aun si estaban muy atemorizados, no lo parecían. No subestimes lo difícil que fue para Churchill esta labor de convencimiento. A un mariscal de café del siglo XXI la tarea le parece simple. Sabemos cómo terminó la guerra; que ganaron los buenos. Pero si hubieras vivido en Gran Bretaña en 1940, con Hitler en marcha, Europa en manos de los nazis y decenas de miles de aviones, barcos de guerra, cohetes y otras armas apuntadas a tu minúscula isla… ¿le habrías creído a un político que decía que todo se iba a arreglar?

Churchill conocía el poder del lenguaje y la determinación de su pueblo, y se armó de sus mejores argumentos y oratoria para estimularlo. Era evidente que Gran Bretaña había sido rebasada, pero él se sirvió de la mayor debilidad del país –su tamaño y vulnerabilidad– para convencer. La verdad es que desde tiempo atrás el pueblo británico se gloriaba de su capacidad para hacer grandes cosas de consecuencias globales, *pese a* la relativa pequeñez de su territorio. Ese espíritu creó un imperio. Así que cuando llegó el momento de defender la isla y el ánimo público estaba por lo suelos, Churchill aprovechó un hondo sentimiento nacional y pasó a la ofensiva:

> *Defenderemos nuestra isla a toda costa; pelearemos en playas, pistas de aterrizaje, campos, calles y montañas. Jamás nos rendiremos. Y aun si, lo cual no creo ahora, esta isla o gran parte de ella fuera sometida y privada de alimento, nuestro imperio en ultramar, armado y protegido por la flota británica, seguirá la lucha hasta que, Dios mediante, el Nuevo Mundo salga con toda su fuerza y poder en rescate y liberación del Viejo.*

El uso de la anáfora por Churchill –la repetición de palabras o frases al principio de oraciones– enfatizó su compromiso con la victoria a toda costa. En ese discurso repitió diez veces la fórmula de "Defenderemos…" (sujeto tácito en primera persona del plural y tiempo futuro). Éste es el equivalente lingüístico de la persistencia. Exige tomar nota. Te obliga a seguir leyendo, a seguir escuchando hasta el final. Te lleva consigo como no puede hacerlo el habla ordinaria. En el discurso "Tengo un sueño" del doctor Martin Luther King, la frase del título se repite de igual forma ocho veces, con el mismo efecto.

Hace doscientos cincuenta años, los padres fundadores de Estados Unidos nos convencieron de que la vida, la libertad y la búsqueda de la felicidad son derechos humanos inalienables. Los abolicionistas del siglo xix nos convencieron de que la esclavitud es una afrenta tanto a la dignidad humana como a la voluntad divina. Thomas Edison nos convenció de que la electricidad llenaría nuestro futuro de luz y sonido. Henry Ford nos convenció de que los automóviles de gasolina terminarían con el caballo y la calesa y nos permitirían desplazarnos con mayor libertad que antes. En tiempos más recientes, personas como Bill Gates (Microsoft), Steve Jobs (Apple), Larry Page y Sergey Brin (Google), Jeff Bezos (Amazon) y Mark Zuckerberg (Facebook) nos han convencido de que las computadoras, la tecnología y la Internet revolucionarán drásticamente la manera en que todos, en todo el mundo, compramos, nos divertimos, buscamos información, interactuamos y hacemos negocios. Oyeron que algo faltaba, prestaron atención a lo que queríamos y regresaron a nosotros con mensajes y productos que resonaron profundamente en nuestra psique. Sintonizaron con nosotros, y gracias a eso confiamos en ellos, los escuchamos y finalmente compramos lo que nos vendían.

Ellos creían tan firmemente en lo que nos decían que terminamos por confiar y creer en ellos también. Éste no es un asunto menor. La confianza forma parte integral de la comunicación y la persuasión, y no podrás generarla si a la gente no le parece que en verdad crees en lo que dices. "Para mí, el elemento más importante de la persuasión es que debes creer en aquello de lo que tratas de convencer a la gente", me dijo el magnate inmobiliario Mort Zuckerman:

> A mí siempre me gustó la vida urbana, así que me dediqué a los bienes raíces. No sé cómo explicarlo, pero me daba la sensación de "éste es mi sitio. Me gusta este mundo. Tengo sensibilidad para esto". Cada centro urbano en el que he estado me ha parecido adecuado, y ese nivel de comodidad debe haberse hecho patente de algún modo. Creía realmente en lo que hacía y decía. No era un farsante. Un actor. Así era sencillamente como era yo y como me sentía.
>
> En el mundo de los bienes raíces tienes que ganarte la confianza de la gente para lo que vas a hacer. Tienes que convencer al acreedor de que terminarás y rentarás el edificio. Tienes que convencer a los inquilinos de que acabarás el edificio a tiempo para que puedan mudarse en la fecha prevista. Y hasta cierto punto, supongo, el lenguaje transmite esa sensación. Inspira confianza.

Zuckerman está en lo cierto; la confianza es un componente crítico de la persuasión. Si la gente no cree que sabes lo que dices o que hablas en serio, no tendrá ninguna razón para escuchar una sola de tus palabras. Sin confianza, no eres líder. Eres simplemente alguien que habla mucho parado al frente de una sala.

Pregunté a David Stern, presidente de la National Basketball Association (NBA), por qué creía que la confianza es tan importante para persuadir a la gente de seguirnos. Su respuesta muestra por qué es tan importante generar confianza entre los miembros de tu equipo:

> *Lo más importante para un entrenador, aunque cada uno lo haga a su manera, es inspirar confianza en sus jugadores, para que cuando les diga: "Hagan esto y ganaremos", ellos efectivamente lo hagan, dando por supuesto que ganarán. Y cuando ocurre esto último, se desempeñan mejor. Algunos entrenadores lo logran siendo exigentes, y otros en forma más amable. Pero todos inspiran confianza en su liderazgo. Cuando llega la hora de la verdad, el partido está en riesgo y el entrenador dice: "Hagamos esta jugada" o "Apliquemos esta técnica defensiva", al equipo que dice: "Él sabe lo que hace; si seguimos sus instrucciones ganaremos" siempre le va mejor que al que dice: "¡No! ¿Por qué quiere que hagamos eso? Cambiemos la jugada." Todo consiste en inspirar confianza, ya sea que dirijas tropas en la batalla, un equipo de basquetbol o una corporación.*

PERSUASIÓN EQUIVOCADA

La línea que separa a un equipo ganador de uno perdedor y a una corporación exitosa de una fracasada es muy fina. En ambos casos intentas jugar con reglas ajenas contra adversarios que tratan de ganar a tus expensas. Ésta es otra razón de que yo haga tantos paralelos entre muchas facetas de la vida –deportes, espectáculos, política, negocios, etcétera–, pues se trata de creaciones humanas regidas por las mismas leyes de la naturaleza humana. Lo que surte efecto en un campo suele surtirlo en otro, no por casualidad sino por designio.

Quienes fracasan te darán diez razones de ello. Quienes tienen éxito te darán una o dos. Pero los ganadores te dirán que tuvieron suerte. Casi sin excepción, las personas entrevistadas para este libro atribuyeron a la suerte al menos una parte de su éxito. Dice Sheryl Sandberg, de Facebook: "Quien cree saberlo todo o toma por habilidad lo que sólo es suerte, deja de aprender."

¿Pero qué pasa cuando se te acaba la suerte?

Resulta imposible escribir un libro sobre ganadores sin conversar con Mike Bloomberg, el multimillonario alcalde de Nueva York. Me encantaría decirte que Bloomberg tiene reglas de éxito claramente definidas, pero la verdad es que acredita sus triunfos a la "suerte" y a "estar en el lugar indicado en el momento correcto", más que a una lección específica de la vida. Seguro e irreverente, resta importancia incluso al papel del lenguaje en el trayecto a la cima. Pero aunque no está particularmente interesado en la comunicación, identifica pronto los escollos políticos cuando palabras correctas operan en forma absolutamente incorrecta.

Cuando empiezas, no siempre conoces las palabras en clave de diversos grupos de la población. Ignoras la historia de una palabra o frase particular. Así que de repente puedes decir una palabra o frase que tiene vida propia. Nosotros teníamos un jefe de bomberos que era un importante líder sindical y que en una célebre ocasión dijo: "¡A la goma!". Esta expresión fue impopular cuando él la dijo, y lo fue también cuando yo la repetí. Si yo lo hubiera sabido, no la habría usado. Cuando gobiernas, las palabras son más importantes, porque el producto es más difícil de definir. En los negocios es más fácil, porque vendes algo que la gente puede ver.

"¿Crisis financiera? ¿La peor recesión en décadas? ¿Estadunidenses que pierden su casa? ¡Yo no tengo la culpa! Sólo soy un humilde banquero haciendo la obra de Dios", pareció decir Lloyd Blankfein, director general de Goldman Sachs, en la entrevista que concedió al diario británico *Sunday Times* en noviembre de 2009.[1] Si sus declaraciones no hubieran sido tan repugnantes, casi podrían haber resultado divertidas.

A fines de 2008, cuando la presidencia de Bush estaba por terminar y los Obama comenzaban a seleccionar la porcelana de la Casa Blanca, Goldman Sachs, de Wall Street, se arrimó al abrevadero federal para zamparse diez mil millones de dólares financiados por los contribuyentes a fin de mantenerse a flote. Básicamente, los chicos de Goldman no supieron manejar las consecuencias financieras de sus *swaps* de crédito vencidos asegurados por AIG. Los consumidores estaban sobreapalancados. Los bancos estaban sobreapalancados. Las costuras cedieron, la economía se desplomó y la venerable Goldman se vio en graves dificultades.

Desde la perspectiva de la comunicación y la percepción, la forma en que Goldman se ha conducido desde que sus días de gloria llegaron a su fin, en 2008, resulta muy instructiva. Como muestra de al menos una pizca de respeto por lo que los estadunidenses promedio opinaban del rescate del sector financiero, Goldman (y muchos otros bancos) redujo un poco ese año los bonos de sus ejecutivos, entre ellos el señor Blankfein, y drásticamente los de su demás personal. Bien. La compensación total promedio para los empleados de Goldman Sachs fue en 2008 de trescientos sesenta y cuatro mil dólares por persona, cincuenta y cuatro por ciento inferior a la del año previo. David Viniar, director financiero de esa compañía, dijo a los reporteros que se pagaría más con acciones, para que los empleados participaran más en el crecimiento y éxito a largo plazo de la empre[2]

Para el verano de 2009, Goldman ya había pagado el préstamo de diez mil millones de dólares del gobierno, con intereses de veintitrés por ciento.[3] Las cosas parecían mejorar para esta sociedad de inversión. Pero de pronto, en forma un tanto inesperada, la empresa sufrió los embates de la abundancia. Según el *New York Times*, "Goldman reportó [en julio de 2009] sus mayores ganancias trimestrales en ciento cuarenta años de historia y, para envidia de sus rivales, anunció que, hasta ese momento, [ese] año había destinado once mil cuatrocientos millones de dólares a compensar a sus trabajadores."[4] Que nos vengan a decir qué es no tener sentido de la oportunidad.

Normalmente, utilidades récord serían una buena noticia. Hay que recordar que si a los estadunidenses les enfurecieron las utilidades récord de las compañías petroleras en 2008 fue porque los precios de la gasolina habían alcanzado su mayor nivel histórico. Si esto no les hubiera afectado tanto, pocos se habrían quejado. Las utilidades corporativas constituyen en realidad un problema de percepción cuando son atribuibles a alguna forma de "daño" impuesto a la sociedad. Que este daño sea real o no resulta irrelevante. Anunciar utilidades récord cuando la gente ya está enojada con tu compañía o industria es como arrojar una cubeta de cebo en aguas infestadas de tiburones; estos últimos, o los senadores en este caso, pronto estarán rondando.

Y lo hicieron. "Gente de todo el país siente una frustración increíble al ver que sus vecinos se quedan sin trabajo y el gobierno ayuda a compañías como AIG y Goldman Sachs, las que inmediatamente después anuncian grandes ganancias y enormes compensaciones", bramó el senador demócrata de Ohio, Sherrod Brown. "La gente no cree que este sistema esté funcionando." En respuesta, no directamente al senador sino a la situación en general, el director financiero de Goldman dijo: "Entendemos que vivimos en un mundo sumamente incierto en el que muchas personas están desempleadas, pero el aumento salarial a nuestros empleados es más que justificado."[5]

Esto es lo que sucede cuando la indignación pública cae en oídos sordos. Para la inmensa mayoría de los estadunidenses, se vive en un "mundo incierto en el que muchas personas están desempleadas" justo porque compañías como Goldman Sachs han gastado irresponsablemente el dinero de otros, en un promiscuo despliegue de desenfreno. No es de sorprender entonces que esto proporcione un lienzo menos que ideal para pintar un retrato de falsa contrición. Y mientras que nadie protesta cuando una compañía paga a sus empleados por hacer bien su trabajo, bonos desmedidos con valor superior a lo que la mayoría de la gente ganará en toda su vida nunca sentarán bien a un pueblo que tuvo que rescatar a la industria responsable de su debacle económica. Nadie en Goldman, ni en cualquier otro titán de Wall Street, debía haberse asombrado cuando congresistas como Dennis

Kucinich propusieron altos impuestos sobre esos bonos al enterarse de la "buena noticia". Tuvieron suerte de que no los emplumaran.

Para sorpresa de nadie, Goldman Sachs tuvo un año espectacular. A principios de 2010 se informó ampliamente que había obtenido utilidades por trece mil cuatrocientos millones de dólares. Claro que se pasó por alto el meollo del asunto: la Gran Recesión. Las compensaciones volvieron a aumentar a un nivel ligeramente inferior al récord fijado en 2007. Enviado otra vez a enfrentar a los lobos, el director financiero de Goldman, David Viniar, dijo en enero de 2010: "Intentamos hallar el equilibrio correcto, y creemos que el mensaje que enviaremos a nuestro personal con su compensación es que tuvo un gran año y se le pagará bien y lo justo, aunque en el contexto de lo que está sucediendo en el mundo."[6]

Sólo para un ejecutivo de Wall Street un sueldo promedio de cuatrocientos noventa y ocho mil dólares por empleado podría ser acorde con "el contexto de lo que está sucediendo en el mundo", en un momento en el que la tasa nacional de desempleo era de 9.7% y cuando un tercio de los estadunidenses trabajaban más tiempo sin poder llevar a casa ingresos adicionales. En una conversación con Charlie Rose sostenida meses después, el director general de Goldman Sachs, Lloyd Blankfein, ofreció esta gema cuando se le preguntó por qué el pueblo estadunidense estaba tan indignado:

Creo que porque el sistema financiero le falló. La gente de Wall Street actuó bien, y se condujo en forma muy honrosa. Algunos dirían que altanera, pero lo cierto es que las cosas marchaban bien. Esa gente habló de las contribuciones que hacía a la sociedad y a la economía, el país y el mundo.[7]

Todo indica que el señor Blankfein sencillamente no pudo entender por qué los estadunidenses promedio estaban tan enojados con una industria que gastó dinero como un ludópata atrapado en un casino, para terminar pidiendo limosna cuando llegó la cuenta. Tal vez comprar otra casa en los Hamptons con lo que parecía ser dinero de los contribuyentes mientras en Kansas Lisa trabajaba de noche para poder llevar comida a su mesa tuvo algo que ver en el asunto.

Se diría que estoy enojado con las grandes instituciones financieras y sus mensajes. Lo estoy. He trabajado con algunos de sus líderes. En privado se cuentan entre las personas más caritativas que conozco, pero en público actúan como si no les importara lo que piensa el resto del país, a menos que esto amenace sus bonos de siete dígitos. Y como profesional de la comunicación y hombre de negocios, esto me resulta muy irritante. Las ganancias son ganancias, y nadie debería avergonzarse de ellas. Las ganancias hicieron de Estados Unidos la economía más fuerte del mundo. Pero no puedes olvidarte de la gente y su experiencia de ver desplomarse el valor de su casa y reducirse en veinte por ciento el de las acciones en apenas un par de años. Por bienintencionado que seas, ignorar el impacto de tus palabras daña tu reputación y credibilidad.

Goldman Sachs estropeó de lo lindo su comunicación acerca de sus bonos, utilidades y rescate. De prestar oídos al señor Blankfein, el verdadero problema fue que la gente de Wall Street sencillamente alardeó demasiado. De hecho, dio la impresión de que Blankfein atribuyó a la envidia el enfado de los estadunidenses con la industria financiera.

El mayor problema de afirmar que se hace "la obra de Dios" es que el hombre no es Dios. Y para muchos, los banqueros apenas si son hombres. Una declaración como la del señor Blankfein suele pagarse caro. Encarna arrogancia, avaricia y total desconsideración a los millones de estadunidenses cuyos dólares duramente ganados y pagados en impuestos mantuvieron a flote el dorado barco de ese señor. La comunicación que falta el respeto, desdeña y degrada a estadunidenses honestos y trabajadores equivale a hacerles un gesto obsceno desde una limosina mientras te diriges a tu jet privado. Al final, sin embargo, la gente se impondrá. Nada más pregúntale a María Antonieta.

LA TERCERA ES LA VENCIDA

La persuasión requiere disciplinada persistencia. Nunca es producto de una sola frase, sonido o movimiento del interruptor. Requiere repetición.

Steve Jobs era ejemplo del ganador que año tras año nos persuadía de comprar un adminículo más de Apple que *en realidad* no necesitamos. Como puedes comprobarlo en su modo de vestir o en los comerciales de su compañía, en su mundo imperaba una idea: *sencillez*. Los productos de Apple, desde el más elemental reproductor de MP3 hasta las computadoras más caras, son simples y fáciles de usar. Jobs sabía cómo convencer a sus clientes de que comparar, comprar y usar un producto más de Apple en realidad haría *mejor* y *más sencilla* su vida a largo plazo.

Jobs pudo mantener a Apple en la cima porque sabía cómo hablarles a los consumidores. Sus Apple Events, el equivalente tecnológico del Super Bowl, son legendarios. Él se presentaba en ellos ufanamente ataviado con jeans azules menos que a la moda, tenis y un suéter negro de cuello alto de imitación. No intentaba proyectar una imagen corporativa ni ser algo que no era. Era auténtico y sincero. Tan simple y accesible como su producto. Sin corbata ni podio, nada que infundiera una sensación de distancia entre él (o su producto) y quien lo mirara. No temía emocionarse al hablar. Aun después de más de dos décadas de haber iniciado esos encuentros, cuando al final reconocía a las diversas familias de empleados de Apple se notaba que se le quebraba la voz al aludir al compromiso y dedicación que ponían en el trabajo todos los días. Tal vez por eso lo seguían un año tras otro, pese a su fama de jefe increíblemente exigente, inflexible e implacable. Sabía que trabajaban en la forja de la historia.

Jobs se concentraba con infinito detalle en el problema por resolver. Pero no revelaba su solución hasta haber explicado no menos de tres veces al público los criterios de un producto tecnológico exitoso. Y entonces, el producto que él presentaba poseía justo esos atributos, desde luego. Esto no es sólo una eficaz técnica de formulación, sino que además crea drama y tensión donde no habría ninguno. Es persuasión en acción: no decir "Debes comprar este producto" hasta haber completado el contexto de "por qué lo necesitas".

Vayamos un poco más lejos. Jobs presentaba siempre ideas nuevas primero en una lista, y luego hablaba de cada punto en particular, para volver a resumir la lista al final. Decía todo tres veces para cerciorarse por completo de que se le había escuchado. Y cada vez usaba exactamente las mismas palabras, lo que producía un sonsonete que permanecería en la memoria del público mucho después de que éste lo hubiera oído. Incluso hacía que el público repitiera varias veces con él, en secuencia, esos tres componentes. ¿El resultado? Que aun los oyentes que no ponían atención entendieran el mensaje.

Explicar tu meta de perfección, y cómo te haces cargo de ella, genera apoyo en el cliente. Jobs usaba comparaciones para mostrar funciones. Cuando tenía una función que quería que la gente recordara, la comparaba con otra cosa. Comparó el iPhone con otros teléfonos inteligentes. Cuando presentó el iPod nano, lo comparó con otros reproductores de MP3. Estas comparaciones le permitían enfatizar los excepcionales beneficios de sus productos y formular en sus términos el panorama de la tecnología moderna, términos que tú y yo podemos entender. Pocas compañías competirán efectivamente con Apple hasta que puedan convencer a los consumidores de que su vida será más simple, mejor y menos complicada si usan sus productos. Por ahora, Apple es la reina indiscutible de la tecnología simple, y Steve Jobs fue el rey de la comunicación.

Pero para todo ejemplo de éxito lingüístico en los negocios hay una docena de fracasos. Los ganadores entrevistados para este libro no sólo fueron generosos con su tiempo, sino también francos en sus comentarios. Puesto que éste es sobre todo un libro sobre la comunicación eficaz, permíteme darte un ejemplo de uno de los líderes corporativos más concentrados y resueltos de Estados Unidos que admitió haber usado palabras que no funcionan, y que pagó un alto precio por ello. Jim Murren, presidente y director general de MGM Resorts International, ofrece esta ilustración de lo que sucede cuando el lenguaje falla:

Luego de pasar la mayor parte de mi vida profesional diciendo lo primero que se me ocurría, me di cuenta de que lo que digo tiene impacto. Una vez respondí burlonamente una pregunta seria de una reportera del Wall Street Journal, *y el hecho tuvo consecuencias graves. Yo había entrado a la compañía en febrero de 1998. Bellagio estaba en construcción, Mandalay Bay iba en camino y varios inmuebles más abrirían pronto. La reportera preguntó: "Con toda esta nueva capacidad lista para principios de 2009, ¿cuáles serán las repercusiones financieras?". Yo contesté: "Será un baño de sangre." Así apareció en el* Wall Street Journal *al día siguiente, y en el* Review Journal *un día después, con un estridente titular en letra grande, "BAÑO DE SANGRE". El director de recursos humanos y el entonces presidente de la compañía se presentaron en mi oficina y me preguntaron: "¿Qué diablos hiciste?". Me di cuenta entonces de que lo que digo importa, de que debía ser más serio. Mis opiniones no han cambiado, pero tengo que estar más consciente del peso de mis palabras.*

PARA PASAR DE A A B

LECCIONES DE LUNTZ

EL ESPECTRO DE LA PERSUASIÓN: CUÁLES SON LOS GRADOS DEL CONVENCIMIENTO

La persuasión es un proceso y un *continuum*, no un punto fijo que debes alcanzar para no fallar. El gran malentendido acerca de la persuasión es el supuesto de que no animar a los entusiastas es igual a fracaso. Por el contrario, neutralizar la oposición (la cual puede ser simple resistencia humana al cambio) es tan importante como obtener apoyo.*

A continuación aparecen las cinco etapas de la persuasión las cuales te ayudarán a comprender mejor hasta dónde debes desplazar a tus opositores para tener éxito. Esto puede parecer simple en un principio, pero todos los días alguien se

---

* No uso categóricamente aquí el término *oposición*, como si las personas que la integran estuvieran decididamente en tu contra, sino en alusión a aquellos a quienes debes persuadir venciendo su resistencia para poder avanzar. Por ejemplo, tus empleados, que ciertamente no son tus opositores, bien podrían rechazar ciertas medidas que la compañía debe tomar para seguir siendo competitiva. En este caso, ellos son tu oposición en términos generales, aunque formen parte de tu equipo y no puedas tener éxito sin ellos.

equivoca a este respecto y arriesga daños irrevocables a su reputación. Este esquema es de utilidad para todos aquellos que deben hacer presentaciones públicas o prepararse para una entrevista de trabajo. Los ganadores dividen a su público en estas cinco categorías y ordenan por prioridad sus esfuerzos de persuasión.

1. Rechazo

Ésta es la forma de oposición más extrema. Quienes te rechazan están empeñados en que fracases, trabajan activamente en tu contra y hacen todo lo posible por pararte en seco. Discrepan de ti en principio, muchos de ellos con vehemencia, y nunca los ganarás para tu causa, aun suponiendo que logres que te escuchen. Si eres ejecutivo de una compañía petrolera, quienes te rechazan son los dirigentes de Greenpeace y Sierra Club. Si eres abogado sindical, son empresarios en prácticamente todas partes.

Convencer a quienes te rechazan de apoyar tu causa suele ser imposible. No intentes ganártelos; no podrás hacerlo. De hecho, uno de los mayores errores de políticos, empresarios, expertos, artistas y personas promedio es perder tiempo y esfuerzo en quienes nunca estarán de acuerdo contigo. Entre más hablas, más se enojan, lo cual conduce a una oposición activa. Lo mejor es simplemente identificarlos, aceptarlos y ofrecerles una rama de olivo si las circunstancias lo permiten. Necesitas que callen; eso es por sí mismo ganar. Así que aparte de identificarlos y respetarlos, calla respecto a ellos.

2. Desacuerdo

El siguiente nivel en la escala de la persuasión es el simple desacuerdo. Quienes pertenecen a esta categoría no quieren derrotarte. Ven el mundo distinto a como tú lo ves, pero no son tan apasionados para interponerse resueltamente en tu camino. Esto no significa que no quieran detenerte si esto es fácil o implica poco esfuerzo (por ejemplo, firmando una petición en tu contra, sumándose en Facebook a un grupo hostil o eligiendo un producto diferente al tuyo), pero no se organizarán en forma explícita contra tu compañía o campaña, porque sencillamente no les importa gran cosa.

La estrategia inteligente en este caso es reconocer la resistencia de estas personas y darles tres razones para replantearla. No dos —evidencia insuficiente para desafiar al cerebro— ni cuatro —lo cual sería presionar demasiado—. Al reconocer a estos individuos, les muestras respeto. Al darles ejemplos de *datos y evidencias*, les permites cuestionar sus juicios y tender un puente hacia ti. Recuerda que la meta no es conseguir conversos; esto lleva tiempo. Pero si comienzas por neutralizar a tus opositores, podrás conquistarlos después.

3. Neutralidad

Quienes pertenecen a esta categoría, a veces llamada centro moderado o centro sensible, pueden ser tan difíciles de persuadir como quienes te rechazan, porque a menudo no les importa comprometerse. Algunos son ambivalentes, otros indiferentes. En política, no son necesariamente los independientes que rechazan a conciencia a todos los partidos. Suelen carecer de filiación partidista, sin interés suficiente para tomar partido, aunque también sin suficiente pasión para decir no a todos. En los negocios, no les importa qué producto o servicio usan; tomarán el que llegue primero. Y en la vida, son las personas para las que tu existencia no es un beneficio ni un lastre. Para ellas, estás ahí y punto.

En lo personal, el público neutral es mi preferido, porque me permite conversar de lo que quiero, no de lo que él quiere. Si puedo presentar una noción o concepto a un público que aún no se ha formado una opinión, sé que ganaré, porque no tengo que combatir ideas preconcebidas. El reto es hacer que se interese lo suficiente para poner atención. La meta última en la motivación de personas neutrales es hallar los mensajes y temas sensibles que les harán enderezarse en su asiento y tomar nota. A partir de ese momento podrás dirigirlas hacia tu causa.

4. Acuerdo

Aunque las personas neutrales no son una amenaza comparable a la de quienes te rechazan, son casi tan útiles como dinero depositado en una cuenta de ahorros sin intereses. Pero quienes están de acuerdo con tus esfuerzos no son necesariamente mucho mejores si guardan silencio o son inactivos. El siguiente paso es ponerlos a trabajar: convertirlos en auténticos promotores. Necesitas que intervengan a tu favor. Que busquen información y conozcan datos precisos para que puedan corregir cortésmente a otros cuando hacen afirmaciones erróneas. Necesitas que hablen de ti a los demás, cambiando entre tanto corazones y mentes.

Para ellos, la motivación más fuerte son las "consecuencias" de la inacción. Esto puede parecer contraintuitivo, pero es importante: necesitas un contexto de "si/entonces" para empujarlos a actuar. "Si no ves ese noticiero nocturno, entonces estarás desinformado y parecerás ignorante ante tus colegas y supervisores." "Si no me contratas, entonces perderás mi creatividad, lealtad e ingenio, y trabajaré para la competencia."

5. Acción

Éstos son tus promotores: los individuos que hablarán orgullosamente a tu favor, que expondrán tus argumentos por ti sin que se lo pidas. No se quedan al margen esperando a ver qué pasa; trabajan con ahínco todos los días, en medio de la gente, para cerciorarse de que tu meta se convierta en la de la comunidad. Algunos podrían decir que han mordido el anzuelo. Yo digo que son las personas que necesitas de tu lado si realmente deseas ganar.

Lo único que estas personas orientadas a la acción necesitan de ti es confirmación. Los tres mejores en esto son Jobs, Gates y Buffett, cuyas asambleas de accionistas son muy concurridas. En política, Ted Kennedy era el mejor en esto entre los demócratas, y Ronald Reagan entre los republicanos. Una palmada pública en la espalda, un llamado a hacer más todavía, y cientos, miles y hasta millones de personas estarán una vez más cantando sus alabanzas y exhibiendo orgullosamente sus colores corporativos y políticos.

La persuasión no es otra cosa que el arte del cambio. (Para los lectores expertos en negocios, equivale al "delta". El paso de A a B. Pero prométanme que jamás usarán este terminajo económico ante su público, el cual creerá que hablan de un río o de una fraternidad estudiantil.)

La clave de la persuasión de éxito es conocer los valores, creencias, opiniones, experiencias, tradiciones, culturas, perspectivas, puntos neurálgicos y muchos otros aspectos de la naturaleza humana que nos hacen lo que somos. Sólo si suspendes tu incredulidad (y juicio) acerca de otros, aprenderás a escucharlos de verdad a fin de obtener las ideas que necesitas para comunicarte más eficazmente con ellos.

Velo así: supongamos que decides que tu compañía debe contratar a una empresa especializada en investigación para saber qué piensan exactamente las madres de treinta y tantos años de edad acerca de tu nuevo artefacto. Tu socio, sin embargo, duda mucho de la utilidad de nuevas investigaciones sobre "mamás clientes del artefacto", porque ya antes has hecho investigaciones similares que no te han llevado a ninguna parte. De cualquier forma, consigues a una nueva empresa de Dallas para que hable a favor del proyecto, sus representantes ponen sus tableros en tu sala de juntas, pasan un PowerPoint genérico e intentan demostrar lo fabulosa que será su investigación. Te convencen, como sabías que lo harían. Pero a tu socio no, como también él sabía que sucedería.

Esto es justo lo que pasa a diario en las compañías estadunidenses, porque sus líderes no comprenden que la persuasión es el arte del cambio, no el arte de la aceptación. Si crees tu deber lograr que los demás se entusiasmen tanto como tú con la presentación y el proyecto de investigación para hacerlo suyo, vuelves la distancia entre los puntos A y B mucho mayor de lo que debería. En esencia, no conviertas B en Z. Crearás así un abismo por salvar cuando bien pudo tratarse de una mera brecha. Antes que intentar desplazar a los demás del rechazo a la acción, trasládalos del rechazo a la neutralidad. Éste es un ascenso mucho más leve y realista y, en definitiva, la neutralidad te permitirá hacer de todas formas lo que querías.

Al acometer una presentación o campaña, prepárate para atacar estos cinco imperativos estratégicos, con objeto de desplazar un paso en tu dirección a las personas en desacuerdo y neutrales:

1. **Responde objeciones.** Sé directo. "¿No están de acuerdo con algo que dije? Hablemoslo."
2. **Disipa temores para obtener aceptación.** Sé empático. "Sí, entiendo esa preocupación, y la preví. Así que déjame contarte de nuestro plan para resolverla, y permíteme conocer tu reacción para saber si vamos en la dirección correcta."

3. **Presenta datos.** Como dijo Reagan, los datos son tercos. Y también convencen a las personas tercas como ningún otro factor. "Veamos qué dicen los datos y hablemos de cómo se aplica esto a nuestro objetivo."

4. **Presenta una historia de interés.** No te arrojes directamente a tu argumento. Busca la manera de contar una historia de interés sobre tu experiencia, con resonancia y relevancia para tus oyentes. Después de todo, son personas.

5. **Ruega.** Leíste bien. No necesariamente te saldrás con la tuya ofreciendo sólo argumentos inteligentes y racionales. Esto es lo que dicen los libros de negocios, pero no es cierto. A veces tienes que presionar un poco más. Dice el multimillonario Herb Simon, promotor de centros comerciales: "No me importa rogar. No me importa hacer lo que sea para cerrar un trato, aun si no siempre es indispensable. Hago todo lo que tengo que hacer."

No hay fórmula alguna para pasar de un extremo al otro del espectro de la persuasión, como tampoco una medida estándar de éxito. Todo es cuestión de grados.

CÓMO PERSUADEN LOS GANADORES

Cuando escuchas a un líder de negocios, ¿cuáles son algunas de las señales no verbales que te indican con más certeza que puedes creer en lo que dice?

	TOTAL
Habla de corazón y hace contacto visual con la gente en vez de leer un texto o seguir un apuntador.	35%
Sabe lo que dice, habla en serio y pone en práctica lo que les dice a los demás.	34%
Responde preguntas en forma precisa, directa y completa.	32%
Muestra un detallado conocimiento de sus productos, compañía e industria.	26%
Muestra gran capacidad intelectual y ha pensado detenidamente en los temas que toca.	24%
Da muestras claras de que escucha mis preguntas, preocupaciones y sugerencias.	21%
Hace pausas al hablar y antes de responder una pregunta, lo que demuestra que piensa lo que va a decir.	19%
Habla y se relaciona conmigo a mi nivel.	10%

Fuente: The Word Doctors, 2010.

ANUNCIAR, INFORMAR, EDUCAR

La persuasión, en su nivel más elemental, consiste en equilibrar emoción y razón. En todos los asuntos que dividen en forma sustancial a la opinión pública, trátese del uso obligatorio de uniformes escolares, una fusión entre compañías que podría provocar un trastorno laboral pasajero o la determinación de cómo enfrentará el país la reforma de los servicios de salud, esa división suele tener causas emocionales. Si crees que estoy en un error, pregunta a un anciano beneficiario del seguro social si sus prestaciones deberían reducirse, puesto que están llevando a la nación a la quiebra. O a un maestro si se les deberían exigir estándares más altos. O a un abogado de daños personales si quienes pierden casos de negligencia médica deberían ser obligados a pagar todos los costos legales. No todas las reacciones de estas personas significarían que la persuasión debe estar movida por la emoción. Pero subrayarían la verdad de que las emociones nos mueven tanto al menos como la lógica y el intelecto.

Hay maneras correctas e incorrectas de abordar una conversación. No puedes nutrirla sólo de información y datos. No puedes suponer que la historia se contará sola. Y tampoco, ciertamente, que basta con que expongas todo como *tú* lo ves para que otros lleguen a tus mismas conclusiones. A menudo nuestras reacciones viscerales a lo que oímos y enfrentamos suelen determinar la forma en que nuestro cerebro procesa en adelante lo que *sabemos* sobre el asunto. Por eso, cada acto de persuasión debe verse como un momento de educación, porque la educación nos permite sustituir emociones por ideas. Sin embargo, educar no debe confundirse nunca con anunciar, y ni siquiera con informar. Me explico.

Un informador quiere que cambies, un anunciador supone que te hará cambiar y un educador aspira contigo a que cambies potenciándote. Un gran educador, además, estará dispuesto a permitir que tú lo hagas cambiar entre tanto. La mayoría de la gente pertenece a una sola de estas categorías, en la que permanece durante toda su trayectoria profesional, aunque en ocasiones topará con alguien que pase activamente de una categoría a otra, quizá porque su situación en la vida ha cambiado. En mis dos décadas como consultor de mensajes, he tropezado con apenas un puñado de personas que abarcan esas tres categorías de la comunicación al mismo tiempo.

Donald Rumsfeld, exsecretario de Defensa de Estados Unidos, es un raro ejemplo de un líder que aplicaba las tres categorías de la persuasión en su innovador uso de la lengua. Es probable que todavía ciertos demócratas, e incluso algunos republicanos, se sientan ofendidos con lo que Rumsfeld hizo o no hizo en Irak, pero éste es un libro sobre el triunfo, y en los primeros meses de esa guerra Rumsfeld conquistó casi solo las mentes y corazo-

LOS TRES TIPOS DE PERSUASORES

1. Anunciadores

Ésta es la forma más elemental de intercambio de información. De hecho, "intercambio" no es la palabra correcta en este caso, porque el intercambio implica un proceso bidireccional. Al intercambiar algo, obtienes algo a cambio. Anunciar es lo contrario. Es la mera recitación de información, datos, cifras, estadísticas y, sí, perogrulladas que el anunciador cree necesarios para explicarse. Se trata de una estrategia "ofensiva" al hablar con el público. Ofreces poco contexto (si es que alguno), ninguna historia, ninguna visión y rara vez una pizca siquiera de interés en lo que la audiencia oye, piensa o cree. Hay un trasfondo de arrogancia en los anunciadores; suponen estar en lo correcto y, peor aún, que su audiencia *lo toma como artículo de fe*. Esto los condena al fracaso.

La mayoría de las labores de persuasión se reducen a anunciar, porque eso es a lo que estamos acostumbrados. De chico, tus padres te dicen qué hacer, qué ropa ponerte, qué pensar y qué creer, porque pueden hacerlo. Pero cuando crecemos, la táctica de "Porque lo digo yo" deja de funcionar, salvo si se trata de tu jefe, caso en el que, ciertamente, éste no es un indicador de éxito a largo plazo. No es de sorprender que los anunciadores tiendan a ser muy ineficaces comunicadores, porque a nadie le gusta que le digan lo que tiene que hacer. Anunciar es la forma más agresiva y menos efectiva de comunicarse, porque siempre ocurre en tus propios términos, no en los del escucha. Es raro que se trate de un proceso interactivo, lo cual es necesario para mantener interesada a una audiencia. Los anunciadores tienden a hablar demasiado. Leen su libreto, evitan el contacto visual y hablan con voz condescendiente y monótona. En pocas palabras, todo gira alrededor de ellos, y por eso rara vez son ganadores.

2. Informadores

Informar es un intento más neutral de persuasión, que puede conducir finalmente a un diálogo. La diferencia entre informadores y anunciadores está en la elaboración de su argumento. Los informadores se acercan a ti dando por supuesto que tienen la razón, mas no que tú lo crees. Saben que tienen trabajo por hacer... la responsabilidad de darte razones para que estés de acuerdo con ellos. Esto añade suficiente humildad a la mezcla, en beneficio de su argumento.

Los informadores recurren a un lenguaje y presentación más atractivos, y ofrecen evidencias al explicarse. Van más allá de la estricta recitación de datos y cifras, aunque no llegan al porqué, el motivo fundamental de que importe lo que dicen. Suelen ser más técnicos y clínicos que emotivos y apasionados. A diferencia de los anunciadores, intentan dar un argumento diferente a "Porque lo digo yo". No suponen que los demás están equivocados y ellos tienen la razón. Pero el problema es que carecen de empatía. No se interesan en comprender o explicar el asunto desde la perspectiva del oyente.

3. Educadores

Los educadores son ganadores porque conocen el poder y la necesidad de involucrar a los demás en la conversación independientemente de lo que ellos saben que es cierto. Yo aconsejo por sistema a los líderes políticos y de negocios dejar de llamar *discursos* a sus charlas públicas y considerarlas en cambio *conversaciones*. De igual manera, les hago saber a las corporaciones que su mercadotecnia y relaciones públicas no deben considerarse *comunicación*, sino *educación*. Si se replantea el proceso mental, es muy probable que mejoren el tono, estilo y contenido.

Los educadores son los mejores persuasores, y la educación, la forma más efectiva de persuasión porque promueve el conocimiento, la sabiduría y, en última instancia, la potenciación, no sólo la diseminación de información. La educación se obtiene escuchando, cuestionando y participando, y a los educadores los motiva su público, no ellos mismos. Los mejores educadores hacen más que enseñar a su audiencia; también aprenden de ella. Sus presentaciones son multidireccionales e interactivas. Es raro que lean un libreto, pues prefieren hacer contacto visual con el público. Desean saber qué piensa la gente a cada momento para recalibrar su mensaje y abordar las dudas que persistan.

nes de la mayoría de sus compatriotas. Sus conferencias de prensa, caracterizadas por un animado vaivén con sus cuestionadores de los medios, eran objeto de sátiras en los programas cómicos nocturnos, por ser tan inusualmente entretenidas e interesantes. Y aunque evidentemente él estaba seguro de lo que decía, su intenso y dogmático enfoque de la política se ocultaba bajo un estilo informal, humorístico y franco con el público. El ejemplo más famoso de este tipo fue su respuesta sobre la estrategia militar y planes de contingencia en Irak:

Como sabemos, hay conocimientos conocidos. Cosas que sabemos que sabemos. También sabemos que hay incógnitas conocidas. Es decir, sabemos que hay cosas que no sabemos. Pero asimismo hay incógnitas desconocidas, aquellas que no sabemos que no sabemos.[8]

La humildad implicada en esto indica al oyente que el educador sabe que no conoce todas las respuestas, pero también que está decidido a buscar las soluciones correctas.

Para ser justos, el problema de un enunciado como el anterior es que, fuera de contexto, podría parecer un poco ridículo. Los medios no tardaron en arrojarse sobre el secretario Rumsfeld, pues parecía haber admitido que ignoraba qué ocurría. Sin embargo, se había limitado a reconocer un hecho tan claro como la luz del día: que hay cosas que no sabemos, y que debemos esperar lo inesperado. Cuando tuve la oportunidad de preguntarle a Rumsfeld sobre su ahora famosa declaración, respondió con su franqueza usual: "Siempre intento ponerme en los zapatos del otro, en particular al negociar o tratar de convencer a alguien de hacer algo. La mayoría no lo hace tanto como debiera. Hay que preguntarse: '¿Cómo se ve esto desde la perspectiva del otro?'. [...] Así que aquél fue en realidad un ejercicio de comprensión del punto de vista de la otra parte –en este caso los medios– y de interés por sus preocupaciones." No obstante, cuando le pregunté por la negativa reacción de los reporteros a su franca respuesta, me contestó: "Si cada mañana me hubiera levantado inquieto por lo que pensaba la prensa, no habría hecho gran cosa en la vida." Interesante.

ELEMENTOS DE LA PERSUASIÓN DE ÉXITO

No es lo que dices, sino lo que oyen

Aprendí esta lección por las malas. En octubre de 2005 gocé del raro honor de dirigirme el mismo día, con minutos de diferencia en cada extremo del Capitolio, a la delegación entera de los republicanos en el Senado y la Cámara de Representantes. Mi tema en ambas presentaciones fue el mismo –o cambian lo que hacen y piden perdón a sus electores, o deberán prepararse para obtener un voto minoritario en las urnas–, y llegué equipado con docenas de diagramas y gráficas para probarlo. Pensé que se me juzgaría un profesor benévolo, pero aquellos líderes oyeron a un sujeto irrespetuoso y alarmista. Mi mensaje molestó tanto a la audiencia que pasaron más de tres años antes de que volvieran a invitarme tras la derrota republicana no sólo en 2006, sino también en 2008. No importó que yo tuviera la razón, o que en el fondo ellos supieran que la tenía. Lo que importó fue que no adecué mi tono y estilo a un grupo de personas más acostumbradas a pedir disculpas que a ofrecerlas. Me apasioné tanto –y estaba tan seguro de estar en lo cierto– que me presenté para "decir cómo son las cosas". En cambio, debí haber ido a "educar para que ellos tomaran la decisión correcta". Los datos me daban la razón. Eran lo bastante contundentes para argumentar a mi favor. Pero mi pasión los volvió confusos.

¿La lección? De todas las Pes del triunfo, recuerda que la pasión siempre debe subordinarse a la persuasión.

Hace unos años pronuncié un discurso con la sala llena en la Milken Institute Global Conference, una reunión de líderes de negocios, científicos y académicos del mundo entero. Mi tema fue la importancia del lenguaje y los mensajes para la prosperidad de las empresas. Al terminar mi intervención, varias personas se acercaron a pedirme que les autografiara mis libros y a interrogarme sobre las elecciones próximas. Cuando me disponía a retirarme, un señor de avanzada edad que llevaba puesta una gorra –lo cual era extraño para una reunión de perfil demográfico acaudalado– se abrió paso hasta mí y me retó (en forma más bien ruidosa) a explicar qué había querido decir exactamente cuando afirmé: "Lo que importa no es lo que dices, sino lo que oyen." Eso me desconcertó un poco, porque en mi presentación me había referido específicamente a esa frase y su significado, que no era ni con mucho la más controvertida que había dicho esa noche. Él afirmó entonces que no importaba lo que yo dijera ni mi filosofía de la comunicación, porque para mí todo consistía en usar el lenguaje como propaganda para asustar y manipular a la gente para que hiciera lo que yo quería. Enfadado, aseguró incluso que mi frase "Lo que importa no es lo que dices, sino lo que oyen" me delataba: yo era una "víbora" cuya misión en la vida consistía en engañar a la gente.

Comparto esta anécdota para ilustrar varios principios esenciales del lenguaje. Tengo clientes poderosos y controvertidos, así que ya estoy acostumbrado a que me digan barbaridades. Por ejemplo, Samantha Bee, de *The Daily Show*, me llamó en una ocasión "Yoda amoral" luego de que le expliqué la intrincada ciencia de la técnica escénica visual en los eventos políticos.[9] Y Stephen Colbert me dedicó un segmento completo que comenzó con "Gracias demos a Dios por Frank Luntz", lo que al genuino modo shakespeariano lo colocó como Marco Antonio y me convirtió a mí en el Bruto de nuestro tiempo por haber usado la frase "opción nuclear" para describir el procedimiento del Congreso conocido como reconciliación. ("Ahora estoy seguro de que Frank tiene un nombre más positivo para las bombas nucleares reales: bronceador instantáneo.")

Para volver al crítico de Milken, después de hablar con ese anciano caballero comprendí lo cierto que es mi proverbio "Lo que importa no es lo que dices, sino lo que oyen". Acababa de dedicar una hora íntegra a explicar que usar el lenguaje en beneficio de las compañías no es propaganda, sino simple maximización de la eficacia de uno de los recursos más valiosos: la comunicación. Cada empresa, al menos cada empresa de *éxito*, lo hace así todos los días. Siempre hay un modo correcto y uno incorrecto de decir la verdad. Pero eso no es lo que ese señor oyó. Él oyó: "Diles lo que quieren oír, a sabiendas de que en realidad no te importa un comino." Si alguien sale de una de mis conferencias creyendo que eso es lo que recomiendo, no he hecho bien mi trabajo en absoluto.

Demasiados líderes políticos y de negocios no alcanzan la grandeza sencillamente porque no comprenden por qué los demás no ven el mundo como ellos. No lo entienden: "¿Cómo es posible que mis empleados no se den cuenta de que así es como debemos avanzar?". "¿Cómo es posible que los votantes no entiendan la importancia de esta ley?". ¿Por qué? ¿Por qué? ¿Por qué?

La persuasión se reduce a reconocer la realidad de otras personas. No aceptarán tu argumento hasta que tú comprendas y aprecies el suyo.

El papel de la escucha

Como me dijo el presidente de la NBA, David Stern: "Escucha. Escucha. Escucha. Escucha mucho más de lo que hablas. Habla diez por ciento, escucha noventa." Sin duda, uno de los componentes más importantes de la persuasión es saber escuchar.

El clásico de Simon y Garfunkel "El sonido del silencio" es instructivo para quienes se dedican a la política o los negocios: "Gente que charla sin hablar. Gente que charla sin escuchar." Muchos, en especial los individuos muy ocupados con organizaciones por dirigir, suelen confundir oír con escuchar. No son lo mismo. Yo repito: escuchar es más que oír. Escuchar requiere verdadera comprensión. Los anunciadores *parlotean*; los persuasores *hablan*. A los anunciadores, en el mejor de los casos, se les oye. Pero los persuasores se ganan el derecho a ser escuchados. ¿Realmente estás en el lado correcto de estas ecuaciones?

Escuchar es un proceso activo. Cuando escuchamos a la gente en la forma correcta, pensamos y procesamos cada una de sus palabras. Escuchamos el tono y cadencia de su voz, las palabras que emplea, las que omite, los gestos que hace y el modo en que fija la vista en nosotros o la desvía. Escuchar es oír más analizar. Requiere atención real y concentración en quien habla y lo que dice. Implica cuestionamiento estratégico, no desafío, para comprender a plenitud. Escuchar implica esfuerzo, porque no puedes entender lo que alguien piensa de un asunto si no dedicas tiempo a escuchar atentamente lo que dice. A menudo te percatarás de que aprendes más de lo que el otro no dice que de lo que dice. Por ejemplo, si sabes que a tu personal le interesan mucho los temas ambientales porque dedicas tiempo a hablar con él sobre eso y a escuchar lo que dice, sabrás formular tu nuevo proyecto de focos reductores de energía en términos de sus beneficios ecológicos a largo plazo, más que de reducción de costos. Los ganadores comprenden la importancia de concentrarse en lo más relevante, y lo llevan a la práctica. Saben que la persuasión depende de entender a la gente y lo que la motiva.

PRINCIPIOS COMPARTIDOS

Tan importante como cerciorarte de que tu primera frase fije el tono indicado de lo que vas a decir es reconocer que existe un flujo natural –un orden– en el discurso persuasivo. Su primer elemento son los principios compartidos. Los principios compartidos son los amplios enunciados generales con los que la mayoría de la gente está de acuerdo. Algunos ejemplos:

- Ningún niño debe quedarse nunca sin techo, vestido y sustento...
- Cada estadunidense tiene derecho a determinar su futuro...
- A las empresas no debe permitírseles poner sus ganancias por encima de nuestra seguridad...
- Todos los estadunidenses deben tener acceso a servicios de salud asequibles y de calidad...
- El sueño americano debe estar al alcance de todos...

A menudo oirás a personas muy persuasivas –el tipo de quienes ganan discusiones sin que sus adversarios lo sepan siquiera– iniciar sus conversaciones con esta clase de enunciados. El poder comunicativo de los enunciados basados en principios reside en su universalidad. Opines lo que opines, éstos son el tipo de enunciados con los que siempre estarás de acuerdo. O bien, es el tipo de enunciados que se derivan de la esencia misma de ser estadunidense. Los ideales de igualdad y democracia, libertad y justicia, son tan elementales para la experiencia estadunidense que muchas de esas sentencias se dan por descontadas.

Habrá veces en que estés en desacuerdo con tu público, y él contigo. La cuestión es ésta: ¿por qué empezar por ahuyentarlo (y desconectarte de él)? ¿Por qué no hacer un sincero intento de buscar un territorio común en vez de mantener bajo vigilancia el terreno por defender? No pierdes nada haciendo este primer intento... y podrías ganar muchísimo.

Al dejar asentados los principios compartidos, detienes el escepticismo que impide al público escucharte. Los principios compartidos lo desarmarán y te permitirán iniciar una *conversación* verdadera, aplicando poco a poco a tu lenguaje las técnicas de la persuasión. Y no te quepa duda: para ser un ganador tendrás que causar controversia. Bill Gates y Steve Jobs no llegaron donde están jugando cortésmente y adhiriéndose por completo a la opinión ortodoxa. Hicieron enojar a la gente. Dijeron cosas que los demás no querían

oír. Para ser ganador, tienes que hacer de la persuasión apasionada tu mejor
aliada. Las personas más convincentes no le declaran la guerra a su audiencia. La cortejan verbalmente. La clave está en usar ideas, conceptos y principios universales que concedan validez a todas las partes y contribuyan a un
acuerdo unánime. Una vez que hayas generado un consenso rudimentario
—una estructura—, podrás comenzar a erigir sobre él ideas más avanzadas.

PERSUASIÓN POLÍTICA: SABE LO QUE DICES Y HABLA EN SERIO

*La democracia es el arte y ciencia de dirigir el circo desde la jaula
de los monos.*
H. L. MENCKEN

El presidente Barack Obama ha demostrado que aun un día de veinticuatro
horas puede ser una vida. El día en que rindió protesta en su cargo obtuvo
un notable sesenta y ocho por ciento de aprobación laboral y setenta por
ciento de aprobación personal, más que todos los presidentes estadunidenses, excepto dos, desde Franklin Delano Roosevelt. Pero después todo se
puso de cabeza. Cuando este libro se entregó a la imprenta, Obama goza-
ba aún de sesenta por ciento de aprobación personal, pero la laboral era de
cuarenta y tantos, y el apoyo a sus medidas inferior a cuarenta por ciento.
No son buenos resultados. Otro antiguo adagio de la política ha terminado
por ajustarle: complacer a la gente gobernando es mucho más difícil que
hacerlo como candidato.

La exitosa campaña de Obama por un plan nacional de servicios de salud luego de décadas de fracaso transformó su imagen de maneras imprevistas para él. En su campaña presidencial había prometido salvar la enorme
división partidista en Estados Unidos; en cambio, ahora el pueblo de esa nación cree que la ha ensanchado. Se comprometió a gobernar desde el centro, pero ahora se le etiqueta crecientemente como "liberal", "de izquierda"
o, peor aún, "socialista".

Claro que tiene partidarios, y que los estadunidenses siguen querien-
do que triunfe para que el país triunfe. Pero les preocupa lo que ha hecho;
y peor aún, lo que todavía podría hacer. La fe y confianza en su presidencia
se desplomaron más rápido que en el caso de todos los demás presidentes
en el último medio siglo, con excepción de Gerald Ford, quien fue un presidente accidental. Con la pérdida de las gubernaturas demócratas en Virginia y Nueva Jersey, la derrota del legado de Kennedy en Massachusetts y el

ascenso de los activistas del Tea Party, los estadunidenses enviaron un claro mensaje a Washington: ALTO.

Pero Washington no se detuvo. Finalmente, el pueblo estadunidense estiró el pie y metió freno, de lo que resultó la mayoría republicana en la Cámara de Representantes y la tercera elección de "liga" al hilo. En 2006, 2008 y 2010 los estadunidenses han llevado al límite su paciencia, protestando contra los excesos de Washington y exigiendo a sus nuevos líderes recuperar la atención. Desde hace unos años, la elite política ha prometido de más y cumplido de menos, y por eso sigue perdiendo elecciones. La realidad a la vista es simple: si los republicanos no cumplen sus promesas, estarán acabados. Y si los demócratas siguen haciendo lo que están haciendo, también lo estarán.

Ambas partes han prometido cumplir la voluntad del pueblo, pero el pueblo no pide promesas. Pide nuevas prioridades, *sus* prioridades.

La agenda estadunidense es simple. En términos generales, la gente quiere que el gobierno promueva el empleo, aunque no subsidiando puestos gubernamentales con dólares de los contribuyentes. Quiere que Washington equilibre el presupuesto y revierta la creciente influencia gubernamental en su vida. Que el gobierno aliente el éxito, permita el fracaso, castigue a quienes infringen la ley y se quite de en medio. Y sobre todo, que los políticos cumplan sus promesas, aun si eso significa moderarlas en primer término.

No todo se reduce a la política; también tiene que ver con la responsabilidad personal. El líder de la mayoría en la Cámara, Eric Cantor, creador del programa de reducción de gastos YouCut, que ha puesto el cuchillo del Congreso sobre el presupuesto en manos de los contribuyentes, fue muy visual al decir que se comprometía a "secar el pantano más que aprender a nadar con los lagartos". Es evidente que entiende de qué se trata. Los votantes desean que sus representantes en la Cámara celebren sesiones mensuales en los ayuntamientos de sus distritos. El peor error estratégico que cometieron en 2010 los demócratas en la Cámara de Representantes fue cancelar gran cantidad de asambleas públicas, negando así a sus electores la oportunidad de ser oídos. No hay nada más temible que un votante menospreciado; su voz fue silenciada en el debate sobre los servicios de salud, así que todos hablaron al unísono el día de las elecciones.

La última vez que los republicanos obtuvieron el control de la Cámara de Representantes, en 1994, hicieron más en sus cien primeros días que algunos congresos en dos años. De la reforma de la asistencia social a la reducción de impuestos, de una enmienda para ajustar el presupuesto a límites de periodos en cargos públicos, consiguieron la aprobación de los diez puntos de su Contract with America. Parte de esto se estancó en el Senado, y otra gran parte fue vetada por el presidente Clinton, pero ellos conservaron la mayoría doce años gracias a lo que hicieron en esos cien primeros días. Colaboraron con el presidente cuando les fue posible, se opusieron a él cuando les fue imposible ayudarle, y el pueblo estadunidense se mostró satisfecho con el resultado.

La situación política nacional no se define hoy por estados rojos contra azules... republicanos contra demócratas... o incluso activistas del Tea Party contra progresistas. La batalla en Estados Unidos es de la gente (nosotros) contra Washington (Obama/Pelosi/Reid) y Wall Street (inserta aquí el nombre del gran banco que quieras). Es de los estadunidenses explotados, gravados y sacudidos en exceso contra quienes ponen las reglas y siempre parecen ganar. El abismo por salvar no es entre partidos políticos o ideologías filosóficas, sino entre los *resultados* que los estadunidenses demandan y los *pretextos* que reciben de quien esté al mando.

Hoy los estadunidenses están mejor informados que nunca de las decisiones que toman sus representantes. En el pasado era común que en leyes de miles de páginas se introdujeran solapadamente disposiciones promovidas por cabilderos o intereses especiales, y que funcionarios electos pudieran hacerlo sin dejar huella ni temor a represalias de votantes. A menudo pasaban semanas, si acaso, tras la aprobación de una ley para que alguien descubriera una cláusula infractora. Ahora, por fortuna, todas las leyes se publican en Internet, lo que permite a los ciudadanos en general, y a activistas y blogueros en particular, revisarlas página por página en busca de las adiciones más flagrantes. Sin embargo, saber cómo se elaboran realmente las leyes –y cómo se les aprueba– ha exacerbado la frustración pública. Un componente importante de la percepción de que Washington no puede hacer nada bien es la creencia (a menudo válida) de que los cabilderos escriben muchos de los proyectos de ley. Pero gracias a los adelantos tecnológicos, en comunicación y en la televisión por cable de transmisión ininterrumpida, hoy es mucho más difícil para los políticos ocultar sus añadidos, asignaciones, pactos oscuros y vacíos jurídicos responsabilidad de cabilderos.

Piénsese en el caso del "Cornhusker Kickback" ("Soborno del deshojador de maíz") y sus efectos en la fortuna política del senador demócrata Ben Nelson. Al canjear su voto de servicios de salud por un exclusivo trato preferencial de Medicare para su estado natal, el antes muy popular senador se convirtió en un *punching bag* político. Su aprobación popular cayó más de veinte por ciento en un mes, el colapso de opinión pública más rápido de un senador sin elecciones inminentes ni cargos de corrupción. Pero de no haber sido por el poder de la Internet y la exigencia de responsabilidad del pueblo estadunidense, ese arreglo se habría considerado práctica política normal. Quizá es esto lo que lo vuelve más escandaloso aún.

¿Qué es entonces lo que en verdad desean los estadunidenses de su elite política? Los diez enunciados de la página siguiente serían un muy buen

LAS DIEZ REGLAS PARA 2012

LO QUE LOS ESTADUNIDENSES REALMENTE QUIEREN OÍR DE SUS REPRESENTANTES

1. **Nunca aceptaré el orden imperante.** Creo que puede haber mejoras en todo lo que hacemos, que podemos y debemos hacerlo mejor. Se lo debemos a nuestros hijos para dejarles una nación mejor que la que heredamos.

2. **Jamás me disculparé por nuestro país.** Esta nación es un faro de esperanza para los oprimidos, y una fuerza del bien en todo el mundo. Ningún país es perfecto, pero cuando se necesita ayuda, el nuestro suele estar ahí.

3. **Buscaré reducir de cada dólar del gasto público hasta el último centavo de despilfarro.** Ya es hora de que el gobierno rinda cuentas de cómo gasta el dinero de los ciudadanos. Ya es hora de que deje de decir que acabará con el derroche, el fraude y el abuso, y lo cumpla.

4. **Jamás aumentaré impuestos en una recesión.** No se genera empleo complicándoles la existencia a los generadores de empleo. El sufrimiento causado por la crisis económica no se alivia agudizándola para quienes llegan con dificultad a fin de mes.

5. **Ustedes no trabajan para mí.** Yo trabajo para ustedes. Ya es hora de que el gobierno recuerde que sirve al pueblo, no al revés.

6. **Defenderé el derecho de la gente a conocer el costo y consecuencias de cada ley y reglamento.** Es su gobierno. Es su vida. Es su futuro. Ninguna entidad gubernamental debería negarle ese derecho.

7. **Priorizaré siempre los derechos de los estadunidenses sobre los de quienes quienes hacernos daño.** Haré todo lo que sea necesario para mantener seguro y a salvo nuestro territorio. Debemos perseguir a los terroristas, no contratarles abogados.

8. **Trabajaré con quien quiera trabajar conmigo.** Nadie tiene el monopolio de las soluciones. Las buenas ideas deben aplaudirse y apoyarse, vengan de donde vengan.

9. **Siempre apoyaré la libertad.** Nuestro sistema económico ha producido más prosperidad para más gente que ningún otro en cualquier lugar y momento. Se le debe proteger, no destruir. Nuestro sistema político está quebrantado, pero con verdadera responsabilidad y rendición de cuentas, puede y debe restaurarse.

10. **Sigo creyendo en el principio estadunidense: del pueblo, por el pueblo, para el pueblo.** Ya es hora de que la voz del pueblo sea oída, y yo lo estoy escuchando.

comienzo. Más de ochenta por ciento de los estadunidenses aseguran que votarían por un candidato que asumiera esos diez compromisos.

Luego de años de investigación y de, literalmente, millones de entrevistas, por fin creo en la gente cuando me dice que no quiere oír más ataques: de políticos, de corporaciones ni de nadie. La mejor manera de esquivar el ataque es neutralizar desde el principio la competencia u oposición. En vez de empezar diciendo lo malo que es el Banco X o lo fatal que es la Compañía Y o lo insensible que es el Candidato Z, comienza hablando de que los consumidores tienen derecho a esperar más. Si lo que importa es el servicio al cliente, reconoce su importancia. Si la calidad es tu atributo más relevante, promuévela. Si la gente quiere que la dirija alguien de carácter y ética intachable, dilo. Todos hemos oído la frase "Dale al pueblo lo que quiere". Al prevenir el desacuerdo y destacar esas comprensiones compartidas, muestras que lo entiendes. Más aún, eso te permitirá iniciar la conversación en forma amable y positiva, y guiarla entonces en tu dirección, hacia un resultado acordado.

Me remito de nuevo a Steve Jobs. Él sabía mejor que casi todos cómo desarmar silenciosa y cautivadoramente a su público. En la feria comercial MacWorld Expo de 1997, anunció que Microsoft invertiría ciento cincuenta millones de dólares en Apple y desarrollaría futuras versiones de ciertos programas para computadoras Macintosh. Como cabía esperar, los partidarios de Apple se consternaron, y muchos protestaron ante el anuncio. Pero Jobs, renuente a exaltar los ánimos, dio una respuesta comedida, y un tanto sorpresiva. "Tenemos que dejar atrás ciertas cosas. Por ejemplo, la noción de que para que Apple gane, Microsoft tiene que perder", dijo.[10] Y con eso cambió el terreno de juego. Neutralizó no sólo la amenaza de Microsoft, sino una mayor representada por una revuelta de seguidores de Apple. Esta compañía no se obsesionaría ya con una batalla épica con Microsoft, en la que sólo una de ellas podía ganar. Jobs pintó un panorama futuro en el que Apple podría prosperar junto con Microsoft. Puso nuevas reglas para la victoria con las que nadie en su sano juicio podía discrepar. Nuestra elite política puede aprender mucho de este enfoque de beneficio mutuo.

SIMPLE, NO SIMPLISTA

¿Alguna vez has tratado de leer el informe anual de una corporación global? ¿O su estado de resultados detallado? ¿La resolución de una enmienda de la Cámara de Representantes? ¿Un artículo de una revista académica? ¿Instrucciones para armar muebles de IKEA? (Estas últimas son tan técnicas que carecen de palabras, porque no es eficiente imprimir el mismo manual

"Expedit" en cuarenta y seis idiomas distintos, pero entiendes la idea.) Es muy probable que parte de la comunicación menos eficaz con que has tropezado alguna vez ha sido también la más complicada y compleja, ¿no es así? Si prestas atención, notarás que una de las marcas distintivas de la comunicación persuasiva es su sencillez.

Por más que leo la Primera Enmienda de la Constitución de Estados Unidos, no deja de sorprenderme lo eficaces y, sí, persuasivas que son estas pocas palabras:

> *El Congreso no hará ley alguna a favor de una religión establecida, o prohibiendo su libre ejercicio, ni que restrinja la libertad de expresión o de prensa, ni el derecho del pueblo a reunirse pacíficamente, y para pedir al gobierno una reparación de daños.*

En sólo cuarenta y cuatro palabras, los padres fundadores de esa nación pudieron articular los principios fundamentales de la democracia. Para brindar cierto contexto, ésas son sólo treinta palabras más que las que usa McDonald's para describir los ingredientes de una Big Mac, y dos mil setecientas páginas menos que la ley de reforma de servicios salud de 2008-2009 que Washington fraguó a lo largo de un proceso de doce meses.

La gente no tiene tiempo ni energía para procesar lo complejo. Ahora más que nunca, tenemos muchos otros quiénes y qués compitiendo por nuestra atención. Enciende la televisión o el radio, o abre tu buzón físico o virtual, y encontrarás más mensajes dirigidos a ti de todos lados que los que puedes analizar y considerar por entero. Pero los que se abren paso sobre los demás, y que en última instancia terminan persuadiéndote de hacer algo, son los claros, concisos, al grano y memorables. Y la clave de todo esto es la sencillez. Sin embargo, debes comprender que sencillez no es lo mismo que bajar el nivel intelectual.

Piensa cómo se comunican los ganadores. El presidente Franklin Delano Roosevelt pronunció un apasionado e imponente discurso de toma de posesión el 4 de marzo de 1933, destinado a librar el ánimo estadunidense de la zanja de la Depresión. Y en ese discurso, una línea destaca entre todas: "Lo único que debemos temer es el temor."[11] Otra vez, ocho palabras. Con sólo ocho simples palabras, la mitad de ellas de una sola sílaba, el presidente Roosevelt dio a su pueblo esperanza, valor y una razón para seguir luchando por el futuro. Su prosa era simple, pero la idea detrás de ella era todo menos eso. Si consideras la versión íntegra de ese discurso, notarás que Roosevelt se dirigía a los estadunidenses como adultos. No sentía necesidad de degradar a nadie, porque sabía que manteniendo la sencillez, claridad y franqueza de su mensaje, éste resonaría, persuadiría y fortificaría a una nación desesperada. Desde cualquier punto de vista, lo logró.

"Lo primero por decir sobre las palabras sin sentido es que hay demasiadas", gusta de repetir el director de Fox News, Roger Ailes. "Cada vez que alguien intenta disimular que no sabe de qué habla, acumula palabras." Veo esto todo el tiempo. La gente trata de disfrazar una mala idea con un montón de palabras inútiles. Pero nunca funciona. No hay razón para usar veinte palabras cuando bastaría con doce, ni de usar doce cuando bastaría con seis. De cada texto de comunicación que elabores, corta al menos un tercio. Si puedes hacerlo sin sacrificar el significado, lo habrás vuelto más sólido, claro y persuasivo.

Otro ejemplo de sencillez en la comunicación persuasiva es el mantra extraoficial de Google, "No seas malo". No verás estas palabras en su página en Internet, pero es un hecho que oirás a sus empleados referirlas al debatir las políticas públicas desde la perspectiva de Google. La fuerza de ese enunciado es su elemental atractivo para el sentido común. Lo que frustra a la gente respecto de las compañías estadunidenses es que con demasiada frecuencia operan fuera de lugar. La gente cree que el código moral de esas empresas reside por completo en el lado oscuro de la ecuación ética... por el simple hecho de que *lo único* que les importa son sus *utilidades*. Así que la compañía que se diferencie claramente del resto ganará en grande.

A Google se le califica sistemáticamente como uno de los mejores lugares para trabajar, se le conoce por brindar a sus empleados más beneficios y libertad que los que muchos jefes de Estado disfrutan y, más allá de sus problemas de privacidad y sus operaciones con libros digitales, sigue siendo muy estimada tanto por líderes de negocios como por la gente en general. Hay poder en el mantra de Google porque es simple y directo. No es "Vamos a tratar de ser una compañía que hace cosas buenas cuando se puede, lo que, desde luego, dependerá de las realidades externas que enfrentemos, junto con nuestras grandes expectativas entre accionistas y la comunidad financiera."

Sería difícil alegar que alguno de los hombres y mujeres con quienes hablé no es un ganador. Ganaron porque comprendieron el poder y la mecánica de la persuasión y fueron capaces de demostrar la naturaleza superior de sus productos, servicios e ideas. Usaron el lenguaje para vencer un arraigado escepticismo, temor, confusión y simple inercia humana, a fin de promover sus ideas en los mercados del pensamiento humano y el comercio. También se sirvieron de la recomendación verbal, la publicidad eficaz, las redes sociales y todos los medios posibles para informar y correr la voz. Y cada uno de ellos, gracias a su persistencia y fino oído, fue capaz no sólo de llegar a la cima, sino también de redefinir por completo lo que eso significa en primera instancia.

Cuando se trata de persuadir, las mujeres tienen una ventaja en muchas áreas −atención a la salud, educación y bienes de consumo, por citar unas cuantas−, porque se les cree más francas, atentas y compasivas que los hombres. Mientras que gran número de altos ejecutivos se enorgullecen de emplear palabras elegantes engastadas en oraciones que parecen no terminar nunca, las mujeres prefieren un lenguaje común e historias que ilustran. Los hombres hablan. Las mujeres pintan un cuadro. En una época de profundo cinismo y desconfianza, la perspectiva de una mujer se considera singularmente refrescante y honesta, siempre y cuando use palabras que funcionan.

EL LENGUAJE DE LA PERSUASIÓN

Las palabras con más probabilidades de convencer giran en torno a lo que la gente más desea en su vida diaria. Entre todas las de este libro, estas palabras y frases son las que más posibilidades tienen de cambiar, porque su efectividad depende de que respondan a necesidades humanas, las que no cesan de cambiar. Sin embargo, presta atención a los principios en los que se basan. He aquí las nueve palabras que hoy más importan:

Estabilidad Hubo un tiempo en que *renovación* fue una de las palabras que mejor funcionaban, porque sugería un retorno a algo mejor. Pero luego *cambio* se volvió la palabra *de moda*. Ahora lo que todos buscamos es ***estabilidad***. Ya tuvimos suficientes cambios, gracias. Lo que hoy queremos es que se ponga fin a los altibajos, el estruendo y la caída. Renunciaremos con gusto a las altas si eso significa prevenir las bajas.

De igual forma, ***predecibilidad*** ha emergido como una prioridad significativa. Con dólares escasos y sin margen de error, no nos podemos permitir correr el riesgo de lo no probado. Queremos saber que recibimos justo lo que pagamos, y nada menos. El reto lingüístico para los pulverizadores de paradigmas es que lo que ofrecen suele ser totalmente nuevo, y en ocasiones los problemas no han sido resueltos. Pero mientras estos problemas sean menores y predecibles, los toleraremos.

Perspicacia La mejor definición que he oído de ***perspicacia*** procede de mi entrevista con Donald Rumsfeld sobre los tristemente célebres "conocimientos conocidos". Cuando le dije que quizá yo habría modificado su declaración si hubiera trabajado para él, respondió: "Muchos pueden revisar algo y mejorarlo, pero pocos pueden identificar qué falta." Ésta es la definición de *perspicacia: la capacidad para identificar lo que falta y darle vida.* Cuando tu público oye sobre lo "perspicaz" que es una compañía o que tú aportaste "perspicacia" a un problema o asunto particular, piensa que obtiene un producto, servicio o información único y valorado.

PALABRAS DE PERSUASIÓN QUE FUNCIONAN

1. Estabilidad
2. Predecibilidad
3. Perspicacia
4. Especialista (más que experto)
5. Dependiente del desempeño (más que de las utilidades)
6. Sentido común
7. Confiable/confiabilidad
8. Comodidad
9. Consecuencias

Especialista se ha vuelto más eficaz que "experto" sencillamente por la sobreabundancia de supuestos expertos, gracias al radio y los noticieros por cable. Todos en los medios dicen ser expertos en su campo, y por tanto no confiamos en ninguno. A la inversa, a un "especialista" se le sigue considerando especial porque hay menos, y aún estamos dispuestos a suponer que cuentan con capacitación o estudios para merecer su título.

Dependiente del desempeño funciona en muchos niveles. Si la remuneración y los bonos "dependen del desempeño", suponemos que se basan en el mérito. Si el producto "depende del desempeño", suponemos que va a funcionar como se prometió. Si la cultura corporativa "depende del desempeño", suponemos que se recompensa a las personas por su éxito.

Sentido común es uno de los atributos más deseados entre los que el pueblo estadunidense echa de menos en sus líderes políticos y de negocios. Definir el sentido común es imposible; tiene trescientos millones de definiciones para trescientos millones de estadunidenses. Pero lo que da a este término eficacia persuasiva es que convence a la gente de que una afirmación es tan obvia que tiene sentido. Decir "Es tan obvio" es insultante; decir "Es de sentido común" tiene impacto duradero.

Confiabilidad Pregunta a la gente qué es lo que más quiere respecto a cualquier cosa relacionada con la tecnología –un auto, televisión, computadora, etcétera–, y te dirá que *confiabilidad*. De hecho, ésta es la combinación de otras dos frases eficientes –"sin complicaciones" y "sin preocupaciones"–, algo que funciona cien por ciento de las veces y nunca falla. Pero esto apenas rasca la superficie. "Confiable" es lo que la gente más quiere en mercadotecnia y publicidad, y eso se traduce en que le digan la verdad. Las personas más persuasivas son aquellas que piensan cuidadosamente en la construcción de sus afirmaciones, incorporando siempre "controles de confiabilidad" (hechos, datos, puntos de prueba, etcétera) en sus presentaciones.

Comodidad debería dirigirse específicamente a las mamás que traba-jan, y es la palabra hermana de "valor". La combinación de comodidad y va-lor mueve poderosamente a la gente sin el dinero para permitirse lo que quiere ni el tiempo de buscar precios más bajos en otra parte. Algunas de las marcas innovadoras más fuertes de las dos últimas décadas, de eBay a Amazon.com, se erigieron específicamente sobre la comodidad.

Consecuencias es la última palabra de la lista porque es el único atri-buto negativo de tu arsenal persuasivo. Advierte que todas las palabras de esta lista versan del aumento en la seguridad en uno mismo. Ésta es la ex-cepción. Aunque se trata de un término técnicamente neutro, y sin duda es posible que algunos actos tengan consecuencias positivas, su verdadero po-der está en la inquietud que produce en el oyente. Cuando terminas un dis-curso con "las consecuencias del fracaso", él personalizará el mensaje. Has recibido nueve palabras o frases que promueven el éxito. *Consecuencias* es la única que te ayudará a comunicar las razones para no fracasar.

10

PERSISTENCIA
Aprende del fracaso

El problema en Estados Unidos no es que cometamos demasiados errores,
sino que cometemos muy pocos.
—PHILIP KNIGHT, FUNDADOR Y DIRECTOR GENERAL DE NIKE

Lo más satisfactorio que haces en la vida suele ser lo que parecía imposible.
—ARNOLD PALMER

Fallé más de nueve mil tiros en mi carrera. Perdí casi trescientos partidos.
En veintiséis ocasiones, se me confió el lanzamiento decisivo... y fallé.
Y fracasé una y otra vez en la vida. Por eso tuve éxito.
—MICHAEL JORDAN

PERSISTENCIA NO ES SÓLO ESFUERZO

La persistencia es el atributo más importante de todos los necesarios para ganar, porque sin ella es imposible hacerlo.

Nada más pregúntale a Jimmy Connors. Incuestionablemente uno de los tenistas más grandes de todos los tiempos, Connors fue el número uno en el ranking mundial cinco años seguidos, durante los que ganó ciento nueve torneos oficiales, el récord masculino, entre ellos cinco veces el prestigioso Abierto de Estados Unidos. Pero el partido por el que siempre se le respetará más fue cuando llegó a las semifinales del Abierto estadunidense en 1991, a la avanzada edad de 39 años, el jugador más viejo en llegar a esa fase en el torneo más brutal del Grand Slam.* El chico malo del tenis había escenificado un retorno de monstruosas proporciones, en el que se ganó el respeto y la admiración de la misma multitud que quince años antes lo había abucheado por sus berrinches en la cancha. Connors es hoy un sujeto sorprendentemente tranquilo y reservado, en absoluto lo que yo esperaba cuando me senté a entrevistarlo, pero sin una pizca de remordimiento en su implacable persistencia por ser el mejor:

Jugaba alocadamente, y ésa era la única forma en que sabía hacerlo. No estaba ahí para hacer amigos. Estaba ahí para ganar, y esto era lo único que me interesaba. No importaba lo que hubiera que hacer. Jugué cinco partidos de seis horas. No me molestó. Cuarenta y tres grados de temperatura no me molestaron. Prefería jugar a medio día porque sabía que estaría en mejor forma que el rival. No quería que respirara siquiera. Gané la mitad de mis encuentros o más antes incluso de salir a la cancha, porque a nadie le gustaba estar ahí y enfrentarlo cinco horas. A mí sí.

Sus palabras fueron muy explícitas, pero su voz y tono, mesurados y cautelosos. Sin embargo, cuando le pedí que me diera un ejemplo de persistencia en acción, aparecieron destellos del antiguo Connors:

Björn Borg. Dije que seguiría a ese hijo de su madre hasta el fin del mundo para volver a jugar con él después de que me ganó en Wimbledon, y lo dije en serio. Vi su agenda y dije: "¡Caray!, yo estoy aquí, él está allá, así que iré allá." Si quieres ser el mejor, tienes que vencer al mejor. Para mí, no había semana en que no quisiera vencer a Mac [McEnroe]. No había semana en que no quisiera vencer a Borg, y esperaba que también ellos quisieran vencerme, porque ahí es donde está tu legado.

Larry Bird no era menos persistente, como tampoco Mike Richter y las demás leyendas del deporte que permanecen en nuestra memoria mucho después de su retiro. Ellos viven lo que empresarios y políticos deben aprender.

Pregunté al alcalde de Nueva York, Mike Bloomberg, en la lista universal de los diez empresarios más admirados, qué es lo que más admira en los demás. Para él, la adaptabilidad y la sobrevivencia son las dos características esenciales de un ganador:

* Tuve la suerte de estar ese día en las tribunas, y no vi ni oí que nadie abucheara a Connors. Por primera y única vez en su carrera, los aficionados querían que ganara más de lo que lo deseaba él mismo.

Los líderes de negocios que en realidad respeto son personas capaces de seguir haciendo lo que hacen durante muchos años en entornos cambiantes. Steve Jobs se dedicaba a algo en lo que era tan bueno como su producto más reciente. Paso de un oficio a otro, los dominó todos y terminó en uno en el que antes siquiera de que tu producto llegue a la puerta, ya hay un competidor listo con algo mejor. Las personas más exitosas saben qué viene y se reinventan. No se quedan sentadas. Saben cómo seguir siendo relevantes.

Vuelvo a menudo a Larry Bird en este libro porque su rutina diaria es muy instructiva para la brega cotidiana de empresarios y políticos. Su intensidad, pasión, concentración y disciplina son lecciones de vida para todo aquel que quiera ser el mejor en lo que hace:

Me encanta el deporte, quiero ser mejor cada día y me reto a diario. Una vez Robert Parish me dijo: "No toqué un balón todo el verano." "¿Por qué?", le pregunté. "Hice yoga, levanté pesas, corrí, pero no toqué un balón", fue su respuesta. Pensé: "¿Cómo diablos eres capaz de no tocar un balón de básquet?". Yo tenía que tocar uno todos los días. Lanzara o no, tenía que tocarlo. Siempre tenía uno a mi lado. Si no lo tomaba, sentía como si no hubiera hecho nada ese día.

Cuando empecé, el entrenador Fitch nos hacía ejercitarnos muy duro todos los días. Y cuando sonaba el silbatazo, muchos salían corriendo a los vestidores. Se acabó. Pero yo siempre pensaba: "Caray, ¿no quieren practicar sus tiros libres? Están en setenta y ocho o setenta y nueve por ciento. ¿Por qué no tirarle al ochenta?". Pregúntale a cualquiera de mis compañeros de entonces: "¿Alguna vez superaste a Larry Bird en el entrenamiento? ¿Alguna vez se fue antes que todos?". Y te dirán que no. En el fondo también sabían que si íbamos perdiendo y el partido estaba a punto de terminar, ¿a quién le pasarían el balón: a alguien que entrenaba todo el tiempo, o a alguien que había empezado a calentar dos minutos antes del entrenamiento? Todo está en la preparación. Para mí, la preparación es todo.

La persistencia, a diferencia de su débil y menos exitoso socio, el esfuerzo, es un modo de vida. Te consume. Te despierta a las tres de la mañana para que puedas repasar los números una vez más. Y no te quepa duda: se reirá de ti cuando te des en el pie con la mesa de centro al buscar a tientas el interruptor. En los deportes, todo es preparación y persistencia. "Voy a darte la mejor frase de Bill Walton, que creo que la tomó del entrenador Wooden: 'No prepararse es prepararse para el no'", dice el cronista deportivo Jim Gray. "La preparación es todo en el deporte. Tienes que esforzarte para ser grande. He visto a muchos con gran talento entrar y salir de la liga antes siquiera de empezar. Puedes tener todo el talento y orgullo del mundo, pero esto no significa nada sin capacidad para resistir. Tienes que resistir para ser grande, y para ser grande tienes que estar preparado."

Sherry Lansing, la primera directora general de un estudio de Hollywood, dice: "Si la causa es más grande que tú, nunca temerás ni resentirás el rechazo. Habiendo pasado por tantas cosas, creo que ganas por no rendirte."

¿Cuál es la diferencia entre persistencia y esfuerzo? ¿No es la primera apenas una ración extra del segundo? Desafortunadamente, no es tan simple. En vez de intentar explicarlos, examinemos dos enunciados sencillos que los administradores hacen a diario y que ilustran la principal diferencia entre esos dos términos:

Enunciado A: "A trabajar, equipo; no quiero pasarme aquí toda la noche."

Enunciado B: "Hagamos todo lo necesario para lograrlo."

Trabajes donde trabajes, es probable que ya hayas oído una de esas frases, o las dos. Trátese de la gran cuenta que esperas conseguir o de un proyecto que debes terminar, ésas son las dos maneras en las que la gente ve el mundo en el trabajo. Como director de mi propia compañía y consultor de muchas otras, puedo asegurarte que ésas son las dos actitudes que contienen todas las demás.

¿Cuáles son entonces las palabras del ganador y cuáles las de quien se estanca en los mandos medios?

No hay que ser científico para saberlo. El enunciado B es la mentalidad que comparte cinco por ciento de los estadunidenses. Es más incluyente, pone al jefe en el mismo barco que su equipo y comunica la determinación de lograr algo pese al costo y esfuerzo que implique. El enunciado A representa al otro noventa y cinco por ciento. Trata de "yo" en vez de "nosotros", y del sacrificio de una persona en vez del éxito del equipo. Tiene que ver con hacer algo más que con hacerlo bien.

Quizá te digas: "Bueno, eso fue demasiado fácil." Y eso es parte del asunto. No hay nada misterioso en lo que distingue a los ganadores del resto de nosotros. Nueve de cada diez veces, el beneficio y la razón de lo que hacen es tan claro como la luz del día. Pero si tener éxito en verdad es tan simple, ¿por qué no todos somos ganadores? Si las respuestas son tan claras, ¿por qué sólo unos cuantos selectos son los que llegan a la estratósfera del éxito?

Porque *saber* no es *hacer*.

Sólo pregúntales a Pierre Omidyar y Meg Whitman, de eBay. Para 1999, esta naciente compañía con cuatro años de existencia veía aumentar tan rápido el número de sus usuarios que sus servidores apenas si se daban abasto. Coleccionistas y cazaofertas se arremolinaban en su página en Internet en cantidades totalmente inesperadas, y la compañía tenía que esforzarse para mantenerse en pie. En afán de impedir que el sistema fallara, Omidyar intentó meter freno aumentando la cuota de inscripción y limitando a diez mil el número de artículos que podían ofrecerse en un día. Pero eso tuvo el efecto opuesto: los usuarios comenzaron a anunciar más artículos más rápido para no rebasar el máximo de diez mil. El 12 de junio de 1999, en lo que el *New York Times* llamó "uno de los peores apagones en Internet", eBay sufrió una falla de veintidós horas. Las acciones de la compañía cayeron drásticamente en el Nasdaq ese día, y los usuarios se dijeron indignados por lo que consideraron una mala administración.

"Esto nos dio una lección de humildad", dijo Meg Whitman, entonces directora general de eBay. "Éramos una nave espacial. La sensación de Silicon Valley. Pero eso detuvo toda idea de 'Vaya, somos especiales', lo que culturalmente fue muy bueno."[1] La dirección de la compañía no consideró este revés una derrota. Más bien persistió, atacando el problema de frente y utilizándolo como una lección para el futuro. Whitman se sumergió personalmente en las causas técnicas de la falla, e hizo renovar y refozar la página rápidamente. Y en un paso que definió a la compañía, puso a sus cuatrocientos empleados a llamar peronalmente a los usuarios de eBay para disculparse por la interrupción del servicio. Deténte a pensar un momento en la magnitud de este esfuerzo y en el mensaje que transmitió a cada empleado sobre qué importa y a quién. Este gesto personalizado sin precedente le ganó a eBay credibilidad de por vida, y fue el punto de partida para mayor expansión aún en los años siguientes. Comunicó el compromiso de la compañía de aprender de sus errores y la determinación de mejorar en un momento en que otras nuevas empresas "infalibles" de Internet comenzaban a quebrar.

Cuando se trata de un rasgo como la persistencia, todo es acción. Ni siquiera todo el coeficiente intelectual, destreza o habilidad del mundo logrará que el trabajo se haga solo, o inspirará a otros a luchar contigo. Debes estar dispuesto a invertir el esfuerzo necesario para obtener resultados que se distingan —y estén kilómetros arriba— de los demás. Y debes tener el lenguaje que motive a la gente a unirse al esfuerzo.

No me refiero al impulso para hacer las cosas, sino a hacerlas una y otra vez hasta que ganes. El esfuerzo puede ser parte integral de la persistencia, pero es sólo una parte. No se trata simplemente de que pases el doble de tiempo en algo y, *voilà*, adquieras persistencia. Es una mentalidad. Un modo de vida. Una manera de ver tu comunidad, sea como la definas, llena de oportunidades para ser grande. Estoy de acuerdo con Tom Harrison, de Diversified Agency Services:

Persistencia es adherirse a convicciones y no saber qué significa la palabra no. "No" significa en realidad "ahora no". Porque si eres lo bastante persuasivo y persistente, lograrás que quien dijo no diga sí. Y la razón de que aún no haya *dicho sí es que yo no he escuchado lo suficiente para hacerlo decir sí. Pero una vez que realmente abro mis oídos y escucho cuáles son sus necesidades, puedo asociar con ellas lo que hago, y lograr que diga sí. Esto es persistencia y redefinir la palabra no.**

Uno de los hallazgos más importantes de este libro está en esas cuatro palabras: "no" significa "ahora no". No puedo impregnarte de persistencia, pero sí ayudarte a reconsiderar la forma en que concibes los retos, para que puedas ser más efectivo.

La historia de Abraham Lincoln es notable tanto por sus fracasos como por sus triunfos, porque no se rindió pese a una vida de adversidades y tropiezos. En sus propias palabras, "hago cuanto sé, hago cuanto puedo, y lo seguiré haciendo hasta el final". Hoy lo conocemos no por sus fracasos sino por sus éxitos, debidos todos ellos a su implacable persistencia. Cierto es que casi todas las figuras ilustres de la historia han tenido la persistencia como una de sus principales características. Como advirtió una vez un historiador: "Si Colón hubiera dado marcha atrás, nadie lo habría culpado. Pero claro que nadie lo recordaría."

El naturalista y conservacionista John Burroughs escribió una vez: "Un hombre puede fallar muchas veces, pero no es un fracaso hasta que empieza a culpar a otro."[2] En el contexto de la victoria, yo reescribiría así esta frase: "Un hombre puede triunfar muchas veces, pero no es un ganador hasta que asume la responsabilidad de todo lo que hace, de sus éxitos y fracasos por igual." Esto conduce a otra distinción crítica entre esfuerzo y persistencia: la disposición a asumir la responsabilidad por las acciones propias. No estoy sugiriendo que quienes se esfuerzan por alcanzar el éxito culpen a otros cuando inevitablemente tengan un fracaso ocasional. Pero muy a menudo, quien empeña mero esfuerzo encontrará la manera de señalar a todos menos a él mismo para justificar su rendición.

Los pretextos son interminables, y ninguno incluye palabras que funcionan. Piensa cuántas veces has oído o dicho algunos de los siguientes:

- "Nos robaron."
- "Son mejores que nosotros."
- "No podemos competir contra eso."
- "No es una pelea justa."
- "No es un campo de juego parejo."
- "¿Cómo esperar que podamos contra eso?".

* Para más información sobre esta filosofía esencial, consulta *Instinct* (Instinto), de Tom Harrison. Cambiará tu manera de pensar.

ABRAHAM LINCOLN:
LA PERSISTENCIA PERSONIFICADA

1809	Nace en la pobreza.
1816	Su familia es arrojada de su casa.
1818	Muere su madre.
1831	Fracasa en los negocios.
1832	No llega a la legislatura.
1832	Pierde su empleo, no consigue ingresar a la escuela de leyes.
1833	Fracasa de nuevo en los negocios. Quiebra. Tarda diecisiete años en saldar su deuda.
1834	Llega a la legislatura.
1835	Muere su novia.
1836	Sufre un colapso nervioso.
1838	No consigue la presidencia de la legislatura.
1840	No se le nombra elector presidencial.
1843	No llega al Congreso.
1846	Llega al Congreso.
1848	No llega al Congreso.
1855	No llega al Senado.
1856	No llega a la vicepresidencia.
1858	No llega al Senado.
1860	SE LE ELIGE PRESIDENTE[3]

- "Es una causa perdida."
- "Nadie lo comprará nunca."

Y etcétera...

¿Te sonó familiar alguno de ellos? Son las actitudes y el lenguaje que arrancan la derrota de las fauces de la victoria. No son, por imaginativos que seamos, las actitudes de los ganadores. Así, pregunté a David Stern, de la National Basketball Association (NBA), cuál es el lenguaje correcto de la derrota, ya que justo la mitad de los equipos de esa liga deben usarlo después de cada partido.

Para quien creció en Brooklyn, era "Espera al próximo año", lo que equivalía a decir: "Dimos lo mejor, nos sobamos el lomo, y regresaremos y lo haremos de nuevo." El lenguaje de la derrota viene de Shakespeare. [...] "Mejor haber amado y perdido que no haber amado jamás." Es decir, "avanzamos con mucho esfuerzo, dimos la batalla, dimos lo mejor y no lo logramos. Pero iremos al gim-

nasio y estaremos de regreso el próximo año." Éste es el lenguaje más positivo de la derrota. No *"Nos robaron"* o *"Nos la pagarán."*

A la persistencia no le importa de quién es la culpa... sólo te impulsa a seguir adelante hasta triunfar. Demasiadas personas dedican mucho tiempo a buscar palabras con las cuales explicar, justificar o excusar el fracaso. Alto. Ahora mismo.

Dicho esto, topar con una pared y decirte que no existe no la hará desaparecer. Debes pensar nuevas formas de cruzarla o rodearla, o derribarla, o buscar una ruta completamente distinta. Esto permitirá convertir la pared en un reto o en una oportunidad oculta, no en una barrera insuperable.

El resultado es un lenguaje demasiado suave, metas demasiado fáciles y una visión demasiado nebulosa para interesar a alguien. Debes encontrar tu propio enfoque de Ricitos de Oro: ni demasiado caliente ni demasiado frío, sino justo lo correcto. Tienes que encontrar el punto medio entre romperles la crisma, lo que lleva a la parálisis, y hacerles pensar que pierden su tiempo con un juego de niños, lo que conduce a la pereza. En caso de duda, equivócate desafiando a la gente de más, no de menos. La mayoría busca maneras de probarse o mejorar. Poner alta la barra le da la oportunidad de eso. Mantener bajas expectativas, por el contrario, no le da nada a lo cual aspirar. No la obliga a cavar hondo en sí misma para sacar la fortaleza que sabes oculta bajo la desconfianza de uno mismo. Concéntrate en comunicar el éxtasis de la victoria, la emoción de ganar, y motivarás a la gente a la grande-

---

LECCIONES DE LUNTZ

MISIÓN VS. COMPROMISO

Las dos palabras que comunican mejor la persistencia son *misión* y *compromiso*, pero no significan lo mismo.

Una misión es la articulación grupal o corporativa de la persistencia, mientras que el compromiso es un enfoque más personal. Explica por qué existe ese grupo o negocio, y comunica un propósito. A la inversa, un "compromiso corporativo" es poco significativo (o algo peor aún), porque el oyente piensa de inmediato: "¿De qué se me hará responsable si ellos no cumplen?".

Pero cuando un individuo asume un compromiso, en esencia pone en juego su reputación. Cuidado: no asumas un compromiso si no vas a cumplirlo. Si fallas, el daño puede ser permanente.

---

za. Sin importar los obstáculos que se interpongan en su camino, siempre se recuperará, continuará luchando, seguirá adelante.

Mike Richter es uno de los más grandes porteros de hockey de todos los tiempos. Debe su fama a haber llevado a la victoria a los Rangers de Nueva York en la Stanley Cup en 1994, así como a haber conseguido una muy disputada medalla de plata en los Juegos Olímpicos de Invierno de 2002. Fue el primer ranger en ganar trescientos juegos, y se retiró siendo líder en victorias en toda la historia de su equipo. Un excompañero suyo, Brian Leetch, dijo de él una vez: "Nunca he conocido a nadie más concentrado que él. Cuando el partido se ponía difícil, él jugaba mejor. Para mí era una sorpresa que le metieran gol."[4] Aunque es una leyenda entre muchos aficionados al hockey, su éxito contribuye a explicar qué distingue a los ganadores, y su actitud ante la vida y la adversidad. Dice Richter:

> La razón principal de que Lance Armstrong tenga tanto éxito es que no teme fracasar. Esto lo libra de expectativas acerca de lo que va a hacer. Le permite concentrarse en cada kilómetro de la prueba entera. Ve a los mejores deportistas. Mark Messier ganó seis veces la Stanley Cup en veinticinco años de carrera, pero esto quiere decir que fracasó el triple. Hay que aprender a lidiar con la adversidad. Así son los deportes, y así es la vida: una serie de reveses. Es la forma en que manejas esos reveses lo que determina si eres un ganador o no.

El gran impacto de constantes microfracasos basta, con el tiempo, para provocar un fracaso sistemático y duradero. Por eso tienes que controlar esas incontables experiencias acumuladas para poder ganar. Prosigue Richter:

> Para ser un líder, un ganador o una persona de éxito en cualquier cosa en la vida, lo más importante que debes controlar es a ti mismo. Tienes que saber qué te hace exitoso y apegarte a eso. Tu enfoque debe ser constante. Ajústate cuando las cosas no funcionen, pero identifica lo que te mueve y no lo sueltes.
> Supongamos que tengo un bajón o me siento fatal o que sencillamente estoy agotado. De todas maneras debo ganar. El juego —o la vida, en realidad— no se detiene sólo porque yo no me sienta bien. Los grandes de verdad son capaces de reunir las fuerzas y perspectiva que necesitan para sobresalir en cualquier circunstancia. Para mí, esto es persistencia. Logran pensar en una forma que hace que las cosas sucedan. Permanecen concentrados de principio a fin.

Mientras que simples mortales podemos aceptar un revés como tal o poner pretexto para sentirnos menos humillados, los ganadores toman la derrota, la vuelven de revés y deducen qué les hace falta para ganar. Los gana-

dores son realmente imperturbables, como las personas del antiguo proverbio yídish, "a quienes les escupen y piensan que está lloviendo".

Aprender a manejar la publicidad negativa es un rasgo esencial para quienes se hallan bajo la mirada pública. Aun las personas más realizadas tropiezan de vez en cuando, y hasta el éxito desenfrenado tiene sus críticos. La
vista desde arriba es asombrosa, pero hay mucha gente tratando de escalar
la misma montaña y que buscará con ansia cualquier excusa para derribarte.

De todas las personas que he observado de cerca, ninguna tiene una
imagen pública más diferente a su vida privada que Rupert Murdoch. Curioso y afable, en persona Murdoch no es en absoluto el tirano que sus críticos describen, y su generosidad es legendaria. Pero menciona su nombre en
cualquier lado del Atlántico y obtendrás un torrente de invectivas, usualmente reservadas a dictadores brutales. Cuando le pregunté cómo desarrolló su
capacidad para que las críticas se le resbalen, me ofreció una sana dosis de
empatía aun con quienes desean hacerle daño:

*No leo libros sobre mí y tengo una piel muy gruesa. En las publicaciones nos pin-
tan grandes, y por lo tanto acaparadores o ricos o lo que sea, así que a la gente
le da envidia. Rencor. La gente sobrevalora enormemente tu poder, y le molesta. Creo que son los gajes del oficio. Tenemos un montón de periódicos que no
temen entrar en controversias. Soltamos críticas contra los demás, así que nos
corresponde nuestra parte. Cuando yo era niño, mi padre ya dirigía periódicos.
En la escuela me molestaban y criticaban por eso, así que aprendí a vivir con
esto muy pronto.*

Todos estamos expuestos a fracasar, debido a la enorme frecuencia con la
que el fracaso gusta de ocurrir sin anunciarse. ¿Cómo podrías seguir adelante y tener éxito si asignaras a todos tus fracasos igual valor y les permitieras
afectarte de la misma manera? Por eso los ganadores, lo sepan o no, deben
encontrar formas de restar importancia a la derrota, para que al presentarse cada nueva tanda de decepciones, puedan hacerla a un lado y seguir im-
petuosos de frente, la mirada fija en el premio. Se trata de un proceso continuo de volver menor la derrota, menos relevante y más incidental en la vida
diaria, hasta ser tan minúscula que no merezca atención.

El comentarista deportivo Jim Gray y la mayoría de sus colegas consideran a Michael Jordan el competidor más grande que hayan visto nunca,
dentro y fuera de la cancha: "No importaba si jugaba dardos, pulgas, baraja,
golf, lo que se te ocurra; siempre quería ganar." Fue la pasión lo que empujó a Jordan a practicar su deporte preferido. Pero hizo falta persistencia –la
acción que manifestaba su creencia en su pasión– para seguir haciendo los
tiros que, uno tras otro, erigieron la más grande carrera en el basquetbol.

Larry Bird tiene una perspectiva parecida:

Te esfuerzas. Y tienes que seguirlo haciendo, una y otra vez. Yo tenía que hacer cuatrocientos o quinientos lanzamientos extra después del entrenamiento. Eso significaba que por cada tiro que hacía en un partido, había hecho un millón antes. Muchos lanzan por lanzar. Yo lanzaba para anotar, y nunca lo hacía sin pensar que encestaría. A medio camino sabía si no iba a acertar. También tenía que dar el ejemplo, lo cual quería decir que debía ser el primero en llegar al entrenamiento y el último en irse todos los días. No una vez a la semana; todos los días.

Los ganadores se niegan a aceptar los reveses o fracasos como eso. En cambio, los redefinen como oportunidades, lo que les da nueva energía para atacar el problema.

Pensemos de nuevo en la filosofía del orador motivacional Tony Robbins de "hacer las preguntas correctas" (página 61). Como ejemplo hipotético, imagina que se pide a tu empresa ofrecer sus servicios a una enorme compañía global. El proyecto es un compromiso de un año con valor muy superior a un millón de dólares. Competirás con otras tres agencias, una de las cuales se sabe que es la favorita. Te preparas durante varias semanas. Pasas incontables horas en la oficina, acumulando más desveladas que las que puedes contar. Acudes a la cita, haces tu presentación ante los ejecutivos y esperas. Oyes rumores de que la empresa favorita arrasó. Esperas un poco más.

No obtienes el contrato.

Bienvenido al fracaso. Ahora bien, el modo en que lidies con esa derrota es un indicador de si tienes potencial como ganador. Para muchos, la reacción instintiva es decir: "Bueno, ellos eran los favoritos después de todo, así que en realidad nunca se me dio la oportunidad." O "La nuestra es una empresa tan pequeña comparada con el resto que no podía esperarse que ganáramos." O mi favorita (y con mucho la más nociva): "Hicimos nuestro mejor esfuerzo."

Pero un ganador ve esa experiencia de otra manera, y así deberías hacerlo tú. En lugar de enojarte por la cuenta de un millón de dólares que no ganaste, sigue el consejo de Tony Robbins y pregúntate: "¿Por qué no ganamos? ¿Qué podíamos haber hecho para que nuestra presentación fuera mejor? ¿Cómo podemos aprovechar esta experiencia para estar seguros de que ganaremos la próxima vez? ¿Qué hicieron los otros que nosotros no, pero que habríamos podido hacer? ¿En qué debemos cambiar para cerciorarnos de que esto no vuelva a suceder?".

La única forma de recuperarte de caídas espectaculares –como Donald Trump hace veinte años, cuando se vio al borde de la ruina financiera y la diaria humillación en la prensa– es negarte a darte por vencido. Por eso Trump forjó una respetada dinastía multindustrial mayor que la anterior, e hizo que sus hijos se sintieran orgullosos de llevar su apellido.

¿Adviertes un patrón?

Redefinir la derrota como un ingrediente esencial de tu victoria última tiene que ver con la autoevaluación tanto como con la reformulación y redefinición del revés. Para poder resolver el problema, debes saber qué pasa dentro de ti: cuáles son tus limitaciones, restricciones y defectos. Lo principal por recordar en este caso es que no se trata de los demás, sino de ti.

PRODUCIR MOTIVACIÓN

Es fácil comprender por qué Bill Gates, Oprah Winfrey y Warren Buffett pueden trabajar dieciséis horas diarias. Entre más trabajan, más éxito e impacto tienen. No puede decirse lo mismo de la inmensa mayoría de sus empleados. Dependiendo de si estás en el escalafón de Microsoft, Harpo o Berkshire Hathaway, la luz de la suite ejecutiva podría estar tan lejos que nunca verás ni su sombra. Así que ¿cómo diablos vas a lograr que tus jefes o colegas, de cualquier nivel, se interesen en tu trabajo y en lo que la compañía representa tanto como tú? ¿Cómo vas a lograr que den lo mejor de sí cuando no está muy claro cuáles serán los beneficios inmediatos o las recompensas últimas?

La persistencia es el arte de producir motivación. Esto podría parecer algo malo, pero no lo es. Siempre que un gerente se dirige a sus subordinados directos, un director general a la compañía o un presidente a los ciudadanos, la meta suele ser motivarlos: entusiasmarlos, interesarlos y prepararlos para enfrentar los agobiadores desafíos que les esperan. Los líderes políticos lo hacen así, igual que los generales, los entrenadores, los directores de cine y los padres. Motivar a la gente es la clave para progresar, cualquiera que sea tu objetivo. Si no puedes levantar a la gente del sillón o la silla e instarla a correr a tu lado hasta la meta, ¿qué esperanza puedes tener de triunfar? El ganador tiene una razón natural para querer mantenerse en marcha –ése es su "asunto"–, pero la persistencia implica lograr que también los demás se hagan cargo de su asunto.

Cuando pregunté a Larry Bird cómo se motivaba antes de un partido, tengo que admitir que su respuesta me sorprendió, sobre todo porque nunca antes había oído algo así. "Mentalmente es como si alguien tratara de quitarte algo", comenzó a explicar.

Cuando jugaba, siempre sentía que todos en la cancha estaban en mi contra, aun mis compañeros. Eso era lo que me motivaba. Siempre sentía que la gente no quería que triunfara. Quería que perdiera. Así que yo tenía que demostrarles a todos que superaría eso, aunque no individualmente, porque sabía que cada noche dependía de mis compañeros.

Los atletas lo dicen todo el tiempo: los grandes se servirán de cualquier cosa para motivarlos. Yo siempre sentí que me motivaba solo. No necesitaba al entrenador. No necesitabas las porras de mis compañeros. Lo sabía mentalmente desde que dejábamos de entrenar en la mañana y por el resto del día que estaba preparado para jugar. Una vez que terminaba el entrenamiento, el resto del día me la pasaba buscando cualquier cosa que me motivara para el partido de esa noche, fuera positiva o negativa.

Los ganadores saben cómo motivar a la gente y crear equipos porque están centrados en la gente. Saben multiplicar el efecto de su persistencia y extenderlo por toda la organización. El componente lingüístico decisivo es percibir tu capacidad para vencer la adversidad y traducirla en un mensaje que tenga mucho eco en tu equipo. Tienes que comunicar que no hay barreras, que nada puede interponerse en tu camino y el de la victoria. Tienes que rechazar públicamente la idea de que existen variables externas que podrían impedirte ganar.

El lenguaje de la motivación es el lenguaje de la oportunidad. Cuando comuniques la necesidad de "seguir dando batalla", busca siempre la manera de formular los desafíos, reveses y fracasos de otro modo.

¿Así que otra empresa ganó la cuenta? Tienes entonces la oportunidad de replantear por completo tus materiales de ventas y mejorarlos.

¿Tu nuevo producto resultó un completo fracaso? Tienes la oportunidad de deducir qué marchó mal y hacer un nuevo producto en verdad superior.

¿Tomaste una mala decisión de inversión y perdiste mucho dinero? De acuerdo, no todo puede ser una oportunidad encubierta. A veces los errores son sencillamente pavorosos.

Pero esto no significa que no puedas aprender de ellos. La gente que pasa por la vida sin enfrentar nunca un tope en el camino por lo general no sabe cómo reaccionar cuando llega a un tramo helado y se tambalea junto al pasamanos. Los tumbos nos enseñan a reaccionar para que cuando lleguen momentos en verdad malos, al menos sepamos mantenernos en marcha y llegar de una pieza.

La motivación también tiene que ver con las emociones. Debes llevar a la gente a un "lugar más alto" si quieres que crea en ti. Aquí es donde convergen la persistencia y la persuasión. Nunca despertarás el apoyo que necesitas de tu gente mediante la mera recitación de números, estadísticas, datos y cifras. Tienes que pintar un cuadro del futuro, un cuadro que la incluya a ella. Debes contar una historia tan seductora que quiera formar parte de ella. Los recursos visuales pueden servirte para esto, lo mismo que la música, pero el lenguaje es ideal para provocar emociones. Y la capacidad de usarlo para motivar no es un don de Dios, que tienes o no. Es una habilidad que puedes adquirir con práctica, estudio y determinación.

EL PROBLEMA DEL HORARIO BANCARIO

Una de las cosas de las que se me ha acusado justificadamente como jefe es mi inclinación a borrar las líneas entre la vida personal y la profesional. Antes solía esperar que mis empleados trabajaran mucho más de lo previsto en su horario regular, publicado en nuestro manual para nuevos trabajadores. He recibido muchas críticas por esto, y perdido empleados también. Pero no creo en el horario bancario. Curiosamente, tampoco los banqueros… o al menos no los que ocupan lo más alto de la pirámide, que ganan mucho dinero, disfrutan de las recompensas del éxito –y cargan con la responsabilidad del desastre económico que crearon. Podría jurarte que la última vez que el director general o los altos ejecutivos de un banco importante y exitoso empezaron a trabajar después de las nueve de la mañana y se marcharon antes de las cinco de la tarde fue en un día de asueto nacional… cuando nadie más se presentó a trabajar.

Esta expresión alude a las horas hábiles de los bancos en el siglo XIX y principios del XX, cuando la mayoría abría de diez de la mañana a dos o tres de la tarde. Después el término acabó por representar una jornada corta o un trabajo excepcionalmente fácil. Cuando alguien salía de mi antigua oficina antes de las siete de la noche, la gente solía bromear: "¿Desde cuándo tienes horario bancario?".

El principal problema del horario bancario es que no te lleva muy lejos. Las más de las veces, asumir una tarea que puede darte mucho éxito requiere más trabajo del que la mayoría está dispuesta siquiera a considerar. En mi caso, cuando un cliente necesita un informe de investigación en veinticuatro horas, probablemente no duerma esa noche. Mientras que la gente común se quema las pestañas de vez en cuando, los ganadores lo hacen mucho. Si alguna vez has estado en Manhattan de noche, seguramente has visto oficinas encendidas en muchos de los altos y elegantes edificios que cruzan el cielo nocturno. Un sinfín de personas trabajadoras cumplen esmeradamente su labor en esas oficinas. Son los hombres y mujeres a quienes importa tanto lo que hacen que pugnan por la excelencia todos los días. Son ganadores.

Otro ganador al que ya conocemos es el creador y productor ejecutivo de *Esposas desesperadas*, Marc Cherry. Pregunté a Cherry en qué le había ayudado la persistencia a alcanzar el éxito que tiene ahora:

> *Propuse* Esposas desesperadas *a seis televisoras. Ninguna la quiso. La última a la que se la propuse fue Lifetime Televison Network. Y de ahí mi broma de costumbre: "¿Lifetime Televison para mujeres no quiere* Esposas desesperadas*? ¿Lifetime? ¿De veras?". Cuando la rechazó, me sentí devastado. Y entonces dije: "Bueno, al diablo. Voy a escribir el guión de todas maneras."*
>
> *Así que hice el guión pensando: "Es una visión única que quizá nadie entienda, tal vez sólo la dejaré asentada en papel." A veces, cuando propones una idea sabes que los demás no la captan. La escribes, entonces, esperando que tu brillantez los deslumbre y entiendan. Lo difícil para mí fue que había escrito mi mejor guión y nadie quería comprarlo. Mi agente me llamaba y me decía: "La quinta televisora acaba de devolverme el guión", y yo me sentía un poco triste. Pero de pronto me llamó mi abogado y me dijo: "Tu agente, por cierto, no ha hecho más que malversar setenta y nueve mil dólares tuyos."*
>
> *Así que conseguí un nuevo agente en Paradigm, y ahí vieron el guión de* Esposas desesperadas *y me dijeron: "Está muy bien, ¿cómo es posible que no se haya vendido? ¿Cómo lo estaba ofreciendo tu agente?". Yo respondí: "Bueno, se lo dimos a la división cómica de todas las televisoras y estudios, diciendo que era una sátira, una comedia negra." Y ellos dijeron: "Ése es el problema. Hay que decirles que es una telenovela con un poco de comedia." Así que no cambiamos el guión. Fue sólo un cambio en la envoltura. El primer lugar al que se lo dimos con esta nueva estipulación fue* ABC, *y lo compró.*

Marc Cherry no se rindió, y su persistencia dio resultado. En abril de 2007 se informó que *Esposas desesperadas* era el programa más visto en su género, con un promedio de ciento quince millones de espectadores en todo el mundo. Eso es lo que yo llamo ganar.

¿Entonces tienes que trabajar dieciséis horas diarias para llegar a la cima? No siempre. A veces la gente se gana la lotería. Pero éste es un libro sobre la acción, no sobre el juego.

En lo personal, aprendí el valor de la persistencia a temprana edad, a los 14 años para ser exactos. Tenía muchas ganas de trabajar en la política, y rogué a mis padres que me llevaran como voluntario a una camapaña presidencial. Era 1976, y mi padre le llamó al presidente del Partido Demócrata (sí, leíste bien) en Hartford, Connecticut (Peter Kelly, luego socio mayoritario de la ilustre empresa cabildera Black, Manafort, Stone and Kelly), y dispuso que pasarían a recogerme fuera de un centro comercial local para ir a tocar puertas a fines de febrero, cuando todavía hacía un frío que calaba los huesos. Así, llegué a la hora convenida y esperé a que pasaran por mí. Y esperé. Y esperé. Y esperé. Nunca llegaron, y ese tembloroso y estremecido chico de 14 años se sintió devastado. Mi madre aprovechó esto como una lección para explicarme que no se podía confiar en los políticos, pero me negué a darme por vencido. La semana siguiente hice que mis padres me llevaran a las oficinas de los republicanos, pero todo lo que los organizadores hicieron fue ponerme al teléfono. No me gustó.

Durante dos años visité las oficinas locales de demócratas y republicanos y asistí a eventos con la esperanza de que alguien me invitara a trabajar. Cuando ya tenía 16, y luego de una docena de intentos fallidos, tomé el dinero de mi almuerzo, subí al autobús y fui a las oficinas de un candidato a gobernador de Connecticut, Lew Rome. Entré y anuncié orgullosamente a quien me oyera: "Me llamo Frank Luntz. No soy un niño y quiero ayudar." Se hizo un silencio mortal, seguido de carcajadas de la docena de personas presentes. Pero por fortuna, la jefa local de campaña tenía abierta la puerta de su oficina, oyó mi declaración y salió y me dijo: "¡Estás contratado!". Ese día, después de dos años de intentar y fracasar, me convertí en republicano leal y consultor político; y el resto, como dicen, es historia.

NUNCA TE DES POR VENCIDO

Si alguna vez has estado en un casino, sabrás que un grupo de ansiosos jugadores se congrega siempre alrededor de la ruleta. Se hacen apuestas. La rueda gira. Se lanza la bola. Los números centellean. ¡Doce rojo! Alguien gana en grande, los demás pierden. Pero al girar de nuevo la ruleta, oyes a una dama decirle a su esposo: "Oh, Jim, no, no apuestes al doce. ¡Acaba de salir!". Y cada vez que oigo a alguien decir algo así, una parte de mi alma se marchita y muere.

Como sabe cualquiera que haya estudiado estadística básica, no existe ninguna relación entre dos eventos matemáticos aleatorios. Que cada vez que hagas girar la ruleta salga el doce rojo es tan probable como que no salga nunca después de cuatro horas de juego. En la ruleta estadunidense tradicional cada vez que se arroja la bola hay una posibilidad entre treinta y ocho de que este caiga en el número doce, o en cualquier otro. Cuantas veces juegues, las posibilidades no cambian. Cada giro de la ruleta es independiente del anterior y el que le sigue. Ni siquiera toda la suerte o superstición del mundo puede cambiar este hecho básico.

¿Pero qué tiene que ver esto con comunicar persistencia y producir motivación? Todo.

Persistencia es no rendirse nunca, pase lo que pase. Esto quiere decir que debes ver cada suceso y cada oportunidad de comunicación como una entidad aparte. La implicación práctica de esto es abordar cada día como algo totalmente nuevo. Aun si el día anterior transmitiste un mensaje, tienes que repetirlo al día siguiente, y al siguiente, y al siguiente. O si algo falló ayer, debes tratarlo como algo totalmente independiente de hoy, a fin de que no sea ni más ni menos probable que falles mañana. Una de las razones de que la campaña presidencial de Barack Obama haya sido tan exitosa fue que su equipo y él abordaban cada día como si el anterior no hubiera existido. Así hubieran enfrentado un revés u obtenido una victoria, cada día era una nueva batalla. Una nueva campaña. Una nueva oportunidad de hablar a un nuevo público sobre su nuevo mensaje.

Piensa en el campo del servicio al cliente. Imagina que diriges el departamento de servicio al cliente de una corporación mundial. Tu trabajo es asegurarte de que la gente de base —los hombres y mujeres que contestan las llamadas y fungen como la voz de la compañía— entienda sus deberes y los realice con cortesía y profesionalismo. Ahora imagina que eres la persona a la que catorce personas acaban de gritarle y colgarle. Hoy. Como puedes ver, alguien en esa situación puede desmoralizarse, deprimirse y disgustarse con su trabajo en un periodo muy breve. Éste es el desafío que todo el tiempo enfrentan los gerentes de servicio al cliente y los supervisores de los centros de atención telefónica. ¿Qué se supone que deben hacer? ¿Cómo mantener la moral frente a ese enojo del público?

La clave es recordar que esos sucesos de comunicación son como la ruleta: cada uno es completamente independiente del anterior y del posterior. Recuerda a tu personal que cada llamada es una nueva oportunidad de hacerle un mejor día a un cliente, resolver su problema y volver mucho mejor la compañía en la que todos ustedes orgullosamente trabajan. Ésta es otra forma de redefinir el fracaso como un componente esencial de la victoria. Al minimizar, o en este caso negar, la importancia y efecto colectivos de cada suceso, tus empleados podrán ver más allá de cada "derrota". Esto no volverá completamente inofensiva la recepción de catorce llamadas coléricas seguidas, pero ayudará a mantener la perspectiva, uno de los elementos vitales del éxito.

Sir David Frost me contó una historia maravillosa sobre la vez en que tuvo que ser persistente al interrogar a un político británico que deseaba evitar a toda cosa dar una respuesta muy simple:

He descubierto que la técnica de hacerle a la gente la misma pregunta más de una vez es muy iluminadora. En 1974 entrevisté a los tres candidatos a primer ministro de Gran Bretaña: Harold Wilson por los laboristas, Edward Heath por los conservadores y Jeremy Thorpe por los liberales. Usualmente, los políticos de alto rango de Gran Bretaña o Estados Unidos se toman a orgullo llevarse muy bien entre sí. Pero en Gran Bretaña en 1974, Edward Heath, que era el primer ministro, no soportaba a Harold Wilson, el líder de la oposición. Así que pensé que sería interesante tratar este tema, porque esos dos líderes en verdad se detestaban. Entonces se me ocurrió hacerle a Ted Heath una pregunta muy informal: "¿Le simpatiza Harold Wilson?". Una pregunta simple, fácil y cortés.

Supe de inmediato que había tocado una fibra sensible cuando Heath respondió: "Bueno, no sé si sea cuestión de simpatías o diferencias, pero mi interés está en los asuntos del país y en proceder con eficiencia, algo que creo que puedo hacer." Yo dije entonces: "¿Pero le simpatiza?". Pausa. Nada. Así que pregunté por tercera vez: "¿Le simpatiza?". Y él contestó: "Bueno, tendremos que averiguarlo, ¿no?". Todo se aclaró con esa oración perfecta.

Frost pudo haber desistido tras preguntar la primera vez y obtener una típica no-respuesta. Pero no lo hizo. Pudo haberse rendido después del segundo intento, pero se negó a hacerlo. Frost obtuvo la respuesta que quería, una respuesta que apareció en los titulares al día siguiente.

Regreso ahora a *Entertainment Tonight* (ET) de Mary Hart porque ella creó los noticieros del espectáculo y sigue siendo la mejor en lo que hace treinta años después. Para ella, la persistencia es conversacional, no polémica.

Una vez que he revisado mis notas y sé qué voy a preguntar, las guardo y miro a la persona a los ojos. Converso con ella, no la entrevisto. Me muestro interesada porque estoy interesada, y creo en mi trabajo. Esto hace toda la diferencia del mundo.

Cuando le pedí un ejemplo de cómo su estilo para conversar le permitía obtener más de una entrevista, me ofreció el de su encuentro de octubre de 2010 con Sarah Palin:

No se puede comenzar con una pregunta tendenciosa. La probable candidatura de Sarah Palin es hoy una de las mayores interrogantes en Estados Unidos, así que yo nunca empezaría de esa forma una entrevista con ella. Alcanzar un nivel agradable toma tiempo. Disponíamos de veinticinco minutos, pero terminamos platicando cincuenta y cinco, y fue una conversación deliciosa. Había cosas sobre ella que yo realmente quería saber, y creo que ella lo notó.

Antes de preguntarle sobre su posible candidatura en 2012, le pregunté por otras cosas. Luego le pregunté dos veces sobre la candidatura. Hablábamos de su empuje, de su viaje relámpago de dos semanas, y lo formulé así: "Todos quie-

ren saber si contenderás." Respondió que debía tener una reunión familiar, pero que de no haber alguien mejor, lo haría. Dos minutos después volvimos sobre el asunto. Le dije que sabía que a Todd le gusta el campo, ¿así que soportaría la idea de estar en el Distrito de Columbia? Ella contestó: "Sí, Todd puede hacerlo todo." Así que le dije: "¿Estás preparada?", ella respondió: "Sí."

LA PERSISTENCIA PERSONIFICADA

La lección clave es en este caso que debes explicar a tu gente por qué la persistencia importa. No supongas que ella comparte tu determinación o capacidad para levantarte, sacudirte el polvo y volver a montar el caballo. Recuerda que ganar te interesa más directamente a ti que a ella. Sabes lo que significará para ti ser el número uno en *tu* industria. El problema es que tu gente no necesariamente sabe lo que eso significará para *ella*.

He trabajado con dos compañías que hacen muy bien esto: Lowe's y FedEx. Cada cual tiene su propio enfoque, pero ambas persiguen la misma meta: asegurarse de que todos sus empleados entiendan por qué el cliente es tan importante y por qué deben tratarlo con el mayor respeto todo el tiempo, pase lo que pase. No basta con decir que el cliente es importante y luego tratarlo de otra forma. Esas compañías en las que primero es la gente enseñan a sus empleados a elevar el rol del cliente, para concebirlo como algo más que un desconocido casual que necesita embarcar un paquete o precisa de un martillo nuevo. Estas empresas acentúan el hecho de que no siempre se logra complacer al cliente, pero que eso debe intentarse una y otra vez, porque así lo exige la ética de servicio de la compañía. Al subrayar la importancia –y singularidad– de cada suceso, esas corporaciones vacunan a sus empleados contra la fatiga y el inevitable impulso a tirar la toalla, lo cual suele verse acompañado por un torrente de derrotas diarias y de consumidores que sólo quieren que se les devuelva su dinero.

Uno de los principios fundamentales del triunfo es la capacidad de ver en qué consiste el éxito. De saber qué persigues. De tener una visión clara de dónde está la meta y qué aguarda al otro lado. Si no tienes esas cosas, no podrás concentrar y organizar tus recursos en torno al cumplimiento de ese importantísimo objetivo.

En Noche de Epifanía de William Shakespeare, Malvolio lee en voz alta una carta de María: "Pero no te asustes de mi grandeza. Unos nacen grandes, otros adquieren la grandeza, y a otros, en fin, les lanzan la grandeza encima." Para los sesenta mil empleados de MGM Resorts International, el 27 de marzo de 2009 el presidente y director general, Jim Murren, representó esas tres categorías. Apenas llevaba cuatro meses en su puesto, conduciendo esa potencia de juegos de apuestas de Las Vegas en medio del mayor derrumbe económico que haya padecido esa ciudad. La compañía hacía por sobrevivir bajo una deuda de trece mil millones de dólares, y había sufrido pérdidas por mil ciento cincuenta millones en el trimestre anterior, lo que la obligó a contratar abogados de quiebra. Para rematar, su CityCenter, el proyecto constructivo más grande en la historia de Las Vegas, amenazaba con colapsarse sólo nueve meses antes de su inauguración. MGM era la principal fuente de empleo en Nevada, estado que contuvo el aliento todo un mes.

Casi exactamente un año más tarde, le pregunté a Jim Murren qué había pensado mientras su compañía, y su propia carrera, se deslizaba hacia el colapso. Como lo dejó ver claramente, ganar no se restringe a las palabras que usas. También tiene que ver con tus pensamientos, tus creencias y tus principios personales:

> *El principal atributo que creo haber puesto en la mesa fue un implacable deseo de éxito y una determinación que los demás no tenían. Hubo momentos de desesperación, francamente. Hubo momentos de incertidumbre. Pero en mí había una obstinada determinación de salvar miles de empleos, salvar a los accionistas de la derrota y preservar el legado de Kirk [Kerkorian] y los demás fundadores de la compañía.*
>
> *Al final, todo se redujo a fe. Soy una persona espiritual. No tan religioso como mi mamá quisiera, pero sí espiritual. Creo que vivo en Las Vegas por una razón. Creo que mi padre murió joven por una razón. Creo que mi hermano murió increíblemente joven por una razón. Creo ser la persona indicada para este momento particular, quizá no para otro, pero sí para éste. Tuve fe en que el consejo examinaría inteligente y exhaustivamente todas las opciones y llegaría a la misma conclusión que yo, aunque el resultado fuera muy incierto. Tuve fe en que los bancos, pese sus objetivos específicos, apoyarían en conjunto a City Center y MGM, porque eso era lo correcto financieramente. Y tuve fe en que si sobrevivíamos para luchar un día más, yo idearía otra solución para la batalla siguiente.*

Luego le pregunté a Murren sobre el momento en el que se dio cuenta de que MGM sobreviviría y de que se construiría CityCenter, el momento en el que comprendió que había salvado a su compañía y, en cierta manera, a Las Vegas. Para mi sorpresa, ése no fue un momento de celebración. "Estábamos en el entendido de que ese viernes era sólo una pausa, la calma antes de la tormenta siguiente, así que no hubo euforia. Francamente, me habría gustado que la hubiera. No hemos podido tener uno solo de esos momentos de celebración que tanto nos gustaban. Yo estaba exhausto, pero de todas maneras fui a trabajar ese día." No siempre se gana en medio del fragor de la victoria. A veces todo se reduce a la ausencia de la angustia de la derrota. Y en raras ocasiones, a una lucha de todo o nada.

Para infundir en tu equipo tanto persistencia como una firme mentalidad de "no desistir", debes ayudarle a ver la luz al final del túnel. Tiene que saber *exactamente* a qué dedica tanto tiempo y energía si esperas que su arduo trabajo sea sostenible y duradero. En ausencia de una visión seductora, básicamente dices: "Confíen en mí". Y aunque eso puede funcionar para algunas personas, en especial las que pertenecen a tu círculo íntimo, no esperes que ese enfoque conquiste a los muchos otros hombres y mujeres que necesitas y a quienes pasar tiempo con su familia les interesa más que ayudarte a vender doce por ciento más aparatos que otras compañías.

Éstas son las palabras por usar para comunicar persistencia:

EL LENGUAJE DE LA PERSISTENCIA

1. Incesante
2. Resuelto
3. Concentración absoluta
4. Enfoque práctico
5. Hagámoslo
6. ¡A trabajar!

Incesante transmite mejor que cualquier otra palabra un compromiso indeclinable con el éxito. Cuando Lexus agregó "incesante" a su "búsqueda de la perfección", hizo saber a sus clientes que sus autos serían cada vez mejores, y que ningún obstáculo se interpondría en la búsqueda de esas mejoras. Es difícil concebir otra palabra que comunique persistencia con tal perfección.

Si "incesante" concierne a una compañía, *resuelto* atañe al individuo. Comunica un profundo compromiso personal con el éxito. Connota tanto intenciones deliberadas –fijar tu vista en una meta– como la inflexible persecución de esa meta.

Concentración absoluta alude a la disciplina, rasgo común de todos los ganadores. Al combinar fortaleza intelectual con fuerza de voluntad, los ganadores tienen una capacidad innata para desprenderse de todo y concentrarse en su tarea, rara habilidad en el caótico entorno de trabajo actual. Ésta ha sido siempre una cualidad inusual, pero en medio del estruendo de las distracciones electrónicas que hoy compiten en todo momento por nuestra atención, se trata de un rasgo más valioso que nunca.

Enfoque práctico es lo que la gente quiere de los ganadores. Por eso se aloja en los hoteles de Steve Wynn y compra productos de Steve Jobs. Ésta es la principal razón de que Apple perdiera valor bursátil y confianza pública durante la ausencia de Jobs. Y la razón de que, al regreso de éste, el precio de las acciones y la confianza pública se recuperaran de inmediato. La hipótesis es que cuando el genio detrás de una compañía falta, la compañía vacilará. La gente admira y confía en líderes dispuestos a subirse las mangas y participar en el trabajo "real".

Hagámoslo comunica en forma clara tu intención y expectativa de éxito. Es el llamado a actuar que el público espera oír, y es una excelente manera en que un individuo para quien primero es la gente puede terminar una presentación.

¡A trabajar! es el final perfecto del discurso perfecto. Llamar a la acción es común entre los ganadores, y éste es el mejor llamado a actuar que conozco, porque el mensaje que comunica no se refiere al trabajo en sí, sino a poner atención en un resultado exitoso. Es una invitación a sumar fuerzas para cumplir una meta común.

11

CONCLUSIÓN:
PRINCIPIOS EN ACCIÓN
Gana en la forma correcta

De: Ken Lay <ken.lay@enron.com>
Enviado: Martes 14 de agosto de 2001, 3:59 PM
A: Enron en todo el mundo
Asunto: Anuncio organizacional

Lamento anunciar que Jeff Skilling sale de Enron. El consejo de administración aceptó hoy su renuncia como presidente y director general. Skilling se retira por motivos personales y su decisión es voluntaria. Lamento su decisión, pero la acepto y comprendo. Trabajé con él más de quince años, once de ellos en Enron, y he tenido pocas relaciones profesionales, si es que alguna, que valore más. Me complace informar que accedió a servir como consultor de la compañía para asesorar al consejo y a mí.

Ahora es tiempo de mirar al futuro.

En ausencia de Skilling, el consejo me pidió reasumir las responsabilidades de presidente y director general, aparte de mi papel como presidente del consejo. Acepté. Les aseguro que nunca me he sentido mejor con las perspectivas de la compañía. Todos saben que el precio de nuestras acciones ha sufrido sustancialmente en los últimos meses. Una de mis principales prioridades será restaurar lo más pronto posible un grado significativo del valor perdido. Nuestro desempeño nunca ha sido más firme, nuestro modelo de negocios nunca más robusto y nuestro crecimiento nunca más cierto. Pero, sobre todo, nunca habíamos tenido una reserva de talento tan buena y abundante en toda la compañía. Hoy somos la mejor organización de negocios en Estados Unidos. Juntos haremos de Enron la mejor compañía del mundo.

Ganar sin principios es como trabajar sin los medios adecuados. Operar con
una sólida serie de principios mantiene todo en pie, pues brinda perdurable
fortaleza. Pero si se les abandona, no pasará mucho tiempo antes de que
todo se venga abajo.

Las cosas tenían que terminar así para Enron. Esta compañía fue mate-
ria de leyenda. De 1996 a 2001, la revista *Fortune* la nombró la "compañía
más innovadora de Estados Unidos" durante seis años consecutivos. En sus
quince años como director general, de 1985 a 2000, Ken Lay la hizo pasar de
participante en el ramo de los gasoductos regionales a la compañía comer-
cializadora de energía más grande del planeta con la ayuda de Jeffrey Skilling, a quien preparó para que lo reemplazara. Bajo el liderazgo de Lay, la
capitalización de mercado de Enron aumentó de dos mil a setenta mil millones de dólares, y sus accionistas disfrutaron de un rendimiento del triple
del de Standard & Poor's (S&P) 500. Con ingresos de ciento un mil millones de dólares en 2000, esta compañía diversificó sus actividades, intervi-
niendo en la comercialización de energía eléctrica y gas natural, la distribución de bienes mediante servicios de embarque y flete y el suministro global
de servicios financieros y de gestión de riesgos. También fue precursora en
el comercio en Internet, con servicios como EnronOnline (operaciones de
materias primas), surgido en 1999 como primera página en Internet de alcance global en su ramo. Otras herramientas comerciales de Enron en la
Red fueron ClickPaper (plataforma de transacciones de pulpa, papel y ma-
dera), Energy Desk (operaciones con derivados de energía sólo en Europa),
HotTap (interfaz con el cliente de los gasoductos de Enron en Estados Unidos) y hasta Enron Weather (derivados atmosféricos).

Jeffrey Skilling fue consultor de Enron en la década de 1980 a nombre
de McKinsey & Company, cuya consultoría en energía y química dirigía.
Entonces impresionó tanto a Ken Lay que éste lo contrató como presidente y director general de Enron Finance Corp. en 1990. Skilling ascendió en
la jerarquía de Enron hasta convertirse en presidente y director operativo a
fines de 1996. Al aumentar su estatura y credibilidad en la compañía, Skilling se dio a la tarea de convencer a la alta dirección de que la firma debía
abandonar sus actividades tradicionales basadas en activos en favor del mucho más redituable mundo de la operación de contratos, el cual iba de la
energía al agua y de la banda ancha a la atmósfera. Gracias a sus innovadoras ideas, su pasión por los negocios y su capacidad para persuadir a la dirigencia de Enron de la necesidad de una nueva visión estratégica, Skilling
fue nombrado director general en febrero de 2001. Duró en ese puesto menos de trescientos días.

Pero la fiesta tuvo que terminar porque todas las cifras eran falsas, como
ahora sabemos. No es correcto decir que las finanzas de Enron eran un cas-

tillo de naipes. Al menos los naipes son reales. El éxito de Enron estaba hecho de sueños, codicia y artificios contables. En 2000 había más probabilidades de tropezar con un irisado unicornio engolosinándose con tréboles de cuatro hojas que con un estado financiero de Enron con siquiera un remedo de realidad.

Enron no tiene nada que ver con ganar. Versa sobre mentir. Sus directivos bloquearon, oscurecieron y mintieron en todo momento sobre sus finanzas, a fin de mantener ocupados a los empleados, contentos a los accionistas y alejados a los agentes federales. He aquí cómo describía la compañía sus "servicios de mayoreo" (operaciones comerciales) en su informe anual de 2000: "Enron extiende sus actividades mayoristas creando redes que implican la selectiva propiedad de activos, el acceso contractual a activos de terceros y actividades de formación de mercados."

Aquí te espero mientras consultas el traductor de Google.

O puedo ahorrarte la molestia. Una traducción aproximada de lo anterior es: "Ching@#`&!$."

Los ganadores trabajan y viven conforme a principios. Los perdedores no. Busqué al general Wesley Clark porque quería una perspectiva militar para este libro. Hombre sumamente serio, Clark planteó una perspectiva filosófica que yo no esperaba: "Demócrito escribió que para ser buen orador, primero se debe ser buen hombre. No son las palabras las que tienen poder, sino la persona detrás de ellas." Aunque en este libro se ha hablado ampliamente de los ganadores, hasta este punto se ha hecho sólo limitada referencia a los perdedores en la vida. Es intencional. El propósito de este volumen no es ridiculizar el fracaso, sino identificar lo que distingue al triunfo del mero éxito.

Sin embargo, este análisis estaría incompleto sin un examen de quienes *debían* ganar desde cualquier punto de vista... pero que en realidad perdieron en la vida. Desaprovecharon sus oportunidades incumpliendo el último, y más importante, requisito: actuar con principios.

QUÉ MARCHÓ MAL

Volvamos a Enron. Conocí a algunas personas que dedicaron su vida a esa compañía. Me concentraré en los empleados, no en sus lídres corruptos, porque la gente que conocí y con la que hablé era buena, decente, muy trabajadora, creía en la compañía y creyó en los dos hombres al mando. Recuerda que todo esto fue en 2001, antes de que la verdad saliera a la luz. En ese entonces, Ken Lay era una figura paterna tan querida como respetada.

QUÉ ES LO QUE MÁS IMPORTA

En seguida aparecen varias características de un director general. Elige las que consideres más importantes y que te provocarían mejor opinión sobre él.

	TOTAL
Infunde en la compañía una norma de integridad de arriba a abajo, comenzando por él mismo.	58%
Cree en lo mejor. Siempre busca un enfoque mejor, un producto mejor, un servicio mejor, una mejor respuesta a los desafíos de la compañía, el cliente y la comunidad.	41%
Crea un positivo ambiente de trabajo y una cultura de respeto para todos los empleados.	41%
Dirige con el ejemplo. Trabaja tanto como el empleado más empeñoso.	37%
Se comunica constante, abierta y eficazmente con empleados de todos los niveles.	26%
Escucha con atención, buscando nuevas ideas de donde vengan.	21%
Está comprometido con la responsabilidad social de la corporación y participa activamente en la comunidad.	18%
Posee una actitud dinámica. No pone pretextos. Siempre busca la manera de hacer las cosas.	17%
Prioriza el servicio al cliente sobre todo lo demás.	14%
Muestra pasión y conocimiento de los productos y servicios de la compañía.	13%
Presta atención a los aspectos contables, la rentabilidad y la formalidad con inversionistas y accionistas.	10%
Es elegido como uno de los directores generales más respetados de Estados Unidos por prestigiosas fuentes independientes como *Forbes*, *Fortune* y *The Wall Street Journal*.	8%

Fuente: The Word Doctors, 2010.

La gente creía lo que él decía, e invirtió su suerte personal como resultado de sus tranquilizadoras palabras.

Cuando pregunté a los empleados qué pensaban de Skilling –antes de que todo se desembrollara–, me dijeron que era decidido e intenso, y que despertaba haciendo operaciones comerciales y se acostaba igual. Era muy exigente, pero eso les gustaba porque él ponía el ejemplo. No decía una cosa y hacía otra (eso lo reservaba para la declaración de ganancias). Trabajaba mucho y esperaba lo mismo de todos. Creía que si él podía trabajar veinte horas al día siete días a la semana, los demás también. Y que si tenía éxito, todos lo tendrían. Evidentemente se le escapaba que él ganaba millones de dólares por sus veinte horas diarias, mientras que la mayoría de sus empleados no.

Skilling es mi peor pesadilla. Alguien como él leerá este libro, aprenderá las lecciones lingüísticas y estratégicas y las usará para manipular a buenas personas a fin de que tomen malas decisiones. Perfeccionará las ocho primeras Pes e ignorará ésta (o se burlará de ella). Alcanzará grandes alturas. Pero no será un ganador. Y muy probablemente, caerá de esas alturas... al final.

En esos altos niveles, Skilling invitó a la gente a compartir la riqueza y emoción de lo que Enron estaba "logrando". La subió en la alfombra mágica no para volverla rica, sino millonaria. Para volverla, en teoría, ganadora, al menos financieramente. Y gracias a su pasión, persuasión y sociabilidad, la gente lo siguió hasta el borde del acantilado, y saltó. Todos los días había una nueva oportunidad de abrir nuevos caminos, conquistar un nuevo mercado o hacer más que nunca. Lo que Enron hacía en un mes, los demás lo hacían en un año. Pero no pudo durar. Las maniobras de encubrimiento y malversación, las mentiras y trampas: todo se vino abajo, dejando un enorme vacío en la economía. La caída de Enron fue tan espectacular como su ascenso, si no es que más: lo que llevó años construir fue destruido en días. Pero no habría podido ser de otra manera, porque faltaba una cosa: principios.

POR QUÉ IMPORTAN LOS PRINCIPIOS EN ACCIÓN

Enron se convirtió en el símbolo de todo lo malo en las corporaciones estadunidenses porque a quienes dirigían el espectáculo les interesaban más las utilidades y los ingresos trimestrales que cualquier indicio de valores orientadores. Ganar no es apariencia de éxito material. No es una cuenta bancaria multimillonaria ni un yate privado. No es entrar a una oficina e infundir temor en el corazón de los empleados. No es aparecer en *Forbes* o ser adulado en las páginas de *The Wall Street Journal*. Ganar es realización, liderazgo y hacer lo correcto, aun si esto no es popular y aunque te critiquen. Es usar tus habilidades y talentos para hacer de tu vida algo mejor y hacer por otros más de lo que nunca creíste posible. Es esforzarte por ser mejor siempre.

Si Ken Lay y Jeff Skilling, de Enron, son la muestra de cómo no ganar, Ken Chenault, director general de American Express (AmEx), define la excelencia ejecutiva. Chenault es un líder para quien primero es la gente que ajusta permanentemente su habilidad para tratar a los demás, en una de las compañías centradas en la gente más poderosas del mundo. Sistemáticamente presente en la lista de las compañías más admiradas, bajo la dirección de Chenault AmEx ha revitalizado un genuino enfoque de *el cliente es prime-*

ro, una de las razones de que haya emergido de los escándalos financieros de Wall Street relativamente intacta.

La descripción que Chenault hace de sí mismo es la más positiva y basada en principios que yo haya escuchado. Ha dicho públicamente que el liderazgo no sólo debe aprenderse, sino que también "es una responsabilidad y un privilegio que debe cultivarse".* La mayoría de los directores generales dicen haberse "ganado" su puesto, y algunos hablan de ello en términos de "sacrificio". Todas ellas son explicaciones legítimas, pero la palabra "privilegio" denota respeto, apreciación e incluso gratitud para con los demás. Ésos son los directores generales que triunfan no sólo para sí mismos, sino también para la gente que los rodea.

Los momentos estelares de Chenault hicieron patente su liderazgo y sensibilidad a las necesidades de la comunidad, los clientes y los empleados tras los sucesos del 11 de septiembre. Las oficinas de American Express estaban justo frente a las Torres Gemelas. Más de cuatro mil quinientos empleados suyos trabajaban en el área inmediata; doscientos cincuenta lo hacían en la Torre 7. Once empleados perdieron la vida, docenas más resultaron heridos, muchos perdieron a amigos y familiares, y miles vieron impotentes cómo la gente saltaba a su muerte antes de que la torre se viniera abajo. Financieramente, AmEx sufrió pérdidas por noventa y ocho millones de dólares como consecuencia directa de los acontecimientos de ese día.

Durante los ataques y en las horas, días y semanas posteriores, Chenault tomó innumerables decisiones que aligeraron el impacto de esos hechos tanto en su personal como en toda la familia de clientes de American Express. Millones de dólares en cuotas atrasadas de tarjetahabientes fueron condonados, y los límites de crédito se ampliaron. Pero el impacto emocional en los trabajadores –para quienes el 11 de septiembre fue muy cercano y demasiado personal– había sido más profundo. Así, Chenault invitó a cinco mil empleados de su empresa al Paramount Theater de Nueva York el 20 de septiembre de 2001. Frente a todos ellos, confesó que estaba tan afligido que había tenido que ver a un terapeuta, y anunció que AmEX donaría un millón de dólares de sus utilidades a las familias de los empleados fallecidos el 11 de septiembre. Charlene Barshefsky, socia de Wilmer, Cutler & Pickering que vio un video de ese evento, dijo a *BusinessWeek*: "La forma en que Chenault tomó el mando, y el consuelo y dirección que dio a un público obviamente en choque, fueron de un calibre que no suele verse."[1]

* Alice Korngold, "American Express's Kenneth I. Chenault on Leadership", 1º de mayo de 2009.

En tiempos de gran tensión económica, todos los días se acuñan nuevos millonarios que saben hallar oportunidades en medio del caos. En tiempos de gran ansiedad nacen nuevos líderes políticos que saben relacionarse con los demás e inspirarlos. Y en momentos en los que un país desconfía prácticamente de todos y todo, prosperan las empresas que saben dar más por menos. Indudablemente esto es éxito, pero aún está lejos de ser triunfo.

Ésta es la era de la integridad, de rebasar *voluntariamente* las pautas federales, los códigos éticos, las normas de procedimiento y las obligaciones morales. Es la era del mejoramiento continuo, y de no conformarse nunca con el orden establecido. Más allá de tus éxitos o fracasos pasados, comunicar que te esfuerzas siempre por hacer más –y hacerlo mejor– te ganará los corazones y las mentes, así como los dólares de los consumidores.

Nadie confía en que el gobierno haga bien las cosas. Así que si tú te limitas a cumplir las normas mínimas, terminarás por envolverte en la mortaja de ineptitud del gobierno. Debes llegar más alto.

Nadie espera que las compañías se restrinjan a proteger sus utilidades. Así que si tú te limitas a *vender* y *obtener ganancias*, le dices a la gente que tu empresa es como cualquier otra, y que no aprecia su apuro. Debes *demostrar valor* y *compartir los sacrificios de hoy*.

En el último año se han probado todo tipo de temas, mensajes y palabras para que las compañías recuperen la confianza y lealtad destrozadas por el desplome económico. Nada –en verdad nada– resuena tanto como una "compañía que rebasa sistemáticamente las expectativas". Esta frase refleja los resultados mensurables de las promesas hechas y los compromisos asumidos. Su lenguaje (lo mismo que el resultado) es tanto comprensible para el cliente como la encarnación misma del valor. Imagina que recibes todo lo que pagaste… y un poco más. Como consumidor, si crees en algo, lo compras.

John Quincy Adams, el sexto presidente de Estados Unidos, dijo: "Si tus actos inspiran a los demás a soñar más, aprender más, hacer más y ser más, eres un líder."* *Ganar* es la historia de victorias basadas en principios, no victorias pírricas. Cómo lograrlo importa tanto como el sitio en que terminas. En el mundo de los negocios, el deporte, la política y el espectáculo, no debemos permitirnos pensar que el fin justifica los medios. No llegarás al panteón de ganadores –esa fracción de una fracción del cinco por ciento más alto de las personas de éxito– si no vences, y ganar implica hacer lo correcto, aunque nadie te vea.

Chenault posee todos los atributos del triunfo descritos en este libro. Es apasionado, es persistente, forja asociaciones estratégicas y es perfeccionis-

* thinkexist.com, John Quincy Adams Quotes.

EL NUEVO VOCABULARIO DE LOS NEGOCIOS

	ANTES DE LA RECESIÓN	HOY
Promesa de marca	La compañía está *consagrada* a la *oportunidad*.	El *compromiso* de la compañía es con la *estabilidad*, la *predecibilidad* y la *protección del consumidor*.
Producto	Ofrecer productos y servicios de *calidad* con resultados *garantizados*.	Ofrecer *satisfacción total* que *rebase las expectativas*.
Método	Basado en un *pensamiento innovador* y un *entendimiento sin igual de los asuntos*, logrados *haciendo equipo* con el cliente.	Basado en *escuchar* al consumidor, *saber* y *ofrecer* justo lo que desea cuando lo desea. *El cliente tiene el control. El cliente* decide.
Cultura	La compañía puede cumplir porque su cultura es de *excelencia*, se funda en el *talento y diversidad* de su gente y rebasa líneas departamentales y fronteras nacionales.	Cree en algo mejor. La cultura *respeta* a las personas que servimos, y cada empleado es *responsable* ante los clientes y los demás empleados. *Sin pretextos*.
Compañía	Productos, métodos y cultura dependen de la *magnitud y amplitud* de los servicios de la empresa y de un sólido conocimiento del ramo.	Comprometida con la *búsqueda de la perfección*, con productos y una cultura *totalmente alineados* con los consumidores.
Valores medulares	*Trabajo en equipo, excelencia, liderazgo*.	*Responsabilidad, normas estrictas, integridad indeclinable*.

ta. Todos estos atributos han contribuido a su éxito. Pero es su preferencia por la gente lo que destaca en el recuerdo de todos los que han trabajado para él. Es un modelo a seguir en los negocios, el mejor en las corporaciones estadunidenses de hoy.

Otro modelo basado en principios es el director general de Costco, James Sinegal. Pese a su enfoque de "no tomar prisioneros" que permitió a Costco convertirse en el club-almacén más importante de Estados Unidos, Sinegal no es un aventurero corporativo tipo Gordon Gekko, ansioso por incrementar las utilidades a toda costa. De hecho, es casi el polo opuesto, lo que lo convierte en una especie de héroe entre los empleados y en un enigma entre los accionistas.

Igual que el gurú de la inversión Warren Buffett, Sinegal siempre ha tenido una visión de largo plazo respecto a su compañía. Los analistas de Wall Street le han dicho repetidas veces –en público y en privado– que sus salarios superiores al promedio y sus prestaciones sin precedente en las compañías minoristas podrían afectar las acciones de su empresa, pero su enfoque no ha cambiado un ápice. En una entrevista en *Houston Chronicle* en 2005, dejó en claro que sus prioridades eran empleados contentos y clientes satisfechos, no los accionistas. Quizá los inversionistas quieran más ganancias, pero Sinegal tiene una misión distinta: "Queremos una compañía que siga en pie dentro de cincuenta o sesenta años." Cuando analistas del comercio lo criticaron por negarse a cobrar más a sus clientes, pese a tener ya los precios más bajos del mercado, Sinegal simplemente repitió su lema: "Hacer lo correcto es bueno para los negocios."[2] Se niega a no ser justo con sus empleados con tal de mejorar sus informes accionarios trimestrales, ofreciéndoles en cambio un seguro médico que la compañía paga en noventa por ciento y los mejores salarios del ramo. Esta estrategia ha funcionado. Costco disfruta de reducidos costos por concepto de robos y de una tasa de rotación de empleados inferior a la de sus rivales, lo que le ahorra millones de dólares.

LOS PRINCIPIOS QUE MÁS IMPORTAN

LO QUE LOS ESTADUNIDENSES MÁS DESEAN DE LOS DIRECTORES GENERALES

	TOTAL
Que sean responsables de sus actos y de las consecuencias de éstos.	52%
Que escuchen a los clientes, los empleados y el público.	45%
Que equilibren sus objetivos a corto plazo con un crecimiento estable a largo plazo.	23%
Que innoven y mejoren continuamente.	21%
Que tengan responsabilidad social y se interesen en el beneficio de la comunidad tanto como en las utilidades.	21%
Que se comuniquen con más frecuencia y eficacia.	14%
Que den los resultados esenciales.	13%
Una patada en el trasero.	11%

Fuente: The Word Doctors, 2010.

¿Cuál crees honestamente que sea la cualidad que más necesitan los directores generales? Algunas opciones podrían parecer similares entre sí, pero elige la que consideres más importante.

Esperamos mucho de los individuos en la cumbre. Esperamos que sean honestos, confiables, francos, gentiles, visionarios, comprensivos, compasivos y atentos. Pero lo cierto es que a veces esperamos y exigimos demasiado. Todos cometemos errores. No obstante, hay atributos específicos y rasgos de carácter de los ganadores más importantes que otros. Los individuos y compañías que reflejen y reproduzcan los que encabezan la lista serán perdonados si tropiezan ocasionalmente.

Es interesante reparar en los últimos elementos de la lista de la página 263, acerca de lo que la gente desea de las compañías. Casi todos los directores generales de Fortune 500 mencionan su "visión" como fundamental para el éxito de su compañía, pero ese factor es el último en la lista de prioridades de la población. De igual forma, a los medios les gusta ensalzar la "inspiración" e "imaginación" de nuevos productos que podrían ser apreciados por la gente, pero ésta no valora en particular esos factores. Mi tropiezo lingüístico favorito, "transparencia", aparece en casi todo informe anual y documento de responsabilidad social corporativa, pese a que ocupe un lugar muy inferior al de "rendición de cuentas" y "responsabilidad". E "impacto mensurable" es mucho menos importante que "resultados mensurables".

Pero no basta con proferir las palabras adecuadas y transmitir el sentimiento indicado. Esos principios deben ser auténticos. Tienen que vivirse a diario. Y si se les traiciona alguna vez, pronto aprenderás, en forma muy dolorosa, que toda gloria es efímera.

Durante más de mil años, los conquistadores romanos que volvían de la guerra disfrutaron del honor del triunfo: un desfile tumultuoso. En la procesión había trompetistas y músicos, y animales exóticos de los territorios conquistados, junto con carretas cargadas de tesoros y del armamento capturado. El conquistador viajaba en un carro triunfal, y ante él, aturdidos, marchaban los prisioneros encadenados. A veces sus hijos, vestidos de blanco, lo acompañaban en el carro, o montaban los enjaezados caballos. Un esclavo se erguía detrás del conquistador, sosteniendo una corona de oro, y le murmuraba al oído una advertencia: que toda gloria es efímera.
—PATTON (1970)

Toda gloria es efímera. Pero *hacer lo correcto* perdura.

La gloria suele ser aspiración de quienes persiguen el éxito; hacer lo correcto es la cualidad común de los ganadores. Una y otra vez, todos los ga-

¿QUÉ PRINCIPIO IMPORTA MÁS?*

En cuanto a las compañías y su conducta, ¿qué es lo que más deseas?

	TOTAL
Rendición de cuentas	37%
Responsabilidad	32%
Resultados mensurables	22%
Efectividad	20%
Enfoque humano	20%
Brújula moral	18%
Liderazgo	14%
Impacto mensurable	11%
Transparencia	10%
Inspiración e imaginación	7%
Visión creativa	6%

*Fuente: The Word Doctors, 2010.

nadores a los que he estudiado han hecho del modo correcto las cosas *pequeñas*, aun si logran cosas mayores y mejores que aquellas con las que la mayoría apenas si podemos soñar. Se comportan de otra manera a causa de un simple rasgo: conceden *importancia* a las cosas.

Así se trate de algo tan pequeño como ayudar a individuos necesitados o tan grande como dirigir una importante corporación a la perfección, los ganadores comparten el compromiso de hacer todo de la manera *correcta*. De asumir su *responsabilidad*.

Los ganadores saben que lo que importa no son *ellos*; lo que importa eres tú.

No debería sorprender entonces que casi todos los ganadores puedan operar durmiendo menos de la mitad que la mayoría. Y no porque tengan una ventaja genética que se lo permita. Sino porque no quieren cerrar sus ojos, y sencillamente ansían despertar y reanudar sus esfuerzos por hacer una diferencia mensurable.

Advierte que no escribí que despierten emocionados de "ir a trabajar". Para ellos, esto no es trabajo. Entrevisté a casi tres docenas de personas para este libro, y sólo cinco de ellas hablaron de "trabajar" en el sentido tradicional. Lo que para ti es *trabajar*, para ellos es *vivir*. Y la vida les parece emocionante. Pasan sus días empapándose de todo lo que les rodea, haciendo preguntas y buscando la oportunidad de aprender, crear e innovar. Para ellos, cada día es otra oportunidad de sobresalir. Ganar es un estilo de vida. Es un hábito continuo que no está definido por lo que ellos hacen "en el trabajo", sino que más bien impregna lo que los ganadores son y lo que quieren alcanzar. Están en constante interacción con los demás y aprenden de ellos para, en última instancia, servirles mejor satisfaciendo sus necesidades.

A lo largo de este libro he explorado los rasgos comunes que distinguen a los ganadores, y el lenguaje que usan para alcanzar un éxito extraordinario. Hemos hablado de "qué HACE a un ganador". Pero ahora debemos preguntarnos: "¿Qué HACEN los ganadores?".

¿Cuál es el *producto* común de todos los ganadores?

¿En *nombre de qué* ganan?

En suma, *¿en qué consiste ganar?*

Comencemos por aquello en lo que no consiste. Obviamente, ganar no tiene que ver con reproductores de MP3, hoteles lujosos o servicios de aerolíneas centradas en la gente. Algo en nuestro interior nos dice que ganar debe ser algo más grande que una *cosa*. No es algo que puedas medir en dólares obtenidos o en aparatos hechos. Y no te quepa duda: quienes persiguen la victoria como un fin en sí mismo se condenan a algo menos. Podrían alcanzar éxito, riqueza o notoriedad, o las tres cosas.

Pero ninguna de ellas es ganar. Ganar trasciende al yo. Se hace en beneficio de un llamado más alto: mejorar la condición humana.

Sí, los ganadores obtienen la victoria. Pero los verdaderos ganadores llegan más allá del adagio "El botín para el campeón". Para los auténticos ganadores, la verdadera máxima es: "El botín es del campeón... para enriquecer a los demás." Para ser un ganador de verdad –para unirte al club de una fracción de una fracción de los grandes del mundo–, debes estar dispuesto a hacer todo lo que ellos han hecho: dar más de lo que recibes. Y considerando que todos los ganadores que hemos analizado han "recibido" mucho (sí, son muy ricos), eso significa que han dado muchísimo. Éste es el lado de la historia que pocos ven, y menos que aún reportan. Pero casi todos los ganadores que he conocido o entrevistado, o con los que he trabajado, tienen un corazón que no conoce límite. Tienen pasión por la gente –por satisfacer necesidades y mejorar vidas–, y un orgullo por su país que sobrepasa al del resto de nosotros.

A la distancia, ves los resultados de sus miles de millones: sus residencias, sus voluminosos perfiles publicados o sus innovadores productos. Pero lo que ves es su éxito. Todo eso está bien. Sin embargo, para juzgar si son verdaderos ganadores tienes que evaluar a la persona entera y su historial. Y tienes que juzgar ese panorama completo con base en una simple pregunta: ¿sirven a los demás, o sólo se sirven a ellos mismos?

Esto se reduce en esencia a *aplicar los principios del triunfo en una forma basada en principios*. Los ganadores dejan una huella indeleble en la sociedad que dura más que su riqueza, sus trofeos o incluso su nombre. Ésta es la prueba definitiva de un ganador. Aun si hasta este punto dominaras el tema de todos los capítulos de este libro pero sencillamente no hicieras lo correcto, no serías un ganador. Repasa las ocho Pes anteriores y verás que se cruzan con algo más grande que el yo.

Los ganadores no *pulverizan paradigmas* para obtener beneficios materiales; destrozan expectativas para hacer avanzar años luz a la humanidad. Todo lo que viene después es superior a lo que cualquiera haya creído posible previamente.

Los ganadores no "practican" su *pasión* para ser poderosos; se sienten impulsados por naturaleza a hacer realidad sus sueños, en beneficio de miles, o hasta millones de personas.

Los ganadores no ponen *primero a la gente* porque les guste ser amados; fijan su atención en identificar necesidades humanas y satisfacerlas haciendo lo que mejor saben hacer.

Los ganadores no forjan *participaciones en común* simplemente para beneficiarse del trabajo ajeno; saben que los más altos niveles de la victoria sólo llegan cuando todos comparten los beneficios. Y reconocen que hay valor moral en compartir el éxito.

Creo que lo entiendes, ¿no? No escribí este libro para que unos cuantos selectos puedan obtener grandes riquezas usando mejores palabras. Lo escribí para que los aspirantes a ganar que lo lean puedan llevarnos a todos a mayores alturas. Yo, y todos los que compartimos la creencia de que es posible mejorar, cuento con que tú mejores nuestra vida.

Pocos pueden decir en verdad: "Cambié el mundo para bien." Pero ése es el sello distintivo de un ganador.

Cuando pienso en los ganadores que han cambiado el mundo para bien —y se han negado a conformarse con el éxito en interés propio—, pienso en Mike Milken. Aunque he intervenido en sus congresos y subastado objetos en sus actos de beneficencia, siempre se ha rehusado a conversar formalmente conmigo sobre sus esfuerzos. Sencillamente no es su estilo. Pero aunque no me la refiera él mismo, su historia merece contarse.

Milken es una de las quinientas personas más ricas del planeta, con una fortuna estimada en miles de millones de dólares. La mayoría estaríamos de acuerdo en que eso es éxito. Lo he visto verdaderamente *trabajar* al teléfono, en ocasiones con tres llamadas a la vez, poniéndose en contacto con multimillonarios y cerrando tratos. Pero no es esto lo que hace de él un ganador, ni el motivo de que se le incluya en este libro.

En vez de concentrarse en él mismo, Milken ha usado sus recursos, intelecto, relaciones personales y pasión para llegar a los demás y aliviar literalmente el dolor de decenas de millones de personas apoyando y organizando pioneras investigaciones sobre el cáncer. Renuente siempre a hacer las cosas a medias, ha utilizado su Prostate Cancer Foundation para financiar más de mil quinientos programas en doscientos centros de investigación en veinte países, lo que la ha convertido en la fuente filantrópica de fondos más grande del mundo para la investigación del cáncer de próstata. En un reportaje de portada de *BusinessWeek* sobre "el empeño de curar el cáncer" de Milken se informó que los científicos "están convencidos de estar cerca de descifrar [sus] detalles biológicos. Y Milken 'ha hecho más por promover esta causa' que nadie más."

Por si eso no bastara, Milken es fundador y presidente de FasterCures, un comité asesor o, como lo llama su personal, "comité de acción" dedicado a acelerar las curas y mejorar los resultados de tratamiento de enfermedades que ponen en riesgo la vida. Igual que todos los proyectos pulverizadores de paradigmas de Milken, FasterCures ha puesto de cabeza el proceso entero de la investigación, identificando barreras al progreso, involucrando a personas y organizaciones en un esfuerzo cooperativo más concentrado y proponiendo incentivos económicos y eficiencias regulatorias para acelerar los descubrimientos científicos. Como consecuencia de ello, en un reportaje de portada de noviembre de 2004, la revista *Fortune* lo llamó "el hombre que cambió la medicina". El mundo sería más oscuro y enfermizo sin Mike Milken y su compromiso con la investigación médica. Se han prolongado vidas, familias permanecen intactas y millones de personas disfrutarán de más tiempo en común gracias a los apasionados y personales esfuerzos de un individuo.

Pero ésta, por supuesto, no es toda la historia de Mike Milken. Críticos y seguidores por igual estarán de acuerdo en que su maestría financiera cambió para siempre la forma en que operaban las empresas estadunidenses y ayudó a sentar las bases para el gran crecimiento económico de la década de 1980. Él revolucionó el mercado de los bonos basura y ayudó a financiar a algunas de las mentes de negocios más grandes de Estados Unidos en las tres últimas décadas, como Ted Turner, Ron Perelman, Carl Icahn y Steve Wynn. Por eso fue nombrado una de las "75 personas más influyentes del siglo xx" por la revista *Esquire*. Nunca había habido nadie como él, y desde entonces nada ha sido igual.

Mike Milken destruyó paradigmas.

También rompió las reglas, y pasó veintidós meses en la cárcel en consecuencia. Sus críticos lo han llamado epítome de la codicia de Wall Street en los años ochenta. Pero como es un ganador de verdad, no permitió que esos tropiezos lo definieran. Pudo pasar a la historia como el Gordon Gekko de la vida real; en cambio, canalizó su pasión hacia la gente y se convirtió en un nuevo Luis Pasteur.

Los ganadores no son perfectos. Cometen errores. De hecho, sus errores suelen ser más grandes y dañinos que los de los demás, porque corren mayores riesgos. Pero lo que los distingue es que, a fin de cuentas, siempre intentan ser mejores. Hacer mejor las cosas. Hacer más. Aplicar los principios del triunfo en una forma basada en principios. Y en definitiva, usualmente lo logran.

En los ultimos días de edición de este libro, Bill Gates, Melinda Gates y Warren Buffett me dieron una gran sorpresa. Los ganadores suelen hacerlo. Mientras desarrollaba mi argumentación para explicar y describir que los ganadores, antes que nada, se fundan en principios... ellos vinieron a demostrarlo sin la menor sombra de duda.

Han encabezado juntos un llamado a los multimillonarios del mundo a donar al menos la mitad de su riqueza a obras de beneficencia. Suena ambicioso, ¿no? Lo es. Pero la recompensa puede hacer que valga la pena el sacrificio: la revista *Fortune* estimó que la beneficencia recibiría seiscientos mil millones de dólares si las cuatrocientas personas de la lista de los estadunidenses más ricos de *Forbes* se sumaran a "El Compromiso de Donar". Para dar contexto financiero a esa suma, tal cantidad bastaría para mantener durante diez años al estado de Florida entero.

Como suele ocurrir con los verdaderos ganadores, Buffett y los Gates dirigen con el ejemplo. Gates ya ha aportado más de veintiocho mil millones de dólares a su fundación, y prometido dar mucho más. Buffett, por su parte, se comprometió a donar a la beneficencia más de noventa y nueve por ciento de su fortuna. Sí, ¡noventa y nueve por ciento! Su declaración pública, escrita por la tercera persona más rica del mundo, articula claramente una actitud individualizada, personalizada y humanizada con notable sensibilidad social:

Primero, mi compromiso: más de noventa y nueve por ciento de mi fortuna se destinará a la filantropía durante lo que me resta de vida o a mi muerte. Medido en dólares, este compromiso es grande. Comparativamente, sin embargo, muchos individuos dan más a los demás todos los días. Millones de personas que hacen aportaciones regulares a iglesias, escuelas y otras organizaciones renun-

cian así a usar fondos que de otra manera beneficiarían a sus familias. El dinero que esas personas destinan a una colecta o dan a United Way significa sacrificar idas al cine, comidas fuera de casa u otros placeres personales. En contraste, mi familia y yo no renunciaremos a nada de lo que necesitamos o deseamos para cumplir este compromiso de noventa y nueve por ciento.

Los ganadores dirigen con el ejemplo, y comprenden la dimensión humana de todo lo que hacen. Buffett no puede sentir personalmente lo que hoy sienten las familias con limitaciones económicas, pero está tan volcado al exterior que puede *identificarse con ellas*. No es cuestión de dólares, como para Steve Jobs no era cuestión del iPhone. Es asunto de experiencia humana. De reconocer la vida como realmente es, pero apelar a algo mayor. Sigue leyendo, porque la expresión de Buffett de respeto por los demás y de humildad ante su propio éxito se hace en palabras de un gigante bondadoso:

He trabajado en una economía que premia con una medalla a quien salva vidas en el campo de batalla, y a un gran maestro con notas de agradecimiento de los padres, pero a quienes detectan desajustes de precios en valores con sumas que alcanzan los miles de millones de dólares. En suma, la distribución que hace el destino de las pajas largas es sumamente caprichosa.

Mi reacción y la de mi familia a nuestra extraordinaria buena suerte no es de culpa, sino de gratitud. Si usáramos en nosotros más de uno por ciento de mis ingresos, no aumentarían ni nuestra felicidad ni nuestro bienestar. En contraste, el noventa y nueve por ciento restante puede tener un efecto enorme en la salud y bienestar de otros. Esa realidad fija un curso obvio para mí y mi familia: conservar todo lo que concebiblemente podamos necesitar, y distribuir el resto a la sociedad, para sus necesidades.

Una vez más: "Conservar todo lo que concebiblemente podamos necesitar, y distribuir el resto a la sociedad, para sus necesidades." Buffett define ahí lo que en verdad hace de él un ganador: *poner primero a los demás que a sí mismo, y los principios por encima de todo*. Así hayas ganado miles de millones o vivas de tu sueldo, puedes ganar.

Este libro no pretende —ni puede— decirte cuáles son los principios conforme a los que deberías vivir. Cada quien es responsable de las normas que se fije a sí mismo. Y de cada quien se espera que adopte normas propias y las cumpla. Los ganadores comprenden que ni siquiera ellos pueden hacer todo lo que quieren. Al final, sólo somos seres humanos. Aun un adicto al trabajo como Donald Trump lo entiende: "Si te interesa 'equilibrar' trabajo y placer, deja de intentarlo. Más bien, vuelve más placentero tu trabajo."

El senador demócrata Paul Tsongas es una de las personas más gentiles que he conocido. Era amable y afectuoso. Y en mi opinión, logró grandes cosas, entre ellas contender por la presidencia hasta el punto de casi impedir el arribo de Bill Clinton a la Casa Blanca. Asimimo, sobrevivió al cáncer. Vivió cinco años más de lo que los principales expertos oncólogos le pronosticaron. Pese a presiones y forcejeos, fue capaz de hacer lo que muchos en Washington no pueden: mantener un equilibrio entre su trabajo y su vida personal. Su regla era simple: pasara lo que pasara en el Senado, cenaba en su casa con su esposa y sus hijas.

Francamente, eso es inaudito. Los estrategas de Washington apenas si se resignan a dejar sus BlackBerrys para ir al baño, y menos aún a ignorar un llamado a votar en la sala de sesiones del Senado. Pero Tsongas era distinto. Escribió del impacto de esa decisión sobre su carrera en su libro *Heading Home* (Rumbo a casa): "Luego de diez años en esta ciudad, lo único por lo que se me recordará es que amé a mi esposa." Ella replicó: "¿Y eso qué tiene de malo?".[3]

Tenía razón. En nuestro afán de éxito profesional y económico tendemos a olvidar las cosas que deberían significar más para nosotros. La decisión de Tsongas ciertamente tuvo mayor impacto en la vida de su esposa e hijas que el que habría tenido el hecho de que sus colegas del Senado le otorgaran otro título. Terminó perdiendo una campaña presidencial, pero se ganó el respeto de su familia. Así que dime: ¿este hombre fue un ganador o un perdedor?

EL OPTIMISMO DE LOS GANADORES

Tuve la fortuna de desarrollar una relación con Amway durante el último año. Amway es una de las empresas de venta directa al consumidor más exitosas del último medio siglo. Sus productos suelen ocupar los primeros lugares en toda lista de "los mejores", lo que tan sólo en 2010 le generó más de ocho mil millones de dólares en ventas mundiales. Seguramente, hace bien algo. No sólo es "global"; está *en todas partes*. En octubre de 2010, cuando este libro estaba por concluirse, se me invitó a dar un par de charlas en días consecutivos ante dos auditorios enormes, aunque aparentemente distintos.

El primer día fue en Charlotte, Carolina del Norte, frente a seis mil dueños de empresas independientes (*independent business owners*, IBO) de la organización Yager, para muchos de los cuales el inglés no era su lengua materna. Francamente, parecía las Naciones Unidas en esteroides: miles de personas hablando una docena de idiomas diferentes, pero congregadas para celebrar su unidad de propósito. La principal lección que aprendí ese día fue abrazar la diversidad global, contar chistes sencillos y hablar despacio para que los traductores pudieran seguirme. Pero nadie necesitó que le tradujeran la palabra *libertad*. Evidentemente significa lo mismo en todos los idiomas.

Para no quedarse atrás, el segundo día fue en Louisville, Kentucky, ante quince mil IBO de LTD, otra organización afiliada a Amway, muchos de ellos recién lavados estudiantes de edad universitaria resueltos a establecerse económicamente en vez de emborracharse. Esos chicos te habrían enorgullecido: éxito juvenil en plena madurez.

No has vivido ni muerto hasta que has pasado una hora tratando de informar, entretener, educar y sobrevivir a un estadio lleno hasta el tope de personas emocionadas, motivadas y dedicadas. Sin podio. Sin notas. Sin apuntador. Sólo yo, con tenis rojos, blancos y azules, corriendo en una cancha de basquetbol frente a miles de desconocidos. Al menos tenía un mensaje que transmitir, y que ambos grupos quisieron oír. Se me pidió explicar por qué, en una época de escepticismo maniático, la gente aún debía creer en un mañana más brillante. Esos grupos eran tan diversos demográficamente como quepa imaginar, uno del otro lado del mundo, el otro a la vuelta de la esquina. Pero la única diferencia real entre sus miembros era el color de sus pasaportes. El sueño americano de libertad económica está vivo dondequiera. De hecho, si Amway puede servir como indicación, prospera aun si estás en Main Street o en Mumbai.

Quedé impresionado y animado por esas dos multitudes debido no sólo a su diversidad internacional, sino también a su actividad intelectual y su compromiso para que las cosas mejoren para ellas y su comunidad. La visión de hace medio siglo de Rich DeVos, de una organización global comprometida con el servicio a la comunidad tanto como con las ganancias, está floreciendo. Antes tenías que ir a Estados Unidos para tener la oportunidad del sueño americano. Eso ha cambiado. Los medios, la tecnología, una mejor infraestructura y sistemas políticos y legales cada vez más estables han facilitado a personas de todas partes tener la oportunidad de mejorar su paso por la vida. Las compañías multinacionales ya no brindan seguridad laboral y, en consecuencia, una ascendente generación de emprendedores en todas las latitudes se disponen a apostar por ellos mismos y por una positiva visión del futuro.

Aunque es obvio que las palabras siguientes se centran en Amway, piensa en ti cada vez que leas una referencia específica a esa compañía. He aquí lo que dije:

LAS DIEZ RAZONES PARA CREER EN UN FUTURO MEJOR

1. Estados Unidos ha enfrentado retos increíbles en el curso de su historia y los ha vencido todos. Una guerra civil, el tránsito de una economía agraria a una industrial, dos guerras mundiales, numerosas guerras en el extranjero, la Gran Depresión, la esclavitud, la discriminación, el terrorismo... y hasta la ruina de una presidencia. Los desafíos que los estadunidenses enfrentan en la actualidad son amedrentadores, pero pronto serán vencidos también... porque eso es justo lo que ellos saben hacer.

2. Los mejores días de Estados Unidos aún están por llegar, y Amway está perfectamente ubicada para el mañana. Los IBO son las personas más optimistas del mundo. Advierten perspectivas consoladoras aun en panoramas ominosos. La economía está cambiando radicalmente, se huele cambio en todas partes y mientras el miedo paraliza a todos, Amway avanza.

3. Gracias a los acontecimientos de los dos últimos años, los estadunidenses han redescubierto la importancia de la libertad en su vida, y exigen el derecho a decidir su futuro. Entre más libertad desea la gente, más fuerte es el modelo de Amway.

4. La innovación y el dinámico espíritu estadunidenses no le van a la zaga a ninguno y, gracias a la tecnología, ahora podemos llegar a diez mil personas en menos tiempo del que hace sólo una década se necesitaba para hacer contacto con diez. Tecnología = oportunidad y oportunidad = Amway.

5. Amway ya es global en un momento en que otras compañías aprovechan con dificultad las oportunidades globales. Los estadunidenses pueden compartir muchas cosas con el mundo, y el mundo sigue deseando todas las cosas estadunidenses. No olvidemos a la compañía con sede en Estados Unidos que participó en las labores de diseño, construcción y perforación para rescatar a más de treinta mineros atrapados durante meses en Chile.

6. Amway es la compañía más amigable con la familia en la faz de la Tierra. Ninguna otra empresa integra y e involucra tanto a la familia. Los hijos de ustedes son brillantes. Enséñenlos bien, y ellos les enseñarán a ustedes más de lo que pueden imaginar. Amway reconoce, alienta y hasta educa a la siguiente generación sobre la libertad económica y los principios de la prosperidad. Entre más aprenda esta nueva generación, mejor estará, y nosotros también.

7. Igual que Estados Unidos, Amway se erige sobre la creencia en el poder del individuo. Gozamos de la libertad de perseguir nuestros sueños a través de la libre empresa, y gracias a compañías como Amway sabemos que cada vez más personas alcanzarán el éxito en los años por venir.

8. En una época de mediocridad, Amway apunta a la excepcionalidad: productos excepcionales, servicio excepcional y gente excepcional. Somos los mejores en lo que hacemos, y el mejor siempre obtiene recompensa.

9. Ustedes van a vivir más que sus padres. Disfrutarán de más años y de una vida más saludable que la que ellos pudieron imaginar. Tendrán más riquezas materiales, pero, sobre todo, más libertad para hacer y ser lo que quieran. Estarán más vinculados con más personas que compartan su visión, más allá de su estado y país, y en el mundo entero. Lo único que se interpone en su camino son ustedes.

10. Y la última razón les toca a ustedes. Ustedes deciden. Dígannos por qué el futuro es brillante. Dígannos por qué nuestros mejores días aún están por llegar. Esta empresa es su empresa. Nuestro futuro es el suyo. Estamos juntos en esto. ¡Así que en marcha!

COMUNICACIÓN DE PRINCIPIOS

De todos los recuadros de "palabras que funcionan" de este libro, ninguno es tan importante como el que sigue. Con la fe y confianza en las empresas, el gobierno, los medios y muchas de las más importantes instituciones estadunidenses en uno de los momentos más críticos de todos los tiempos, éstas son las palabras que los estadunidenses desean oír, y las cualidades que quieren ver:

LENGUAJE PARA DEMOSTRAR PRINCIPIOS

1. Rendición de cuentas
2. Normas estrictas
3. Cultura corporativa
4. Brújula moral
5. Responsabilidad social
6. Objetiva e imparcial
7. Integridad indeclinable
8. La simple verdad
9. Director ético
10. Sabe lo que dices y habla en serio

Rendición de cuentas es hoy el atributo más deseado en la comunidad de negocios, pero, por desgracia, también es el que se percibe como el menos presente. La rendición de cuentas consiste en que quienes están en el poder respondan de sus actos a quienes los pusieron ahí. Es corregir las cosas cuando marchan mal. Y es jamás cometer dos veces el mismo error. Quienes hablan de "rendición de cuentas" hallarán un público atento. Quienes *ponen en práctica* la rendición de cuentas, prosperarán.

La falta de **normas estrictas** fue lo que hundió a British Petroleum (BP), Toyota, Goldman Sachs y otras víctimas de los desastres de comunicación de 2010. La gente quiere saber que tu empresa no estará a merced del viento, como Arthur Andersen lo estuvo de Enron. Las normas no bastan por sí solas; lo que importa es la diligencia y rigor con que se les sostiene.

La **cultura corporativa** no entró en juego como eficaz término de comunicación hasta las debacles contables de principios de la década de 2000, pero hoy ha acabado por reflejar los principios operativos de una compañía. Así como la manera en que padres e hijos interactúan en la mesa del comedor dice mucho sobre la dinámica familiar, la cultura corporativa de tu compañía revela la verdadera naturaleza de ésta y los principios que la guían. Los ganadores tienen muy presente su cultura corporativa y buscan definirla como se definen a sí mismos. La cultura corporativa más común entre ganadores: innovadora, agresiva e incluso perturbadora.

La **brújula moral** es al individuo lo que la cultura corporativa a la organización. Es de desear (aunque no necesariamente de esperar) que los líderes políticos y de negocios sigan una conducta socialmente aceptable. Los directores generales que se acuestan con sus colegas o consumen drogas ilegales son inaceptables por más rentables que sean sus compañías. Sin una brújula moral, las utilidades terminan siendo una prioridad más alta que las personas.

Responsabilidad social es algo que los estadunidenses desean más que el hecho de que las corporaciones sean "buenas ciudadanas". Para ellos, la responsabilidad social se define principalmente por el respeto a los empleados, seguido por la responsabilidad ante los clientes y el servicio a la comunidad.

Objetiva e imparcial define a la información que los estadunidenses desean de sus líderes políticos y de negocios. Quieren que se les informe, no que se les engañe. Las cartas de los directores generales en los informes anuales que parecen sesgadas y carentes de franqueza no sólo no resonarán... también socavarán decididamente la credibilidad de incluso la corporación más exitosa.

La **integridad indeclinable** es difícil de probar, pero si la gente cree que la tienes, serás un ganador a sus ojos. Permíteme enfatizar el calificativo "indeclinable": es tan importante como "integridad". A personas y compañías no se les juzga cuando los tiempos son buenos o las decisiones fáciles. Lo que diferencia a un ganador de los demás es la disposición de tomar decisiones difíciles en momentos difíciles.

La simple verdad es la frase que Steve Wynn emplea para describir lo que los estadunidenses merecen pero no reciben de sus dirigentes políticos, pero también se aplica a los negocios. De hecho, en una encuesta que hicimos en 2010, "la simple verdad" fue el segundo valor más deseado en política después de la rendición de cuentas. Representa principios fundamentales de sentido común que muchos creen que se han perdido entre las complicaciones y componendas de la vida moderna, y apela a su deseo de ver restauradas esas verdades.

Un *director ético* debería existir en cada corporación y organización de Estados Unidos. En esencia, esta persona es el policía ético, que hace responsables a los demás de sus actos y conducta; un ombudsman, aunque con autoridad de nivel C para infundir rendición de cuentas. Desde el punto de vista de las relaciones públicas, no habría cargo con más credibilidad. Desde la perspectiva interna, sería muy probable que los empleados escucharan y aceptaran las decisiones de dicho individuo. El hecho de que a una compañía le interese tanto la integridad ética para crear un puesto como éste da credibilidad y genera un entorno de confianza.

Sabe lo que dices y habla en serio es justo lo que los estadunidenses quieren que hagan sus líderes políticos y de negocios. Warren Buffett es la mejor ilustración de un líder empresarial que los estadunidenses creen que sostiene este deseable atributo.

No hay una norma única para ganar. Ninguna receta secreta que –¡*pronto!*– te convierta en ganador. Pero todos los ganadores tienen muchos rasgos en común. Juntos, éstos son factores que debes incorporar como mejor convenga a tu estilo y objetivos. Debes *equilibrar* tu pasión con la importancia de la persuasión, tus prioridades con tus principios y las utilidades con las personas.

Elegiste este libro. Lo leíste hasta el fin. Esto significa que quieres ser un ganador. Pero aquí, al final, debo preguntarte (y *tú* a *ti mismo*)... ¿por qué? ¿Por ti, o por los demás?

Tal vez no te hayas dado cuenta todavía, o tal vez sí, pero en realidad éste no es un libro de autoayuda. Es un libro para *ayudar a los demás*. Todos los ganadores han elevado a otras personas, y al hacerlo se han elevado a sí mismos.

Todo se reduce a una simple y poderosa palabra: *Si*.

Si puedes aplicar los fundamentos del triunfo en una forma basada en principios, realmente habrás ganado. Si puedes poner a los demás antes que a ti, y al hacerlo elevarte a ti y a los demás a un lugar más alto, eres en efecto un ganador.

Mi poema favorito, el primero que mi madre me leyó, recoge muy bien todo esto. Léelo, aplícalo a todo lo que has aprendido en este libro e inicia entonces tu propio camino a la victoria.

SI

de Rudyard Kipling

Si puedes estar firme cuando en tu derredor
todo el mundo se ofusca y tacha tu entereza;
si cuando dudan todos, fías en tu valor
y al mismo tiempo sabes excusar su flaqueza;
si puedes esperar y a tu afán poner brida,
o blanco de mentiras esgrimir la verdad,
o siendo odiado al odio no dejarle cabida
y ni ensalzas tu juicio ni ostentas tu bondad.

Si sueñas pero el sueño no se vuelve tu rey;
si piensas y el pensar no mengua tus ardores;
si el triunfo o el desastre no te impone su ley
y los tratas lo mismo, como a dos impostores;
si puedes soportar que tu frase sincera
sea trampa de necios en boca de malvados,
o mirar hecha trizas tu adorada quimera
y tornar a forjarla con útiles mellados...
Si puedes mantener en la ruda pelea
alerta el pensamiento y el músculo tirante
para emplearlos cuando en ti todo flaquea
menos la voluntad que te dice: "Adelante".

Si entre la turba das a la virtud abrigo;
si marchando con reyes del orgullo has triunfado;
si no pueden herirte amigo ni enemigo;
si eres bueno con todos, pero no demasiado.
Y si puedes llenar los preciosos minutos
con sesenta segundos de combate bravío,
tuya es la Tierra y todos sus codiciados frutos.
Y lo que más importa: ¡serás hombre, hijo mío!

NOTAS

2. Las nueve Pes de la victoria

1. http://www.jimcollins.com/article_topics/articles/good-to-great.html
2. http://www.theage.com.au/articles/2003/11/20/1069027253087.html
3. http://nymag.com/daily/intel/2010/04/oprah_hardest_part_about_setti.html?mid=daily-intel-20100409

3. Primero la gente

1. http://www.actupny.org/campaign96/rafsky-clinton.html
2. http://www. salon.com/politics/feature/2000/10/12/debate
3. http://dir.salon.com/news/feature/2003/05/07/kerry/print.html
4. http://www.destinationcrm.com/Articles/Columns-Departments/Insight/Required-Reading-Nordstroms-Class-of-Service-43256.aspx
5. classes.bus.oregonstate.edu/winter-07/ba495/Articles/nordstrom%20pres.ppt
6. *Íbid.*
7. http://video.google.com/videoplay?docid=4436420281715600110#
8. *Women's Wear Daily*, 15 de marzo de 2002.
9. http://www.getmotivation.com/trobbins.htm
10. http://ezinearticles.com/?Tony-Robbins-The-Power-of-Questions&id=3534127
11. http://www.marketwatch.com/story/storm-clouds-gather-for-airlines-but-southwest-ceo-has-a-plan
12. http://www.forbes.com/2009/06/09/worlds-richest-women-walton-bettencourt-business-billionaires-wealth.html
13. http://archives.media.gm.com/archive/documents/domain_3/docId_31656_pr.html
14. http://politicalticker.blogs.cnn.com/2010/02/26/cnn-poll-majority-says-government-a-threat-to-citizens-rights/?fbid=VXZnfhrDp-z

4. Pulverización de paradigmas

1. *The American Heritage Dictionary of the English Language*, 4ª ed.
2. http://retailindustry.about.com/od/frontlinemanagement/a/mcdonaldsraykrocquotesbrandfranchise.htm
3. http://www.nytimes.com/2009/08/02/magazine/02cooking-t.html?_r=1&pagewanted=2
4. http://money.cnn.com/magazines/fortune/fortune_archive/2007/04/30/8405481/index.htm

5. http://www.usatoday.com/money/companies/management/advice/2009-06-14-andrea-jung-avon_N.htm
6. http://en.wikipedia.org/wiki/Ford_Model_T#cite_note-3
7. *BusinessWeek*, 20 de septiembre de 2004.
8. http://www.washingtonpost.com/wp-dyn/content/article/2009/06/26/AR2009062603457.html

5. Priorización

1. http://www.charlierose.com/view/interview/8784
2. http://walmartstores.com/AboutUs/
3. http://www.businessweek.com/the_thread/brandnewday/archives/2007/09/walmart_is_out.html

6. Perfección

1. http://news.bbc.co.uk/2/hi/health/3815479.stm
2. http://www.bts.gov/publications/national_transportation_statistics/html/table_04_23.html
3. http://www.usatoday.com/money/autos/2010-01-08-prius-tops_N.htm
4. http://www.businessweek.com/news/2010-04-01/lexus-tops-mercedes-in-u-s-luxury-auto-sales-in-march-quarter.html
5. http://www.breakingglobalnews.com/iphone-4g-problems-3/12211431
6. http://www.dailymail.co.uk/sciencetech/article-1289321/Apple-iphone-4-Steve-Jobs-advice-complaints-new-phone-loses-reception-held.html
7. http://blogs.wsj.com/digits/2010/07/16/live-blogging-apples-press-conference/tab/liveblog/
8. http://www.businessweek.com/magazine/content/05_15/b3928109_mz017.htm
9. http://money.cnn.com/magazines/fortune/fortune500/2009/industries/182/index.html

7. Participación en común

1. http://wikipedia.org/wiki/Meditation_17
2. http://www.online-literature.com/donne/409/
3. http://content.usatoday.com/communities/greenhouse/post/2010/06/bp-tony-hayward-apology/
4. http://www.washingtonpost.com/wp-dyn/content/article/2010/06/16/AR2010061605528.html
5. http://www.democracynow.org/2010/06/18/hawyard_testimony
6. http://www.nytimes.com/2009/10/24/us/24prision.html
7. http://www.correctionscorp.com/about/

8. http://www.everymac.com/articles/q&a/macintel/faq/why-did-apple-switch-to-intel.html
9. http://ebay.about.com/od/ebaylifestyle/a/el_history.htm
10. http://www.ebayinc.com/sustainability
11. http://www.numberof.net/number-of-aaa-members/
12. http://www.goodhousekeeping.com/product-testing/history/good-housekeeping-seal-history
13. *Ibid.*
14. http://www.washingtonpost.com/wp-dyn/content/article/2008/01/01/AR2008010100642_pf.html
15. *Ibid.*
16. http://www.goodhousekeeping.com/product-testing/history/good-housekeeping-seal-faqs
17. http://www.consumerreports.org/cro/aboutus/mission/overview/index.htm
18. *Ibid.*

8. Pasión

1. http://money.cnn.com/magazines/fortune/fortune_archive/2006/10/30/8391725/index.htm?postversion=2006102506
2. *Ibid.*
3. http://www.usatoday.com/travel/news/2007-05-15-airline-survey-usat_N.htm
4. http://www.cbsnews.com/stories/2007/08/30/sunday/main3221531.shtml
5. http://www.fastcompany.com/magazine/04/hiring.html
6. http://transcripts.cnn.com/TRANSCRIPTS/0109/14/se.55.html
7. http://en.wikipedia.org/wiki/Fight-or-flight_response

9. Persuasión

1. http://www.timesonline.co.uk/tol/news/world/us_and_americas/article6907681.ece?token=null&offset=36&page=4
2. http://business.timesonline.co.uk/tol/business/industry_sectors/banking_and_finance/article5355565.ece
3. *Ibid.*
4. http://www.nytimes.com/2009/07/15/business/15goldman.html?_r=1
5. *Ibid.*
6. http://www.washingtonpost.com/wp-dyn/content/article/2010/01/21/AR2010012101044.html
7. *The Charlie Rose Show*, 30 de abril de 2010.
8. http://www.slate.com/id/2081042/
9. http://www.thedailyshow.com/watch/tue-april-19-2005/bee---hall-of-same
10. http://news.cnet.com/2100-1001-202143.html
11. http://en.wikipedia.org/wiki/Franklin_D._Roosevelt

10. Persistencia

1. http://www.usatoday.com/educate/college/careers/Career%20Focus/cf3-22-05.htm
2. http://www.brainyquote.com/quotes/authors/j/john_burroughs.html
3. http://lifejourneycoach.com/2007/11/22/abraham-lincoln-on-success-and-failure/
4. http://en.wikipedia.org/wiki/Mike_Richter

11. Conclusión

1. Money-cnn.com, 29 de octubre de 2001.
2. http://www.usatoday.com/money/industries/retail/2004-09-23-costco_x.htm
3. *Gettysburg Times*, 14 de mayo de 1991.

ÍNDICE ANALÍTICO

Esta obra se imprimió y encuadernó
en el mes de marzo de 2012,
en los talleres de Jaf Gràfiques S.L.,
que se localizan en la
calle Flassaders, nº 13-15, nave 9,
Polígono Industrial Santiga,
08740 Sta. Perpetua de Mogoda (España)